Journal secret

DU MÊME AUTEUR
AUX MÊMES ÉDITIONS

Mémoires secrets, tome 1, 1998
Mémoires secrets, tome 2, 1999

Monsieur X

Journal secret

DENOËL

Ouvrage publié sous la direction
de FRANÇOISE ROTH

9, rue du Cherche-Midi, 75006 Paris
ISBN 2-207-25088-1
B 25088-5

à Jean-François Nahmias

Préface

Aujourd'hui comme hier, je ne sais toujours pas qui est vraiment Monsieur X. Et d'abord est-il réellement seul ? Ou bien est-il le représentant d'une sorte de « club des vieux de la vieille » formé d'agents de renseignement en retraite ou peut-être encore en activité qui ont trouvé là une sorte d'exutoire ? Pour dire leurs déceptions, exprimer leur amertume, livrer enfin leurs « misérables petits tas de secrets » mais qui sont pour nous, profanes, autant de révélations. Comme si ces hommes de l'ombre ne supportaient plus ce masque dont on les a affublés à vie.

Impossible de l'affirmer. Monsieur X, lorsque je le questionne à ce sujet, se contente de sourire.

Il lui arrive pourtant de se découvrir. Le vieil homme que je retrouve semaine après semaine est parfois amer, désabusé. Je me souviens en particulier d'un jour où il était en veine de confidences. « Parfois, m'a-t-il dit, lorsque je regarde en arrière, j'ai l'impression que l'histoire de nos services n'est qu'une longue suite de déboires, de ratages, de cafouillages... » Je ne l'avais jamais vu aussi pessimiste. Puis il s'est ressaisi et il a ajouté en souriant : « C'est peut-être à force de m'entretenir avec vous... Par principe, on ne peut jamais parler des succès d'un service de renseignement... Pour ne pas éveiller la curiosité de l'adversaire, pour ne pas lui mettre la puce à l'oreille. Conclusion : lorsqu'une affaire est rendue publique, lorsque la presse s'en empare, c'est qu'il s'est produit un incident, une erreur, une faute... Une bavure comme on dit aujourd'hui ! »

Un autre jour, il a ajouté : « En matière de renseignement, il existe rarement de réussites totales... Nous sommes toujours dans le flou... Imaginez par exemple que nous ayons réussi à recruter une taupe chez l'adversaire. Comment être sûr que les documents qu'elle nous communique ne font pas partie d'un plan de désinformation ? Alors, il faut couper, recouper... Et puis n'existe-t-il pas une taupe dissimulée dans nos propres services qui rend compte à l'adversaire des informations transmises par le premier agent double ? On n'en finit jamais... Rien n'est blanc, rien n'est noir, tout est gris à la vérité ! Ce n'est pas toujours facile de vivre dans un monde sans certitudes ! J'ajoute autre chose : quand une opération se présente bien, quand tout est mis en place pour qu'elle soit couronnée de succès, il se trouve souvent un incident de dernière minute qui remet tout en cause ! Une imprudence, un bavardage, un calcul politique inopportun. Ou l'intervention maladroite d'un amateur... Ou alors un type qui met sa propre gloriole avant l'intérêt national, comme dans la désastreuse affaire des Irlandais de Vincennes. »

Et ce jour-là, il a provisoirement conclu : « C'est pourquoi les meilleurs d'entre nous, ceux qui obtiennent des succès, demeurent condamnés au silence et à l'oubli. Restent alors, émergeant à la surface comme des icebergs, ces ratages, ces affaires empoisonnées, ces manipulations manquées dont justement j'ai choisi de vous parler. »

Sous l'homme de l'ombre, il existe à l'évidence un être de chair et de sang. Un personnage qui peut s'emporter, qui laisse entrevoir ses convictions (franchement républicaines) et qui ne peut longtemps dissimuler ses déceptions. Et il me semble alors que le très jeune officier de 1940, celui qui ne s'est jamais remis de la défaite et de la trahison des siens, revit en lui lorsqu'il me dévoile cette face cachée de l'Histoire. Un homme révolté ! C'est peut-être le vrai secret de Monsieur X.

Mais il est aussi vrai que, passé cette expression désabusée que je lis parfois sur son visage, il me semble que Monsieur X éprouve ensuite une sorte de jubilation à distiller ses secrets. Entraîné par son récit, il éprouve alors un véritable plaisir à m'étonner, à me surprendre, à m'entraîner avec lui de l'autre côté du miroir et à me faire comprendre que la vérité n'est jamais là où elle paraît se trouver. Ou plutôt là où l'Histoire, l'actualité et la raison l'ont condamnée à demeurer.

C'est pourquoi, lorsque j'écoute Monsieur X, j'ai l'impression de me déplacer sur un sol mouvant qui se dérobe sans cesse sous mes pieds. Un monde en faux-semblant, un décor en trompe l'œil où le doute est souverain. Entretien après entretien, tel un magicien, Monsieur X sort de son chapeau de nouveaux lapins blancs. Et, malgré mes efforts, mes recherches, je ne parviens pas à le mettre en défaut, car son récit se glisse si habilement sous la trame historique qu'il en respecte toujours le cadre factuel, événementiel. S'il torture peut-être l'Histoire, il ne la viole jamais ! À moi, à vous, de juger et de douter !

Pour autant, Monsieur X ne voit pas des complots partout. Il est suffisamment lucide (et renseigné) pour savoir que le monde obscur où il a vécu a des limites. Les hommes des services secrets ne sont que des artisans, même s'ils sont parfois dépassés par leurs propres desseins, même s'il leur arrive de donner un coup de pouce au destin.

En rédigeant ce troisième tome qu'il m'a fait l'amitié de me confier, Monsieur X a choisi de donner un ton plus personnel à ses mémoires. Feuilletant les dossiers qu'il a accumulés année après année, il a retenu ceux qui l'avaient particulièrement marqué et quelquefois ému. Il a donc revisité ses souvenirs et leur a donné la forme d'un journal. Les dates retenues sont comme autant de pierres blanches, grises ou noires, fichées sur la route de ce vieil homme.

C'est à une sorte de traversée du dernier demi-siècle qu'il nous invite. Il y retrouve des personnages qui l'ont séduit ou intrigué. Éclectique, il ne se contente pas d'évoquer des affaires de renseignement. Aux ombres du Berlin de la guerre froide succèdent celles, plus crapuleuses, d'un terrain vague près de Rome où un cinéaste et écrivain célèbre a trouvé une mort sordide. Derrière les pittoresques entourloupes de l'affaire des « avions renifleurs » se profile la présence inquiétante de comploteurs internationaux. Et l'assassinat d'un avocat algérien sur notre sol révèle la toute-puissance de la raison d'État.

Mais, toujours, l'homme se dessine derrière ses dégoûts et ses passions.

Patrick Pesnot

1.

Un terrible secret

Pourquoi est-ce cette affaire qui me revient la première en mémoire? Parce qu'à l'époque j'avais encore des illusions? Même pas. Je n'avais pas vingt ans quand j'ai vu nos chefs militaires trahir, nos élites se coucher devant l'occupant et notre peuple choisir de se fermer les yeux. C'était en 1940. Depuis, je sais à quoi m'en tenir quant à la lâcheté et à la duplicité des hommes. Et pourtant... Quelques années plus tard seulement, j'allais découvrir une histoire qui est aussi mal connue qu'elle est terrifiante! Par bien des aspects, elle rappelle l'affaire Jean Moulin. Ne serait-ce que parce qu'elle commence à Lyon pendant la guerre et qu'on y retrouve le sinistre Klaus Barbie. Comme elle, elle mélange Résistance et trahison. Mais alors que l'arrestation de Calluire a suscité des dizaines d'ouvrages historiques, d'innombrables articles et des débats passionnés, l'affaire Boulanger est restée dans l'ombre. Plus de cinquante ans après, elle est l'un des derniers secrets de la Seconde Guerre mondiale en France, un secret qui fait froid dans le dos!

Lyon, mai 1944. Il y a un an que Jean Moulin a été arrêté par Klaus Barbie et ses hommes. Dans cette ville, qu'on a appelée « la capitale de la Résistance », les FTP, les Francs-tireurs et partisans, autrement dit les résistants communistes, sont particulièrement actifs. Ils disposent d'une organisation très structurée et très efficace. À côté de la hiérarchie proprement militaire, il existe une branche de renseignement, le « Service B ». Ce service secret est, bien sûr, en relation avec Moscou, mais coopère aussi à l'occasion avec Londres et l'OSS [1] américain. Regroupant des militants dévoués et courageux, recrutés au sein de toutes les couches de la population, le « Service B » prend une part éminente dans la lutte contre l'occupant. C'est un architecte, Boris Guimpel, qui le dirige.

Nous sommes donc en mai 1944. Soudain, une vague d'arrestations décime le Comité militaire de la zone Sud, c'est-à-dire la direction interrégionale du mouvement. De toute évidence, il y a eu trahison. Entre le 13 et le 15 mai, Barbie et ses sbires arrêtent la presque totalité de l'état-major lyonnais des FTP. Barbie disposait donc de renseignements très sûrs. Quelques hommes parviennent quand même à échapper, dont Boris Guimpel, grâce au courage extraordinaire de sa femme, Manon.

Des miliciens et deux hommes de la Gestapo font irruption le matin à leur domicile. C'est Manon Guimpel qui leur ouvre... Elle est seule et elle est enceinte. Elle est au courant des activités clandestines de son mari, puisqu'elle est elle-même résistante. Mais cela, les policiers l'ignorent. Ils lui demandent où est son mari. Elle leur répond qu'il est parti en voyage. Les gestapistes et les miliciens décident alors d'attendre sur place son retour.

Un moment plus tard, Manon Guimpel entend un pas dans l'escalier. Puis, presque aussitôt, on introduit une clef dans la serrure de la porte d'entrée. Alors la jeune femme hurle : « Boris, sauve-toi ! » Derrière la porte, Guimpel entend le cri de sa femme. Il dévale l'escalier. Les miliciens sortent sur le palier. Ils ouvrent le feu sur le fuyard. Mais Guimpel, bien que blessé, parvient à s'échapper.

Manon n'a, de son côté, aucune illusion à se faire sur son sort. Elle est arrêtée, torturée, puis déportée. Mais elle parviendra heureusement à s'en sortir et à retrouver son époux à la fin

1. L'ancêtre de la CIA.

de la guerre. Cette belle histoire d'amour et de résistance restera comme le seul aspect réconfortant de cette désastreuse affaire.

Très rapidement, chez les rescapés, on se pose des questions ou plutôt une seule question : qui est le traître? Et la plupart en viennent très vite à soupçonner l'adjoint du comité technique au CMZ, un Alsacien né en Allemagne de père français et de mère allemande, répondant au nom de guerre de Boulanger [1].

On sait très peu de chose sur lui. C'est un militant expérimenté, appartenant sans doute au Komintern, l'organisation quasi clandestine des partis communistes dirigée par Moscou. Ce qui a étonné plus d'un résistant de la région, c'est que ce Boulanger a été introduit d'emblée au plus haut niveau de l'appareil FTP. Il avait donc des recommandations très puissantes. À noter d'ailleurs que c'est l'un des principaux dirigeants du « Service B », Georges Beyer, qui l'a placé là.

Si Boulanger est suspecté par ses camarades de la Résistance, ce n'est pas à cause de ses origines allemandes mais parce qu'il n'a pas été arrêté et qu'il a disparu tout de suite après la rafle.

En mai 1944, les événements vont vite. Le temps n'est pas encore venu d'enquêter sur cette éventuelle affaire de trahison... Les rescapés se mettent au vert, essaient de reconstituer les filières et les réseaux, et bientôt ils vont tous être lancés dans les opérations armées qui vont accompagner la Libération.

Il faut donc attendre 1945 pour qu'on reparle de Boulanger... Un dirigeant communiste de premier plan, André Marty, membre du Bureau politique, décide de s'intéresser aux circonstances dans lesquelles l'état-major du CMZ a été décapité... Tout naturellement, il s'adresse d'abord à Georges Beyer, l'homme qui est à l'origine de l'ascension fulgurante de

1. À dessein, je ne livre pas son vrai nom. « Boulanger » a encore une fille qui est vivante.

Boulanger au sein des FTP. À partir de là, nous allons de mystère en mystère...

Beyer, qui est un cadre du PCF mais aussi un haut fonctionnaire du ministère de la Guerre, convoque à son tour l'un des anciens dirigeants du « Service B », un certain André Teuléry. Et il lui demande de se rendre dans une caserne française située dans la région de Constance. Il y trouvera Boulanger !

Première observation : Beyer sait où se dissimule le traître présumé et, sans la curiosité de Marty, il n'aurait pas bougé ! Pourquoi ? À moins d'être le complice de Boulanger – ce que j'exclus formellement –, Beyer, militant communiste discipliné, devait avoir de bonnes raisons d'agir ainsi. Seule explication : il avait forcément reçu des ordres au plus niveau. Étrange !

Autre mystère : peu après avoir été convoqué par André Marty, Georges Beyer se rend à Lyon, là même où Klaus Barbie a anéanti la presque totalité de la direction du CMZ. Mais, sur la route, il est victime d'un bizarre accident d'automobile. A-t-on cherché à se débarrasser de l'homme qui savait où se trouvait Boulanger ?

Quoi qu'il en soit, André Teuléry se rend en Allemagne pour rencontrer Boulanger et lui demander de s'expliquer... Il le trouve sans aucune difficulté. L'ancien résistant ne se cache pas le moins du monde. Sous son vrai nom, il est adjudant-chef dans un bataillon de chasseurs à pied et il cumule curieusement cette fonction avec celle d'agent auxiliaire de la Sûreté française en Allemagne. Teuléry l'informe des soupçons qui pèsent sur lui. Boulanger nie de toutes ses forces. Teuléry, qui n'est qu'un intermédiaire dans cette affaire, revient en France faire son rapport à Beyer, qui transmet à Marty.

Mais rien ne se passe ! Manifestement, le PCF ne semble pas avoir envie d'aller plus loin. Seulement, l'affaire va rebondir d'une façon tout à fait inattendue... Et c'est ainsi que, pour la première fois, je vais entendre parler de ce Boulanger.

En novembre 1946, la DST arrête un membre de la Gestapo, Johannes Leber. C'est un ancien inspecteur criminel, mais surtout un spécialiste du renseignement. Assez rapidement, ce nazi livre des informations capitales sur Boulanger. Des informations qui vont corroborer les suspicions des résistants FTP de la région de Lyon.

Leber affirme que celui qui se fait appeler ainsi a été arrêté par la Wehrmacht en 1940. Il est alors mobilisé dans l'armée française et il a été tout simplement fait prisonnier, comme des centaines de milliers d'autres soldats... En tant qu'Alsacien, il est assez vite libéré et revient à Strasbourg. Mais les Allemands ne le quittent pas des yeux. Et ils ne tardent pas à découvrir que Boulanger est bien plus qu'un simple soldat. Il s'agit en réalité d'un responsable communiste important, appartenant sans doute à l'appareil clandestin du Komintern... Boulanger est arrêté et transféré à Berlin où on lui fait des propositions. On lui offre de devenir un agent double de la Gestapo. Il accepte et reçoit la mission d'infiltrer la Résistance de la région Sud-Est. Grâce à sa position dans le Komintern, il est connu des plus hautes instances du Parti et c'est ainsi qu'il est propulsé à l'état-major des FTP dans la zone Sud. En 1944, il passe à l'action et contribue à décapiter l'état-major de son réseau...

Suite aux confidences de Leber à la DST, Boulanger est arrêté par la police française, au mois de décembre 1946. Pour les survivants du CMZ, la nouvelle est considérable... Ils savent maintenant avec certitude qui a donné leurs camarades ! Et la courageuse et héroïque Manon Guimpel, revenue de déportation un an et demi plus tôt, écrit aussitôt au tribunal militaire de Lyon. Elle porte plainte contre Boulanger pour haute trahison.

Ce qui est très curieux, c'est que, dans le même temps, le Parti communiste observe un silence total. Pas un mot sur l'affaire dans la presse d'obédience communiste. Or Boulanger, d'après le nazi Leber, est quand même responsable de l'arrestation et de l'exécution d'une quarantaine de militants FTP de très haut niveau ! Cette discrétion est d'autant plus étrange qu'à la même époque, à longueur de colonnes, les journaux communistes ne cessent de réclamer un châtiment exemplaire pour tous les traîtres et les collaborateurs. Visiblement, la direction du parti a donné consigne de ne pas accabler Boulanger...

L'ancien FTP est incarcéré. Sensation : devant le juge d'instruction, il ne nie pas les faits ! Seulement, il adopte un système de défense inattendu. Il prétend qu'il n'est pas français. Né de mère allemande, en territoire allemand, il affirme être de nationalité allemande. Cela change tout : il ne peut plus être accusé de trahison ou d'intelligence avec l'ennemi. Il a beau avoir envoyé à la mort ou à la déportation des dizaines de résistants, il l'a fait en tant qu'espion allemand, dans le cadre d'authentiques opérations de police. Et, selon la convention de La Haye, qui réglemente le droit international de la guerre, un espion n'est autre qu'un auxiliaire d'une armée en campagne.

Sa tactique finit par se révéler payante. En 1955, Boulanger bénéficie d'un non-lieu et se retrouve libre, après avoir purgé neuf années de prison. Bien entendu, il quitte aussitôt la France, où sa sécurité serait peut-être aléatoire, et il gagne l'Allemagne. On le voit à Francfort. Puis, soudain, on le perd de vue.

Où est-il parti ?

Selon toute vraisemblance, lui, l'ancien agent double de la Gestapo, a pris le chemin de la RDA, de l'autre côté du Rideau de fer... Pour ma part, j'en suis persuadé, même si je n'en ai pas la preuve formelle.

Ce passage à l'Est trahit le grand secret de cette affaire : Boulanger, ou celui qui se faisait appeler ainsi, n'a jamais cessé d'être agent du Komintern, même quand il a fait semblant de travailler pour la Gestapo ! Il était bien un agent double. Mais ses vrais maîtres se trouvaient à l'Est, avant comme pendant la guerre et, quand il a trahi les FTP, il agissait encore en tant qu'agent communiste !

Ce secret, la direction du PCF le connaissait depuis longtemps... L'absence d'émotion et même de réaction quelconque lors de la libération de Boulanger, alors que celui-ci n'avait pas nié avoir envoyé à la mort des dizaines de ses militants, en est une preuve suffisante. La direction s'est tue, mais d'autres membres du parti ont essayé de savoir la vérité et tous l'ont payé très cher !

À commencer par André Marty, le premier à avoir voulu démêler les fils de l'affaire. Ses motivations n'étaient, d'ailleurs, pas forcément désintéressées ; peut-être espérait-il en tirer un profit personnel dans la lutte pour le pouvoir au sein du PC. Mais en 1951, Marty, qui est pourtant l'un des dirigeants communistes les plus populaires, une sorte de légende vivante, va être victime d'un véritable procès de Prague. Il est accusé des pires déviations par la direction du parti et il en est chassé. Il entraîne dans sa chute Charles Tillon, le chef des FTP en personne, Tillon qui n'a certainement pas apprécié la passivité de la presse communiste lors de l'arrestation de Boulanger et qui avait peut-être deviné lui aussi la vérité...

Il faut ajouter que l'un comme l'autre s'étaient couverts de gloire dans la Résistance, alors que Maurice Thorez, lui, avait passé la guerre en URSS. Ces FTP lui faisaient de l'ombre, ainsi qu'à quelques autres dirigeants qui ne s'étaient pas mouillés sur le terrain. Mais la vérité, c'est que l'affaire Marty-Tillon prend d'abord racine dans le terrible secret de l'agent double Boulanger !

Les deux dirigeants communistes ne seront pas les seules victimes. Georges Beyer, l'homme qui a permis à Boulanger de rejoindre l'état-major des FTP de la zone Sud et qui était au courant du secret, est victime à son tour de l'épuration. Peu de temps après l'affaire Marty-Tillon, il est exclu du Comité central et il perd toutes les fonctions qu'il occupait dans l'appareil... Ce n'est pas tout. André Teuléry, qui avait été envoyé en Allemagne pour rencontrer Boulanger et qui avait sans doute compris une partie de la vérité, est livré par son parti aux services secrets français. La DST est informée discrètement que Teuléry entretient des rapports avec des agents communistes yougoslaves présents sur le territoire français... Le militant communiste est arrêté, convaincu d'intelligence avec ces agents et condamné à cinq ans de prison. Ainsi, tous ceux qui se sont plus ou moins approchés du secret ont été neutralisés : c'est pourquoi l'affaire Boulanger est restée pratiquement inconnue jusqu'à nos jours [1]...

Reste la dernière et terrible question : pourquoi? Pourquoi Moscou aurait-il donné l'ordre à Boulanger de livrer aux Allemands les chefs de la Résistance communiste du sud de la France?

Pour tenter de répondre, il faut se replacer dans le contexte de 1944... En juin, les Alliés débarquent. La Résistance, avec au premier rang la direction des FTP, brûle de déclencher l'insurrection nationale afin de chasser l'occupant au plus tôt. Mais cela ne fait pas l'affaire de Staline! Le maître du Kremlin sait parfaitement que le futur partage de l'Europe va se faire sur la base des avancées militaires des différentes armées. Une véritable course de vitesse est engagée entre les Occidentaux à l'Ouest et l'Armée rouge à l'Est. Pour le dictateur du Kremlin, il est essentiel que ses troupes arrivent les premières. À Berlin, par exemple...

Donc, tout ce qui peut retarder les Alliés à l'ouest est le bienvenu. Et tout ce qui peut, au contraire, les favoriser doit être combattu! Staline ne veut à aucun prix d'une insurrection générale de la Résistance française, insurrection qui, en désorganisant les troupes allemandes, donnerait un avantage important, peut-être décisif, aux Anglo-Américains. Sans doute transmet-il des ordres en ce sens par les agents du Komintern. Mais Staline n'est pas obéi... Les FTP sont d'abord des patriotes, qui veulent la libération de leur pays. Les chefs du mouvement, comme Tillon ou Guingouin, dans le Limousin, passent outre et se lancent dans la bataille.

1. Roger Faligot et Rémi Kaufer ont les premiers révélé une partie de l'affaire dans leur livre consacré au « Service B ». *(N.d.E.)*

Alors, Moscou donne ses instructions à Boulanger. L'agent double reçoit l'ordre de livrer l'état-major communiste de la zone Sud aux Allemands. Ce sera d'autant plus facile pour lui que la Gestapo et Barbie sont sincèrement persuadés que Boulanger est un de leurs agents.

À l'échelon de la gigantesque bataille engagée en Europe, la trahison sur ordre de Boulanger a-t-elle retardé les troupes alliées ? Je ne le sais. Ce dont je suis sûr, par contre, c'est que le maître du Kremlin avait horreur d'être désobéi...

Tel est donc le sinistre secret que la direction du PCF – deux ou trois dirigeants, pas plus – a très vraisemblablement connu et jalousement gardé : des communistes trahis par d'autres communistes ! On comprend pourquoi il ne faisait pas bon connaître cette vérité-là.

2.

Les deux mystères Bormann

La guerre continuait. C'était une impression étrange. Une guerre clandestine sans actions d'éclat, sans mouvements de troupe, sans canonnades... Mais une guerre tout de même. Dès la Libération, nous savions que le monde nouveau qui nous était promis serait encore plus féroce. La compétition entre l'Ouest et l'Est avait commencé bien avant que les armes ne se taisent. Et il nous fallait aussi poursuivre inlassablement les criminels de guerre. Certains, avec la bénédiction d'hommes d'Église ou de quelques officines secrètes, sont passés à travers les mailles du filet. Spécialistes incontestés de l'anticommunisme, ils pouvaient rendre des services. La haine au cœur, nous avons dû accepter ces marchandages, fermer les yeux devant ces tripotages. Nos camarades tombés au combat mouraient une deuxième fois, les portes des camps se refermaient...

La haine au cœur, oui. Alors, dès que nous le pouvions, nous nous acharnions. La traque devenait un devoir sacré, la chasse à l'homme une nécessité impérieuse. Il en a été ainsi du sinistre Bormann, l'âme damnée d'Hitler. Celui-là, s'il était vivant, ne devait pas nous échapper !

Aujourd'hui, on connaît la vérité. Mais le mystère Bormann est-il pour autant dissipé ? Je suis loin d'en être persuadé...

C'est donc l'une des énigmes de la fin de la Seconde Guerre mondiale : où se cache Martin Bormann ? Bormann, l'homme qui était peu à peu devenu le numéro 2 de l'Allemagne nazie, le véritable chef du parti national-socialiste ; Bormann, le personnage le plus proche d'Hitler – il était officiellement son secrétaire – et celui qui avait le plus d'influence sur lui ; Bormann qui, peut-être même, étant donné l'état de santé délabré du Führer, a réellement exercé le pouvoir dans les derniers mois du IIIe Reich ; Bormann, criminel de guerre, condamné à mort par contumace par le tribunal de Nuremberg. Cent mille Deutsche Marks étaient offerts après-guerre par le procureur de Francfort pour tout renseignement permettant sa capture. Car, pour tout le monde, à commencer par tous les services secrets occidentaux, il était évident que Bormann avait réussi à fuir la capitale du Reich et qu'il était toujours vivant !

La disparition de Bormann, c'est un peu le serpent de mer de l'histoire nazie... On a raconté tout et n'importe quoi à propos de sa disparition et de sa réapparition dans les endroits les plus divers... Or, étant donné l'importance du personnage, aucune piste ne devait être négligée.

Bormann était un pur nazi. Dès la fin de la Première Guerre mondiale – il a alors dix-huit ans –, il s'engage dans une milice d'extrême droite, ce qui lui vaudra d'être arrêté pour meurtre et emprisonné quelque temps. Il rejoint Hitler très vite. Dès 1928, il est déjà permanent du parti nazi. Et il devient rapidement l'adjoint de Rudolf Hess, le dauphin désigné du Führer. Mais, en 1941, Hess s'envole pour l'Angleterre et Bormann, peu à peu, va prendre la place de son chef auprès d'Hitler...

Sa puissance vient du fait qu'en tant que secrétaire et chef de la chancellerie du parti, il ne quitte pas Hitler d'une semelle. Pour avoir accès au Führer, il faut passer obligatoirement par lui. Son pouvoir est donc considérable... Le personnage lui-même est un cynique et un jouisseur qui a multiplié les aventures féminines. Officiellement partisan de la polygamie, il envisage d'ailleurs très sérieusement de la rendre légale après-guerre ! À la suite des énormes pertes subies dans la population masculine, il faudra, estime-t-il, repeupler l'Allemagne et donc autoriser les survivants à avoir plusieurs épouses. Il donne lui-même l'exemple en se partageant entre deux femmes : son épouse, Gerda, qui lui a donné sept enfants, et une belle actrice, Manja Behrens.

Mais Bormann et les nazis ne seront pas les maîtres de l'Allemagne d'après-guerre ! Le IIIe Reich n'en finit pas de sombrer. En avril 1945, les troupes soviétiques approchent de Berlin... Hitler s'est réfugié dans un bunker construit sous la Chancellerie. Bormann se trouve bien sûr à ses côtés. Et pourtant, quand les Russes investiront le bunker, ils ne découvriront pas son cadavre, mais seulement ceux de la famille Goebbels, d'un général, d'Éva Braun et d'Adolf Hitler.

Alors où est-il passé ?... D'après les témoins qui se trouvaient dans le bunker, le 30 avril 1945, Hitler, après avoir épousé Éva Braun, décide de se suicider en avalant une capsule de cyanure... Le lendemain, les Soviétiques ont encore progressé. Les derniers occupants du bunker décident de tenter une sortie. Ils sont au nombre de six : Fritsche, propagandiste de la radio, Naumann, secrétaire d'État, Axmann, chef des organisations de jeunesse, Kempka, chauffeur d'Hitler, Stumpfegger, son médecin, et, bien sûr, Martin Bormann.

Pour éviter de tomber entre les mains des Russes, ces six hommes choisissent de sortir à la nuit. Ils se dirigent d'abord vers la gare de la Friedrichstrasse puis jusqu'au pont de Wiedendammer, qui traverse la Spree et où stationnent encore quelques blindés allemands. Mais de l'autre côté de la rivière des tanks soviétiques forment un barrage. Bormann, qui commande le petit groupe, décide de tenter sa chance. Il a pris la précaution de revêtir un uniforme de général SS. Il donne l'ordre aux blindés allemands de s'engager sur le pont. Le premier « Tigre » s'ébranle. Bormann et les autres marchent derrière. Soudain une déflagration énorme se produit ! Le blindé allemand a été touché par un obus soviétique. Bourré de munitions, il a explosé.

Les fuyards ont juste eu le temps de se réfugier dans un trou de bombe. Ils sont tous indemnes et retournent à la gare. Là, ils arrachent leurs insignes et choisissent de franchir la Spree sur un pont de chemin de fer. Arrivés à la gare de Lehrter, déjà occupée par l'Armée rouge, ils croisent des soldats russes qui leur prêtent à peine attention. À partir de ce moment, le groupe se sépare. Bormann et le Dr Stumpfegger quittent les autres pour tenter leur chance.

Tous deux marchent en direction de la Invalidenstrasse où l'on entend de nombreux tirs d'armes automatiques. Plus tard, les autres s'engagent à leur tour dans la même direction... Arthur Axmann a affirmé plus tard qu'ils sont tombés en chemin sur les cadavres de Bormann et Stumpfegger. Il a précisé qu'ils ne portaient aucune trace de blessure. Sans doute, les deux hommes, qui étaient équipés de capsules de cyanure, s'étaient-ils suicidés. Les autres membres du petit groupe n'ont pas été aussi formels. Leurs récits ont même été assez contradictoires. Mais n'oublions pas qu'il faisait nuit.

Il faut toutefois relever un détail important. Dans la poche du manteau du cadavre identifié comme étant celui de Bormann, se trouvait un journal, celui du secrétaire d'Hitler ! Tout porte à croire que le corps de la Invalidenstrasse est bien celui de Bormann. À moins, évidemment, qu'il ne s'agisse d'une mise en scène : Martin Bormann, pour faire croire à sa disparition, aurait glissé son journal dans le manteau d'un mort ! D'autres dirigeants nazis n'ont pas agi autrement.

Par la suite, les deux cadavres disparaissent au cours des violents combats qui ont lieu dans la Invalidenstrasse. On ne les retrouvera que des années plus tard...

Dès la fin des hostilités, Bormann est activement recherché. Tous les services alliés sont en effet persuadés que le secrétaire d'Hitler est vivant. L'hypothèse généralement retenue est que le dirigeant nazi a pu utiliser une des filières d'évasion des SS. Des filières qu'il a lui-même mises en place dès que la défaite du Reich est apparue inéluctable...

Un premier témoignage vient conforter cette thèse : un homme qui vient d'être arrêté parle. Il déclare qu'il a convoyé

Bormann de Bavière jusqu'en Autriche, à proximité de la frontière italienne. Là, le nazi aurait été pris en charge par une organisation dépendant du Vatican. Revêtu d'une soutane de jésuite et muni d'un passeport de la Croix-Rouge, Bormann aurait embarqué à Gênes. Direction, l'Amérique du Sud.

Le récit est crédible même s'il n'apporte pas de preuve formelle. Il correspond en tout cas à ce que nous savons des filières que le dirigeant du Reich a mises sur pied... C'est en effet Bormann qui a préparé, sans doute en cachette du Führer qui refusait de croire que la partie était perdue, la future installation des nazis en Amérique du Sud, essentiellement en Argentine. N'ignorant pas que l'argent est le nerf de la guerre, il a organisé systématiquement la fuite de richesses vers l'étranger : d'abord l'or des victimes des camps de la mort, ensuite les capitaux de l'industrie allemande. Ceux-ci étaient interdits d'exportation depuis le début de la guerre : Bormann en personne a levé cette interdiction et incité les industriels à investir à l'étranger, en passant par la Suisse.

On a aussi évoqué de mystérieux sous-marins chargés de véritables trésors. Rien n'est plus vrai ! Très tôt, Bormann a organisé une chasse systématique à l'or et aux valeurs. Dans chaque unité allemande, il existait un commando *(Divisenschutzcommando)* chargé de rafler objets précieux et devises. Il en est résulté l'accumulation d'un butin considérable, que seuls des sous-marins pouvaient convoyer. Leur destination était essentiellement l'Argentine, où Perón venait d'arriver au pouvoir. Celui-ci, grand admirateur d'Hitler, avait mis en place un véritable réseau chargé de réceptionner les précieuses cargaisons... Des nazis et non des moindres vont donc, dans les années de l'immédiat après-guerre, s'installer en Argentine et y vivre une quiétude presque parfaite.

Mais Bormann lui-même, est-il ou non arrivé à gagner l'Amérique du Sud ? C'est le mystère le plus complet, même si on le voit un peu partout sur le continent...

En 1956, une Allemande qui l'a bien connu pendant la guerre affirme l'avoir rencontré dans un autobus à São Paulo.

Un peu plus tard, au Chili, un journaliste italien reçoit les confidences d'une femme qui déclare avoir vécu trois ans avec lui... Simon Wiesenthal, le fameux chasseur de nazis, l'homme qui a localisé Eichmann et permis sa capture par les services secrets israéliens, assure, sur la foi d'informations très crédibles, que Bormann vit près de la frontière entre l'Argentine et le Chili ! Mais la vérité va bientôt progresser de manière décisive grâce à des événements qui se produisent à l'autre bout du monde...

Tout commence au milieu des années 1960. Un journaliste du magazine *Stern* entreprend une enquête sur la disparition de Martin Bormann. Et il retrouve un homme, un postier, qui lui affirme avoir enterré deux cadavres au début du mois de mai 1945, à proximité de la station de métro Lehrter Bahnhof, c'est-à-dire pas très loin de l'endroit où Axmann, l'ancien chef des Jeunesses hitlériennes, aurait vu les cadavres de Bormann et du Dr Stumpfegger.

Le journaliste alerte les autorités de Berlin. Mais il n'est pas question d'entreprendre des fouilles en pleine ville... Pourtant, quelques années plus tard, en 1972, comme des travaux de voirie sont prévus près du Lehrter Bahnhof, on se souvient opportunément de l'information donnée par l'enquêteur du *Stern*. Il est demandé aux ouvriers d'être vigilants. À juste titre, car, au cours des travaux, deux squelettes sont effectivement mis au jour.

Plus d'un quart de siècle s'est alors écoulé depuis l'ensevelissement des cadavres. Si les deux dépouilles sont complètes, elles ne sont pas en très bon état de conservation. Néanmoins, elles permettent d'effectuer un certain nombre d'expertises médico-légales... Les médecins légistes s'intéressent surtout à la denture des squelettes. La fiche dentaire de Bormann a en effet été conservée par le dentiste qui soignait les principaux chefs nazis. Et, assez rapidement, il est établi que la denture d'un des cadavres correspond assez fidèlement à celle de Bormann... Les légistes n'en restent pas là : ils comparent aussi la forme du crâne avec des photos de Bormann. Et une nouvelle fois, ils concluent que l'un des cadavres pourrait être celui du secrétaire d'Hitler.

Mais ces experts relèvent un détail encore plus intéressant : de minuscules morceaux de verre sont retrouvés entre les dents des deux crânes, ce qui accrédite la thèse du suicide à l'aide de capsules de cyanure. Le témoignage d'Axmann gagne donc en crédibilité. En possession de tous ces éléments d'expertise, le procureur de Francfort décide de mettre un terme aux recherches concernant Martin Bormann et il propose de confier les ossements à sa famille aux fins d'inhumation.

Toutefois, le magistrat précise que le squelette ne doit pas être incinéré. Non pas qu'il ait un doute sur l'identification du cadavre, mais il pense, non sans sagesse, qu'en raison des progrès toujours croissants de la science médico-légale, des analyses plus fines pourront être effectuées dans l'avenir...

Le squelette n'est pourtant pas inhumé. Les enfants Bormann refusent de le prendre en charge. Ils n'ont pas, eux non plus, le moindre doute sur l'authenticité de la dépouille, mais ils ne veulent pas que la sépulture de leur père devienne un lieu de pèlerinage pour les nostalgiques du IIIe Reich... Dans ces conditions, les ossements sont rangés dans un carton et confiés au greffe de la police judiciaire de Wiesbaden.

Malgré cette identification officielle par le procureur de Francfort, les partisans de l'autre version, celle de la fuite de Bormann, n'en continuent pas moins à soutenir que le nazi est toujours vivant. La rumeur court toujours... En 1993, un journaliste allemand, Gerd Heidemann, affirme qu'il téléphone régulièrement à Bormann, réfugié en Uruguay. Mais on se rend rapidement compte que l'information est douteuse : Heidemann est aussi l'homme qui a inventé les faux carnets d'Hitler...

Un an plus tard, un ancien agent soviétique écrit que Bormann a été son collaborateur et qu'il a trouvé refuge en URSS où il est mort.

Le résultat, c'est que toutes ces rumeurs finissent par agacer prodigieusement les enfants Bormann ! D'autant que plusieurs femmes prétendent avoir eu une liaison avec l'ancien nazi et lui avoir donné des enfants. Alors, informés des progrès de la génétique, deux des fils demandent une expertise... Elle n'est pas facile. Le cadavre est dans un très mauvais état. Une recherche classique d'ADN est donc aléatoire. Seule une analyse de l'ADN mitochondrial, selon la technique utilisée pour identifier la famille du tsar de Russie, peut éventuellement aboutir.

En 1997, le carton contenant les ossements du présumé Bormann est remis à l'Institut de génétique de Munich, tandis que ses sept enfants acceptent de donner des échantillons de leurs cellules... La conclusion a été rendue publique il y a peu de temps : en juin 1998, les autorités judiciaires allemandes annoncent officiellement que le squelette retrouvé près du Lehrter Bahnhof est sans contestation possible celui de Martin Bormann ! C'est la fin de la légende. Peu après, les ossements sont incinérés et les cendres dispersées en un lieu tenu secret par la famille, encore une fois, pour ne pas perpétuer le culte du dirigeant nazi.

Mais le mystère n'est pas terminé... Il reste une histoire très étrange : le véritable secret de Martin Bormann !

Il est établi que, pendant la guerre, les Soviétiques ont disposé d'un agent introduit dans l'entourage même du Führer. Et les services de l'amiral Canaris ont même cru le démasquer en la personne de Bormann ! Le traître communiquait par radio avec Moscou, à l'aide d'un poste émetteur clandestin. Ce dernier a été découvert par les techniciens du contre-espionnage : c'était effectivement Bormann qui l'utilisait.

Canaris, qui, comme beaucoup de dignitaires du régime, ne pouvait pas souffrir Bormann, s'est fait un plaisir de le dénoncer à Hitler. Mais celui-ci a réagi de façon très curieuse ! Il a répondu sèchement à l'amiral qu'il connaissait parfaitement l'existence de ce poste : Bormann s'en servait pour envoyer de fausses nouvelles à Moscou...

C'est évidemment possible. Mais il est tout aussi possible que Bormann ait été vraiment un espion au service des Soviétiques. Dans ce cas, le Führer aurait voulu couvrir celui qui était son confident et son plus proche collaborateur. Admettre le contraire aurait provoqué un énorme scandale... Et puis, Hitler ne disposait déjà plus de tous ses moyens. Il avait besoin de Bormann, un besoin presque physique !

Reste le mobile qui aurait poussé ce nazi fanatique à collaborer avec les pires ennemis du Reich. Selon certaines rumeurs, si Bormann a effectivement travaillé pour les Soviétiques, c'est qu'il a été l'objet d'un chantage... De quel ordre ? Nul ne le sait. Un homme, pourtant, connaissait la vérité, un banquier suisse qui a longtemps collaboré avec Bormann et qui a aussi travaillé avec Moscou, avant de devenir l'un des financiers du terrorisme international. Mais il s'est éteint en 1995, sans livrer aucun de ses secrets. Il est donc plus que probable qu'à la différence du premier, le second mystère Bormann restera à jamais une énigme.

3.

Un escroc de l'Histoire

Allons, pour une fois, je vais me laisser aller à exprimer mon ressentiment sinon ma colère. Je l'avoue, il existe des hommes qui me révulsent. Et je n'ai pas hésité un seul instant à applaudir lorsque, dans les années 70, l'un de ceux-ci a été giflé par un résistant à la sortie d'un studio de la télévision française.

Il existe des escrocs de l'Histoire, des personnages qui ont triché avec la vérité historique et maquillé les événements qu'ils ont vécus dans le but de faire de leur vie une légende, bref, de faux héros mais de vrais affabulateurs. Ils sont d'ailleurs, reconnaissons-le, souvent aidés en cela par des historiens peu scrupuleux ou des journalistes qui préfèrent l'historiette à l'Histoire...

Otto Skorzeny est incontestablement l'un de ces escrocs de l'Histoire... Souvenez-vous : Skorzeny, le chef des commandos d'Hitler, le libérateur de Mussolini, le personnage qu'on a présenté après-guerre comme l'homme le plus dangereux d'Europe, parce que cet aventurier était généralement considéré comme le meilleur spécialiste des coups de main. Bref, une sorte de Carlos d'extrême droite !

Après la guerre, Otto Skorzeny n'hésitera pas à parader, à accorder avec complaisance des interviews et s'exhiber devant les caméras de télévision. Il ne reniera jamais son passé nazi et il devait sans doute considérer, comme d'autres, que les chambres à gaz n'étaient après tout qu'un détail de l'Histoire. Une seule fois il lui est arrivé d'exprimer publiquement des regrets, mais ce fut pour déplorer qu'Hitler ait été entouré de traîtres.

Pourtant, ce SS – car c'en était un, ne l'oublions pas – est un pur produit de la propagande du IIIe Reich et il est grand temps de le démystifier ! Et même de révéler sa dernière trahison !

Originaire d'Autriche, Otto Skorzeny devient citoyen allemand après l'Anschluss, l'invasion du pays par l'Allemagne. Il n'est pas militaire de carrière, comme on pourrait le croire, mais ingénieur, spécialisé dans les moteurs diesel. Physiquement, on ne peut nier qu'il soit impressionnant : c'est un colosse de près de deux mètres, au visage barré d'une large balafre. Il se montrera toujours très fier de sa cicatrice, laissant croire à quelque glorieuse origine. En fait, elle était due à l'un de ces duels que les étudiants allemands se livraient pour prouver leur virilité, bref, à un enfantillage... Ce qui n'est pas discutable, en tout cas, ce sont ses convictions. C'est un nazi de la première heure : antisémite convaincu, il adhère au parti national-socialiste avant même l'arrivée d'Hitler au pouvoir et rejoint très vite les rangs des SS.

Au début de la Seconde Guerre mondiale, il est mobilisé comme sergent dans la Waffen SS. Le grade est modeste, mais Skorzeny est un ambitieux, qui ne va pas tarder à prendre du galon. Après avoir combattu sur différents fronts, il est rappelé à Berlin où on lui confie la formation de commandos de choc, chargés des missions spéciales, comme les raids sur les arrières de l'ennemi.

C'est une incontestable promotion pour lui et, à ce qu'on peut savoir, il s'acquitte correctement de sa mission. Ces commandos mènent des actions efficaces dans les Balkans, en URSS et au Proche-Orient. Tant et si bien que Skorzeny reçoit le grade de capitaine. C'est alors que se produit l'épisode italien, l'enlèvement de Mussolini, dont il va faire, si on peut dire, son fonds de commerce...

Au mois de juillet 1943, les Alliés débarquent en Sicile et les choses commencent à bouger en Italie. Le roi Victor-Emmanuel III, qui s'est jusqu'alors parfaitement accommodé du régime fasciste et de l'alliance avec l'Allemagne nazie, se rend soudain compte qu'il y a le feu à la maison et envisage de changer de camp... Mais il faut d'abord se débarrasser du Duce. Fin juillet, le Grand Conseil fasciste se réunit à Rome. Surprise : Mussolini est mis en minorité. Lorsque le dictateur vient en informer le roi, celui-ci le fait arrêter sur-le-champ et charge le maréchal Badoglio de former un nouveau gouvernement.

Mussolini est donc prisonnier. Mais où est-il détenu? Le secret est soigneusement gardé de peur, évidemment, que les partisans du Duce ne viennent le délivrer... D'autant que les événements se précipitent dans la péninsule. Dès le début du mois de septembre, le gouvernement de Badoglio annonce la capitulation sans conditions de l'Italie. Mais Hitler a pris les devants. L'armée italienne est désarmée et les troupes allemandes occupent désormais la plupart des places stratégiques en Italie.

Quant à Mussolini, il est toujours introuvable. Hitler enrage. Il veut absolument réinstaller le Duce au pouvoir, afin que les milices fascistes continuent à combattre aux côtés des nazis. Il va donc tout mettre en œuvre pour le récupérer...

Skorzeny est convoqué au quartier général du Führer, en compagnie de plusieurs autres officiers, tous plus gradés que lui. Il ignore totalement la raison de cette convocation... Hitler leur fait résumer l'un après l'autre leur carrière, puis il leur demande s'ils connaissent l'Italie. Skorzeny est le seul à avoir visité ce pays. D'autre part, en tant qu'Autrichien, il garde rancune aux Italiens qui ont annexé le Tyrol du Sud. Pour ces deux raisons, le Chancelier remercie les autres officiers et garde le capitaine auprès de lui. Hitler lui explique enfin sa mission : s'assurer de la personne du Duce, ce qui implique d'abord de découvrir où il est emprisonné. À moins, bien sûr, qu'il n'ait été purement et simplement éliminé...

En fait, Mussolini a d'abord été conduit sous bonne garde sur l'île de Ponza, au large de Naples, puis il a été transféré en Sardaigne et, de là, il est reparti sous bonne escorte pour le continent. Les autorités lui ont trouvé comme prison un nid d'aigle dans un massif situé au nord-est de Rome, le Gran Sasso, à plus de 2 000 mètres d'altitude. Là-haut est accroché un hôtel qui ressemble à une véritable forteresse et auquel on ne peut accéder qu'en téléphérique !...

Dès son arrivée en Italie, Otto Skorzeny se met au travail et, après plusieurs semaines d'enquête, il parvient à localiser le Duce. En effet, il a pu, peu à peu, reconstituer son itinéraire, puis des écoutes radio ont abouti à une localisation définitive. Il reste maintenant à étudier un plan d'attaque.

Monter à l'assaut en téléphérique est, évidemment, impossible, d'autant que le site est protégé par plus de cent cinquante carabiniers. Mais les Allemands vont élaborer un plan tout à fait ingénieux... J'écris à dessein « les Allemands ». Car Skorzeny, qui s'est attribué plus tard la paternité de la mission, n'était en fait qu'un participant parmi d'autres. En réalité, le commandement était assuré par Student, un général d'aviation, qu'Hitler avait choisi parce qu'il avait sous ses ordres des divisions parachutistes.

C'est donc principalement Student, spécialiste des opérations aéroportées, qui conçoit le plan d'attaque. Dans un massif montagneux et à une telle altitude, un parachutage est trop risqué. Toutefois, devant l'hôtel, il existe une petite prairie où l'on doit pouvoir poser des planeurs... Bien entendu, l'entreprise est également risquée, mais les planeurs sont silencieux et plus discrets que des avions. Chaque appareil permet d'emmener dix hommes. Student prévoit l'utilisation simultanée de dix planeurs. Un général italien demeuré fidèle à Mussolini accompagnera les parachutistes allemands. Son rôle : convaincre les carabiniers qui gardent le Duce de ne pas opposer de résistance. Le plan de Student prévoit aussi qu'un convoi motorisé prendra d'assaut au même moment la gare de départ du téléphérique qui permet d'accéder au Gran Sasso... Skorzeny se contente d'approuver ces dispositions.

Le 12 septembre 1943, Student décide de passer à l'action... Le plan est exécuté à la lettre et le seul incident est dû précisément à Skorzeny, qui va manquer, à cette occasion, de tout faire échouer...

Les planeurs, remorqués par des avions Heinkel, décollent des environs de Rome. Ils doivent parcourir plus de cent kilomètres avant d'atterrir au Gran Sasso. Ils doivent surtout éviter les avions alliés qui pilonnent les troupes allemandes regroupées autour de la capitale italienne. Le vol se déroule sans encombre... Le Gran Sasso est en vue. Au moment précis où les avions remorqueurs libèrent les planeurs, les hommes du commando découvrent la prairie située devant l'hôtel.

Otto Skorzeny enfreint alors les ordres ! Il demande à son pilote d'atterrir le premier, sans nul doute par souci de gloriole et parce qu'il veut prouver la suprématie de la SS sur l'armée... En tout cas, cette manœuvre de dernière minute gêne le pilote du planeur qui devait se poser le premier et son appareil termine sa course dans les rochers !

À part ce contretemps, tout se déroule parfaitement. Les Allemands bénéficient de l'effet de surprise et les carabiniers italiens déposent les armes sans avoir tiré un seul coup de feu ! Mussolini est donc libéré. Il a maigri, mais il semble en bonne forme. Ses premiers mots auraient été, paraît-il : « Je savais que mon ami Adolf Hitler ne m'abandonnerait pas ! », phrase qui me semble, je dois le dire, fabriquée après coup par la propagande nazie.

Quoi qu'il en soit, le temps presse : il faut maintenant organiser le départ du Duce... Un petit avion, avec à ses commandes le pilote personnel de Student, est parvenu à se poser sur la prairie. On y fait monter Mussolini. Et là encore, Skorzeny s'impose. Il exige d'accompagner le Duce. Ses motivations sont toujours les mêmes : gloire personnelle et volonté de montrer la suprématie des SS. Il bouscule le pilote et, d'autorité, monte dans le petit avion, au risque, bien sûr, de l'alourdir et de rendre le décollage encore un peu plus délicat !

De fait, ce dernier, comme on pouvait s'y attendre, est périlleux. La piste est trop courte, l'avion trop lourd : l'appareil doit plonger dans le vide afin de prendre assez de vitesse. Et l'atterrissage n'est pas moins acrobatique car le train a été endommagé au décollage. Mais le pilote est très doué et Mussolini arrive enfin à Rome, où il est aussitôt embarqué sur un autre avion allemand, à destination du quartier général du Führer !

L'opération strictement militaire est terminée. Maintenant il s'agit d'orchestrer ce succès, d'en faire un monument à la gloire du Führer et accessoirement de Skorzeny. Dès le lendemain, dans l'après-midi, la radio allemande diffuse un communiqué spécial : « Un détachement de parachutistes allemands, en liaison avec une unité SS, a libéré, par une audacieuse opération d'attaque, le Duce, qui avait été assigné à résidence par la clique de Badoglio. Les forces de sécurité ont été maîtrisées et faites prisonnières. Nos pertes sont légères. Le Duce a repris ses fonctions. »

Par la suite, la propagande officielle va grossir le rôle de Skorzeny et lui attribuer tout le mérite de l'opération. C'est le Führer qui le veut ainsi, parce que le capitaine fait partie des SS et que ce sont eux et non la Wehrmacht qui doivent être mis en avant. C'est ainsi qu'Hitler décore personnellement Skorzeny d'une des plus prestigieuses décorations allemandes, en le faisant chevalier de la croix de fer. Bien entendu, le général Student se garde de protester : s'attribuer le mérite de l'opération aurait eu pour conséquence de s'attaquer au Führer en personne. Autant dire qu'une telle revendication aurait été synonyme de suicide !

Les autres hommes qui ont participé à l'opération du Gran Sasso n'ont pas non plus le loisir de dire quoi que ce soit. Ils ont déjà été renvoyés au front, tandis qu'à Berlin, Skorzeny, lui, parade. Car le capitaine est devenu une sorte de vedette de l'hitlérisme. Le IIIe Reich a toujours eu un sens aigu de la propagande et Otto Skorzeny est le type même du héros. Il a tout pour cela : la taille, la carrure, le visage balafré et un bagout certain... On le voit partout : aux actualités cinématographiques, dans les réceptions, chez Goering et, bien sûr, dans l'entourage du Führer. Skorzeny est l'homme à la mode. Et, à chaque fois qu'il raconte ses exploits – il ne se fait jamais prier –, il en rajoute un peu plus...

La légende de Skorzeny s'est d'ailleurs poursuivie longtemps après la fin de la guerre... L'officier SS va incarner, pour tous les nostalgiques du Reich ou ceux de la collaboration, une sorte d'image d'Épinal, le symbole du combattant nazi sans peur et sans reproche !

Mais pour lui la guerre ne s'arrête pas là. Comme la propagande en a fait une sorte d'archétype du baroudeur, il faut bien lui confier quelques missions correspondant à sa légende. Il est difficile de démêler le vrai du faux dans les diverses opérations qu'il s'est attribuées, aussi je n'en retiendrai qu'une, sans nul doute la plus réussie et la plus dangereuse pour les Alliés : l'opération « Greif ».

Greif, en allemand, est le nom d'un oiseau fabuleux. Mais cela signifie aussi « coup de main »... Nous sommes alors en décembre 1944. La presque totalité de la France est libérée mais les troupes allemandes, dirigées par Von Rundstedt, vont se lancer dans une redoutable contre-offensive, la bataille des Ardennes.

L'opération Greif consiste à agir derrière les lignes alliées, afin d'y semer le désordre. Les hommes de Skorzeny, parachutés ou infiltrés, revêtent des uniformes américains. Ils sont équipés de matériel américain, roulent dans des véhicules américains et poussent le souci du détail jusqu'à détenir dans leurs poches des cigarettes et des chewing-gums américains, confisqués à des prisonniers. Leur mission est d'incendier les dépôts d'essence, de couper les lignes téléphoniques, de déplacer les poteaux indicateurs, de s'emparer des ponts, etc.

Greif aboutit dans un premier temps à des résultats incontestables, sur le plan psychologique surtout. À l'ouest, on se met soudain à se méfier de tout le monde. On voit des traîtres infiltrés partout. Des officiers, pourtant capables de présenter des papiers parfaitement en règle, sont interrogés pendant des heures. De plus, la rumeur court que certains des commandos ont pour mission de tuer des généraux, dont le plus important d'entre eux, Eisenhower... Il en résulte une baisse brutale du moral des armées et une sérieuse désorganisation, due aux mesures de sécurité qui se multiplient.

Mais finalement, l'opération Greif se traduit par un échec. D'abord parce que la contre-offensive de Von Rundstedt est repoussée par les Alliés, mais aussi parce beaucoup des hommes parachutés derrière les lignes sont capturés alors même qu'ils viennent d'atterrir. Certains sont d'ailleurs fusillés sur-le-champ, conformément aux règles internationales. En temps de guerre, selon la convention de La Haye, on n'a pas le droit de revêtir un uniforme étranger.

Après Greif, Otto Skorzeny continue néanmoins à jouir de la faveur du Führer. Il participe à plusieurs opérations désespérées comme le parachutage de Russes anticommunistes derrière les lignes soviétiques. Il est même chargé de jeter un œil sur la conception et la fabrication des armes secrètes allemandes... Mais, en fait, il a compris depuis longtemps que la guerre était perdue et, déjà, il prépare ses arrières. Il sait que les alliés occidentaux, dès la fin de la guerre, s'intéresseront en priorité aux nazis susceptibles de posséder des renseignements et d'avoir une sérieuse expérience dans la lutte contre les communistes... Il se rapproche donc du général Gehlen, le chef de l'espionnage nazi en direction de l'URSS. Un choix judicieux puisque Gehlen deviendra le futur patron du contre-espionnage dans l'Allemagne de l'après-guerre. Et quelques jours avant la capitulation, alors qu'il vient d'être nommé colonel, Skorzeny choisit de se rendre.

Ce n'est pas sans danger. En tant qu'officier SS, il a beaucoup à craindre. De plus, il se rend aux Américains et ceux-ci n'ignorent pas son rôle dans l'opération Greif. Il risque tout simplement d'être fusillé, comme nombre de ses hommes l'ont été. Mais il tente sa chance, persuadé que l'affrontement Est-Ouest va prendre une telle ampleur que les Américains fermeront les yeux sur son passé et l'accueilleront dans leur camp.

Il ne se trompe pas... En 1947, après deux ans d'internement, il passe en jugement. Il est poursuivi essentiellement pour la part qu'il a prise dans l'opération Greif. Son principal accusateur, le colonel Rosenfeld, le qualifie à cette occasion d'« homme le plus dangereux d'Europe », une formule qu'il reprendra à son compte pour s'en faire un titre de gloire...

Mais son procès n'a lieu que pour la forme. Tout est déjà réglé d'avance. Il ne faut pas oublier que son ami Gehlen, au moment où Skorzeny va être jugé, collabore avec les Américains depuis presque deux ans. Gehlen, qui a certainement fait valoir à ses nouveaux maîtres qu'un homme comme Skorzeny pourrait rendre de grands services au camp occidental... Au tribunal, on voit donc des officiers alliés témoigner qu'eux aussi, à l'occasion d'opérations de commando, ont revêtu l'uniforme de leurs adversaires. Les jeux sont faits : les débats se terminent par un acquittement.

Otto Skorzeny n'est pourtant pas libéré. Il est blanchi pour son rôle dans l'opération Greif, mais il s'agit d'un colonel SS et surtout d'un ancien familier du Führer : il est donc difficile de le relâcher purement et simplement. Il est donc interné dans un camp, à Darmstadt, en attendant sa comparution devant une cour allemande de dénazification. Mais, encore une fois, tout est arrangé d'avance. Il s'agit simplement de sauvegarder les apparences, en attendant de le récupérer dans les services occidentaux.

Au mois de septembre 1948, Skorzeny s'évade et, bien que faisant l'objet d'un avis de recherche des Nations-Unies, il ne sera jamais sérieusement inquiété. À partir de ce moment, il devient donc un espion à la solde des Américains. La morale n'y trouve guère son compte, mais ce n'est pas un cas unique.

Klaus Barbie, dont il n'est pas la peine de rappeler les antécédents, a échappé des dizaines d'années durant à la justice parce qu'il a été protégé par les services américains. Et il y en a eu tant d'autres ! J'ajoute, pour être tout à fait honnête, que dans le camp opposé, à l'Est, on n'a jamais répugné à utiliser les talents très particuliers des anciens nazis...

Sans aucune hésitation, Skorzeny rend les services qu'on attend de lui : en coordination avec le général Gehlen et les Américains, il met en place en Europe un véritable réseau d'anciens nazis, une vraie toile d'araignée !... Pour bien comprendre la situation, il faut se replacer dans le contexte de l'époque. Nous sommes en 1950. L'URSS possède l'arme atomique depuis un an et, en Corée, les troupes du Nord viennent d'envahir le Sud. La situation est très critique, au point que certains imaginent déjà que la Russie va lancer une grande offensive en Europe occidentale où elle dispose alors d'une suprématie militaire écrasante sur le plan terrestre. Alors, ceux-là mêmes qui s'attendent à ce que les Soviétiques nous envahissent envisagent la riposte ou, du moins, la défense. Et, tout à fait cyniquement, ils pensent aux anciens soldats d'Hitler, dont des dizaines de milliers sont encore prisonniers. Pourquoi ne constitueraient-ils pas une sorte d'armée anticommuniste ?

Et c'est ainsi qu'un beau jour de 1950, on découvre avec stupeur qu'Otto Skorzeny réside en France !... Il est repéré grâce à son physique. Quand on mesure près de deux mètres, qu'on est taillé comme une armoire à glace et qu'on a le visage balafré, on peut difficilement passer inaperçu. Un photographe travaillant pour un journal communiste le surprend et publie un cliché, qui fait aussitôt scandale...

Mais pourquoi Skorzeny a-t-il choisi ou a-t-il reçu l'ordre d'opérer chez nous ? Sans doute parce que notre pays se trouve entre l'Allemagne et l'Espagne. Skorzeny fait alors clandestinement de fréquents voyages dans son pays d'origine, afin d'y recruter d'anciens SS. Quant à l'Espagne, qui accueillait déjà de nombreux nazis, elle avait été choisie pour être la base de cette armée anticommuniste.

Ladite armée ne verra pas le jour... La réprobation soulevée dans notre pays après la découverte de l'ancien colonel SS interdit d'aussi cyniques manœuvres, du moins au grand jour. Le projet est ajourné et Skorzeny s'en va, tout aussi discrètement qu'il était arrivé, sans être inquiété et encore moins appréhendé. Personne ne voulait être compromis dans une telle affaire !

Skorzeny va alors s'établir en Espagne et il devient homme d'affaires... Grâce à de l'argent allemand, l'ancien baroudeur monte sa propre entreprise. Il achète et vend du matériel ferroviaire, du ciment, des machines-outils. Il gagne de l'argent, beaucoup d'argent ! Mais sous cette couverture, il s'occupe de tout autre chose. L'import-export peut dissimuler les activités les plus diverses, je suis bien placé pour le savoir...

Le « libérateur » de Mussolini n'a pas oublié son passé... Mais encore une fois, il faut faire la part de la légende et de la vérité et, avec un personnage comme lui, ce n'est pas toujours aisé... Il semble qu'il ait aidé les Égyptiens en leur vendant des armes. Il agissait, selon toute vraisemblance, pour le compte des Américains, qui ne pouvaient le faire eux-mêmes en raison de leurs relations avec Israël. Il leur a d'abord livré des armes, sous la couverture de son affaire d'import-export. Mais il ne s'est pas contenté d'être un marchand d'armes : il a aussi fait profiter Le Caire de son réseau d'ex-nazis...

Les Égyptiens voulaient absolument se doter d'un arsenal de fusées capables d'atteindre Israël. Les plus compétents parmi les spécialistes en cette matière étaient allemands; en l'occurrence, les savants qui avaient mis au point les V1 et les V2... Beaucoup avaient déjà été recrutés par les Américains ou les Russes. Mais certains vivaient toujours discrètement en Allemagne fédérale... Et l'organisation de Skorzeny, sans doute avec l'aide occulte des services du général Gehlen, les a contactés et fait venir en Égypte... Cela n'a, d'ailleurs, pas dû être très difficile : ces scientifiques, qui avaient collaboré sans états d'âme avec le régime nazi et utilisé la main-d'œuvre des déportés, étaient pour la plupart des antisémites convaincus...

Mais ce n'est pas tout, Skorzeny, depuis l'Espagne, faisait de fréquents déplacements en Amérique du Sud, terre d'accueil pour les anciens nazis. Il a séjourné assez longtemps au Brésil et surtout en Argentine où il était très lié avec les Perón. On a même dit que c'était un intime d'Evita Perón, très intime, même ! En tout cas, il est intéressant de noter que Skorzeny se trouvait en Argentine lorsque les Israéliens ont capturé Eichmann et l'ont ramené en Israël pour le juger.

Skorzeny et son organisation, sa très riche organisation, s'occupaient alors de cacher et de protéger les nazis réfugiés en Amérique du Sud, faisant l'objet de recherches. Ils étaient très nombreux. Et parmi eux il y avait des personnages importants, si importants qu'ils finissaient par devenir un peu encombrants et trop difficiles à cacher. C'était, évidemment, le cas d'Eichmann, et une curieuse rumeur a alors couru à Buenos Aires, après sa capture par les hommes du Mossad. Certains ont dit que le grand responsable de la Solution finale avait été donné et le nom de Skorzeny a été prononcé...

On a même été plus loin : l'ancien SS n'aurait pas dénoncé Eichmann parce que ce dernier était trop encombrant mais parce qu'il était lui-même devenu un agent des Israéliens !

Voici la version que j'ai recueillie de bonne source : le Mossad, lorsqu'il a appris que Skorzeny travaillait pour les Égyptiens, lui a mis le marché en main : ou il aidait les services israéliens à retrouver quelques dignitaires nazis se trouvant en Amérique du Sud, ou il trouverait rapidement la mort ! Une menace qui n'était pas vaine : chacun savait la redoutable efficacité des agents du Mossad. Skorzeny, baroudeur vieillissant, aurait préféré opter pour la tranquillité et la dénonciation de ses anciens amis.

Telle est, ou aurait été – car je ne dispose pas de preuve formelle – la fin de sa carrière. L'ancien chef des commandos d'Hitler, « l'homme le plus dangereux d'Europe », a probablement fini son existence dans la peau d'un agent d'Israël !

4.

« J'ai choisi la liberté »

1949. Nos amis d'hier sont devenus des ennemis. Dans les services, nous traquons aussi ceux qui ont lutté à nos côtés contre l'occupant nazi. Parce qu'ils envoyaient d'abord leurs renseignements à Moscou, étaient-ils des résistants? Ou des espions? J'avoue que, personnellement, je vis très mal cette situation. Parmi ces femmes et ces hommes, il y a d'authentiques patriotes. Ils ont couru des risques, ils ont été arrêtés, torturés, déportés. Méritent-ils ces excès d'indignité?

Mais les services sont emportés par la vague. L'heure est à l'anticommunisme. Féroce, sans complexe. Tous les yeux, toutes les antennes sont tournés vers l'Est. La compétition internationale entre les deux blocs bat son plein.

Elle est particulièrement illustrée par le procès Kravchenko. C'est le procès de la guerre froide, le procès de la haine totale et du fossé infranchissable entre deux mondes, deux sociétés, deux systèmes de pensée. Et, curieusement, ce procès spectaculaire qui a vu se dresser l'Est contre l'Ouest s'est passé en France. Il en est au moins resté une expression qui a fait florès depuis : « Choisir la liberté! » qui sera ensuite déclinée en une autre expression. Désormais, on parlera du « monde libre » par rapport à l'autre, le monde communiste!

« J'ai choisi la liberté! » Le premier homme qui a écrit cette phrase sur la couverture d'un livre s'appelait Victor Andreïevitch Kravchenko. Il a rompu avec son pays, l'URSS, en avril 1944, alors que la Seconde Guerre mondiale n'était pas terminée, et c'est deux ans plus tard qu'il a publié son brûlot, un livre autobiographique dénonçant les tares du régime soviétique et révélant l'existence d'un gigantesque système concentrationnaire au-delà de l'Oural où croupissaient des millions d'hommes et de femmes...

1946 : la fraternité d'armes des alliés d'hier est déjà oubliée. L'URSS s'est repliée dans son glacis oriental après avoir mis la main sur toute l'Europe de l'Est, et la compétition entre capitalisme et communisme atteint son paroxysme. La parution aux États-Unis du livre de Kravchenko remporte aussitôt un immense succès. Des millions d'exemplaires sont vendus. Mais, en France, les grands éditeurs se dérobent. Ils craignent à l'évidence les réactions du tout-puissant parti communiste français. Pourtant, un petit éditeur ose se lancer dans l'aventure. Et, malgré les menaces, *J'ai choisi la liberté* paraît. Comme outre-Atlantique, c'est tout de suite un succès de librairie.

Mais les communistes français contre-attaquent assez rapidement. L'hebdomadaire *Les Lettres françaises*, un journal issu de la Résistance et dirigé par Louis Aragon, publient un violent pamphlet contre Kravchenko. Le transfuge y est accusé de tromperie : il n'aurait pas écrit lui-même son livre qui ne serait d'ailleurs qu'un tissu de mensonges. Kravchenko est en outre accusé d'être un escroc et un ivrogne. Et naturellement, on devine que, pour l'auteur de l'article, derrière Kravchenko se dissimulent les services secrets américains.

L'affaire n'en reste pas là. Kravchenko, à son tour, se lance dans la bagarre et attaque le journal français pour diffamation. Début 1949, Victor Kravchenko atterrit en France. Il est accueilli comme une vedette. Le procès va avoir lieu devant la dix-septième chambre correctionnelle. Six audiences sont prévues. Mais en réalité le procès ne se terminera que plusieurs semaines plus tard. La plupart des intellectuels français défileront à la barre, les journalistes noirciront des milliers de pages et l'affaire passionnera la France trois bons mois.

On mesure mal aujourd'hui l'engouement provoqué par le procès Kravchenko ! À une époque où la télévision existait à peine, on le suivait jour après jour, comme un feuilleton. On était pour ou contre Kravchenko avec passion. Il y avait d'un côté les communistes, pour lesquels on ne pouvait pas toucher à l'URSS, la grande alliée à qui nous devions la victoire sur le nazisme, et de l'autre ceux qui pensaient que la page était tournée et que l'affrontement s'était déplacé entre l'Est et l'Ouest. Entre les deux camps, aucun compromis possible ; l'époque était au noir et blanc...

Mais qui est exactement ce Victor Andreïevitch Kravchenko qui va porter à son paroxysme la division idéologique entre Français ? Il est né en Ukraine en 1905, l'année de la première révolution russe, durement réprimée par le régime tsariste. Son père y a pris une part active, ce qui lui a valu la déportation. Libéré, il s'est lancé de nouveau dans le mouvement révolutionnaire en 1917.

Kravchenko a donc été élevé dans un milieu résolument antitsariste... Après la guerre civile et la victoire des bolcheviks, le jeune homme s'enflamme pour les nouvelles idées. Il adhère au parti communiste ; le soir, après le travail, il court de réunion en réunion. Bientôt, on le remarque et les autorités lui proposent d'étudier à l'Institut technologique de Kharkov.

Mais le jeune communiste commence très vite à déchanter... C'est du moins ce qu'il affirme dans sa biographie, *J'ai choisi la liberté*. Il est très possible qu'il se soit donné le beau rôle, se gratifiant d'une lucidité précoce sur les tares du système soviétique. Toujours est-il que, chargé d'enquêter sur les conditions de travail dans un grand combinat industriel, il est frappé par l'incurie qui y règne. Les dirigeants de l'entreprise n'osent prendre aucune initiative de peur des réactions du parti et les travailleurs sont mal nourris, mal logés, mal vêtus. Pire, lorsque ces malheureux osent protester, ils disparaissent subitement. La vérité, c'est qu'ils sont déportés !

Après avoir constaté ce spectacle désolant, Kravchenko se rend à Moscou. Il fait un rapport à un personnage très proche de Staline, Ordzhonikidzé, un Géorgien comme le maître du Kremlin, un bolchevik de la première heure, membre du bureau politique. Toujours d'après Kravchenko, ce dernier l'écoute avec attention et lui répond que Staline est conscient que beaucoup de choses restent à faire. Mais il faut du temps.

Toujours selon Kravchenko, ce voyage dans la capitale soviétique marque un pas de plus dans son opposition au régime. Il est en particulier choqué par le luxe dans lequel vivent les dignitaires du régime : restaurants bien approvisionnés, manteaux de fourrure pour les épouses, domestiques, automobiles, autant de privilèges qui forment un contraste scandaleux avec la misère qu'il vient de quitter !

Toutefois, assez curieusement, cela n'empêche pas Kravchenko de rester au parti et même de progresser dans les échelons. Un indice qui donne à penser que son récit a bien été arrangé après coup...

Ce jeune cadre prometteur connaît quand même des ennuis sérieux quelque temps plus tard, en 1936. C'est le véritable commencement des grandes purges et des procès de Moscou... La peur gagne toute la fédération. Dans l'usine où il travaille, comme dans toutes les entreprises d'URSS, le NKVD, la police politique, traque systématiquement tous ceux qui ne sont pas exactement dans la ligne ou bien encore ceux qui ont été dénoncés. Et ils sont légion.

Devant cette moderne Inquisition, il faut se justifier, s'expliquer longuement des heures durant, parfois toute une nuit, plusieurs nuits même ! Dans ces conditions, les êtres les plus innocents finissent par faire figure de coupables. Ce qui les attend, c'est le Goulag !... Ce mot popularisé par Soljenitsyne est une abréviation qui désigne la direction générale des camps de travail. Un organisme qui utilisait cette main-d'œuvre gratuite pour effectuer les gigantesques travaux de l'ère stalinienne : construction de voies ferrées, creusement de canaux, etc. On a estimé qu'en 1939, juste avant la guerre, il y avait presque six millions de personnes au Goulag !

Kravchenko, lui, se sort assez bien de ce premier interrogatoire. C'est la preuve que sa démarche auprès d'Ordzhonikidzé est restée ignorée du NKVD. À moins, c'est plus vraisemblable, qu'elle n'ait jamais eu lieu ! D'autant qu'à deux autres reprises, par la suite, il va être interrogé par le NKVD. Non seulement il n'est pas inquiété, mais il bénéficie d'une promotion. Kravchenko est maintenant un privilégié, un rouage de plus en plus important du système. Il devient successivement ingénieur en chef puis directeur d'usine, dirigeant d'un trust métallurgique et même adjoint au Conseil des commissaires du peuple de la République soviétique de Russie.

Cette exceptionnelle ascension sociale lui permet de pénétrer les cercles les plus influents. Intérieurement, pourtant, Kravchenko affirme qu'il garde tout son esprit critique. Et, plus tard, il donnera dans son livre une peinture particulièrement féroce de cette nomenklatura à laquelle il a appartenu...

En tout cas, dès cette époque Kravchenko pense à fuir l'URSS, mais il est suffisamment habile pour ne pas éveiller les soupçons. Il attend l'occasion favorable. Elle finit par se présenter.

En 1943, il est désigné pour faire partie de la Commission d'achats soviétique installée aux États-Unis. Américains et Russes ont, en effet, conclu un accord de prêt-bail, permettant aux Soviétiques d'acquérir des produits métallurgiques indispensables à la poursuite de la guerre... Août 1943, Kravchenko arrive à Washington. Huit mois plus tard, il choisit, comme il le dit, la liberté...

Un soir du tout début d'avril 1944, le fonctionnaire soviétique quitte la maison de Washington où il habite et prend le train de New York. Il est, bien sûr, surveillé par le NKVD, comme tous les autres citoyens de l'URSS vivant aux États-Unis. Mais ses fonctions le conduisent à voyager fréquemment à travers le territoire américain. Il est donc presque impossible qu'un homme soit constamment attaché à ses pas. Sa fuite se fait donc sans grande difficulté. Toutefois, il l'avouera plus tard, la décision n'a pas été facile à prendre : Kravchenko sait qu'il ne reverra sans doute jamais son pays et les siens. Il va en outre devenir un homme traqué, avec tout ce que cela comporte. Et il n'ignore pas quel a été le sort, en 1940, d'un autre transfuge soviétique, le général Krivitsky, retrouvé mort, tué par balle, dans sa chambre d'hôtel de New York.

Toutefois Kravchenko n'aura sans doute pas à redouter un sort semblable. Huit mois se sont effet écoulés depuis son arrivée en Amérique. Huit longs mois qui permettent de prendre la vraie dimension de l'affaire. Pour moi, selon toute probabilité, des agents des services secrets américains ont mis à profit cette période pour approcher Kravchenko. Ceux-ci ont dû lui donner des assurances quant à sa sécurité; ils ont dû également organiser la propagande autour de sa fuite. La meilleure preuve, c'est l'article qui paraît dans le *New York Times*, trois jours seulement après la défection du fonctionnaire soviétique. Kravchenko y dénonce violemment et longuement le régime soviétique et la politique de Staline. Comment un homme seul, terré dans un hôtel de New York, ne connaissant, en outre, que quelques mots d'anglais, aurait-il pu si rapidement se faire publier dans le plus grand journal américain?

Cet article, en tout cas, le rend célèbre du jour au lendemain. Dans les semaines et les mois qui suivent, il change fréquemment de résidence, il est hébergé chez différents amis, des amis qui sont peut-être des Américains un peu particuliers... Il écrit, également. On lui a adjoint un rewriter, Eugène Lyons, un émigré russe, ancien communiste, correspondant de l'agence Tass aux États-Unis, qui a fait lui aussi partie de la nomenklatura, avant de rompre avec le régime et de le dénoncer avec férocité. C'est lui qui tient la main de Kravchenko lorsqu'il écrit *J'ai choisi la liberté*.

Le livre paraît en 1946 et c'est donc un immense succès... Il faut dire qu'il arrive à point nommé. Les quelques mois qui ont suivi la victoire ont tout changé. La guerre froide est déjà pratiquement engagée. Et il est clair, pour les Américains, que l'ennemi se trouve maintenant à l'Est. Ceux qui ont préparé l'opération Kravchenko ont bien joué. Ils ont compris avant tout le monde que, lorsque Hitler serait battu, le nouvel adversaire serait Staline.

Mais, dans l'autre camp, il est impossible d'en rester là ! Dans le monde entier, les communistes se mobilisent contre Kravchenko et son ouvrage. Et c'est ainsi, entre autres, que paraît dans *Les Lettres françaises* une suite d'articles rapportant le témoignage d'un certain Sim Thomas, qui serait un ancien membre des services secrets américains. Cet agent de renseignement affirme que Kravchenko n'a pas écrit son livre et porte contre lui d'autres accusations comme le fait d'être un ivrogne et un escroc.

C'est donc à Paris que Kravchenko et ceux qui l'inspirent choisissent de contre-attaquer. Il est décidé que Kravchenko portera plainte pour diffamation contre *Les Lettres françaises*... Il ne s'agit nullement d'un hasard. En France, le parti communiste représente une force politique considérable. La guerre froide sévit partout dans le monde, mais c'est en France qu'elle trouve son expression la plus aiguë, car elle passe à l'intérieur même du pays.

Et le procès a lieu... La plupart des intellectuels font cause commune avec *Les Lettres françaises*. Ils ne sont pas entièrement dénués d'esprit critique vis-à-vis de l'URSS mais ils estiment que l'ennemi, c'est d'abord l'impérialisme américain... De leur côté, Kravchenko et ses avocats font venir à la barre quelques témoins qui établissent la réalité de l'existence des camps soviétiques. La déposition la plus remarquable est celle de Margarete Buber-Neumann, femme de l'ancien dirigeant communiste allemand. Elle raconte comment son mari a disparu avant guerre dans la Russie stalinienne. Elle révèle surtout qu'elle a elle-même été envoyée au Goulag et que, au lendemain du pacte germano-soviétique, elle a été livrée à Hitler et déportée au camp de Ravensbrück !

Mais le sujet officiel du procès, même si tout le monde l'oublie très vite, ce sont les accusations de plagiat et de vie dissolue portées contre Kravchenko par le nommé Sim Thomas, et sur ce point la défense se montre incapable d'apporter la moindre preuve. L'accusateur se garde bien de venir témoigner. À l'issue des débats, *Les Lettres françaises* sont donc légitimement condamnées pour diffamation. Une condamnation très légère par ailleurs. Et l'on retient de ce retentissant affrontement qu'il s'achève par une sorte de match nul... Il fallait naturellement tenir compte du poids du PCF dans la vie politique française.

Kravchenko, qui a gagné beaucoup d'argent avec son livre, regagne aussitôt les États-Unis. L'ancien fonctionnaire soviétique se métamorphose peu à peu en capitaliste. Il investit son argent dans des affaires douteuses et il finit par tout perdre. Est-ce l'explication de son suicide? Le 25 février 1966, à New York, il se tire une balle dans la tête.

Mais je crois aussi que pesait sur lui le poids du secret. Le poids du secret et peut-être aussi celui du mensonge. C'est lourd pour un homme qui a perdu sa patrie!

Quant à ce mystérieux Sim Thomas, l'accusateur de Kravchenko, c'est un agent secret américain qui n'a, à l'évidence, jamais existé. En fait, il s'agissait d'une pure création du KGB! Un agent d'influence français, un certain André U., travaillant pour les services soviétiques, avait intoxiqué *Les Lettres françaises*. Et la direction de cet hebdomadaire procommuniste s'est bien gardée d'être trop curieuse!

5.

Une révolution d'opérette

Impossible de ne pas s'arrêter un instant sur l'année 1958. La IVe République était moribonde, minée de l'intérieur par les complots successifs : affaire des généraux, affaire des fuites, affaire du bazooka, etc. Et, à chaque fois, les services avaient joué un rôle qui était loin d'être innocent, je suis bien placé pour le savoir. En outre, plusieurs fois, déjà, le pouvoir politique avait abdiqué devant les militaires qui entendaient faire la loi en Algérie et, bientôt, en métropole.

Mais je ne retiendrai des événements de cette année-là qu'un épisode qui semble a priori *anecdotique. Et pourtant!*

À la fin du mois de mai 1958, après Alger, la Corse se soulève et les parachutistes y prennent le pouvoir. Les premiers journalistes arrivés demandent au député Arrighi, un des acteurs de la rébellion : « Y a-t-il eu des morts? » Et le parlementaire de répondre avec le sourire : « Eh non, c'était la révolution, ce n'étaient pas les élections! » Je ne saurais dire si ce bon mot est authentique ou non, mais il est vrai que, par bien des côtés, l'insurrection de la Corse en ce mois de mai 1958 a quelque chose de théâtral.

En tout cas, il reste que cette révolution d'opérette a eu, étrangement, une importance capitale dans le déroulement de la crise de mai 58. À eux seuls, quelques dizaines de parachutistes et une poignée de politiciens ont précipité les événements et accéléré l'arrivée au pouvoir du général de Gaulle. Même si la réalité est beaucoup plus compliquée qu'on ne le suppose...

Le 13 mai, le gouvernement Pflimlin est investi par les députés. Au même moment, on manifeste à Alger au nom de l'Algérie française et contre le nouveau président du Conseil. Un Comité de salut public est créé. Il est présidé par le général Massu. Un appel au général de Gaulle est aussitôt lancé. À Paris, le président René Coty demande à l'armée d'obéir aux lois de la République.

Mais les événements s'accélèrent : le 15, tandis que le général de Gaulle se déclare prêt à assumer les pouvoirs de la République, à Alger, le général Salan fait acclamer le nom du retraité de Colombey-les-Deux-Églises. Paris décrète alors l'état d'urgence. On parle maintenant ouvertement de la possibilité d'une intervention des parachutistes en métropole. Le 19, une nouvelle fois, au cours d'une retentissante conférence de presse, le général de Gaulle déclare qu'il est prêt à assumer le pouvoir s'il en reçoit la délégation selon une procédure exceptionnelle. Mais la IVe République fait de la résistance : le lendemain, l'Assemblée nationale renouvelle au gouvernement les pouvoirs spéciaux en Algérie. La situation semble momentanément bloquée. C'est alors qu'intervient l'affaire corse...

Pour les hommes d'Alger et tous ceux qui travaillent en sous-main au retour du général de Gaulle, l'intérêt de la Corse est d'abord symbolique. L'île de Beauté a été en effet le premier département français libéré par les forces de la France libre, dès 1943 et avec la contribution décisive de ses habitants. Ensuite, c'est une sorte de porte-avions, proche du continent, qui pourrait servir comme base d'envol pour les parachutistes. Enfin, c'est un département qui ne fait pas partie de l'Afrique du Nord. À Paris et sur le continent, on peut comprendre que les Pieds-Noirs se révoltent pour défendre la terre où ils sont nés. Mais si la Corse, département français, se soulève à son tour, cela signifie que c'est le régime lui-même qui est mis en cause !

Tout commence le 14 mai... Vingt-quatre heures après Alger, un Comité de salut public est constitué à Ajaccio. Le principal instigateur du mouvement n'est pas n'importe qui : il s'agit d'Henri Maillot, compagnon de la Libération et petit-cousin du général de Gaulle ! Autour de lui sont rassemblés quelques notables corses, dont l'ancien député-maire d'Ajaccio... Consécutivement, un autre Comité de salut public se met en place à Bastia. Il est dirigé par un ancien d'Indochine. Malgré l'existence de ces deux organismes qui se contentent de faire de l'agitation verbale, le contrôle de l'île reste totalement dans les mains des autorités légales.

Pourtant, tout va rapidement changer. Le 24 mai au petit matin – c'est un samedi, le premier jour d'un long week-end de Pentecôte –, un Dakota se pose sur l'aérodrome de Calvi, en provenance d'Alger. C'est un avion militaire. À bord, cinq passagers : le député corse Arrighi, un commissaire de police, un fonctionnaire algérois, un civil et le capitaine Bauer, officier au 11e choc, l'unité où se recrutent habituellement les hommes du service action du SDECE.

Les passagers du Dakota sont attendus... C'est le capitaine Mantéi, un officier du 1er choc, basé à Calvi, qui les accueille. Il connaît bien Bauer ; ces deux militaires vont jouer un rôle capital dans l'opération qui se prépare... Les cinq hommes viennent en effet diriger un soulèvement prévu dans la journée même. Ils sont aussi chargés d'assurer les futurs insurgés qu'ils vont agir en plein accord avec le général Salan.

Selon le plan qui a été imaginé, les parachutistes du capitaine Mantéi doivent se diriger vers Ajaccio et y arriver au moment où une manifestation réunie par le Comité de salut public envahira les rues de la ville. Le reste sera un jeu d'enfant : les militaires s'empareront sans coup férir de la préfecture et le Comité s'y installera, pour exercer le pouvoir à la place du préfet. Si ce haut fonctionnaire résiste, il est prévu de le placer en résidence surveillée. La même opération est programmée dans les sous-préfectures de Bastia, Corte et Sartène.

À Ajaccio, l'opération se passe comme prévu, sans qu'un coup de feu soit tiré, sans qu'un seul véritable acte de résistance soit noté. Très rapidement, tout le monde s'incline et se rallie aux insurgés... C'est dire que l'état d'esprit des forces de sécurité, des officiers en tout cas, est largement influencé par les gaullistes et les rebelles d'Alger.

Psychologiquement, l'affaire a été bien organisée. Cela faisait des semaines qu'on serinait : il faut en finir avec le régime, c'est de Gaulle qu'il nous faut ! La méthode Coué, en somme. Quant au gouvernement, il savait, grâce aux RG en particulier, que quelque chose se préparait en Corse. Mais il était loin de se douter que le complot prendrait une telle ampleur. D'ailleurs, d'après les autorités militaires, les paras du capitaine Mantéi étaient en principe en train de crapahuter dans le désert des Agriates, alors qu'en réalité ils étaient déjà en route vers Ajaccio ! Et quand, enfin, le ministre de l'Intérieur, Jules Moch, prend la mesure de l'événement, il est naturellement trop tard. Il a beau envoyer par avion des CRS à Ajaccio, ceux-ci indiquent qu'ils n'ont nullement l'intention de s'opposer aux paras lorsqu'ils apprennent que les hommes de Mantéi approchent. C'est une reddition pure et simple et donc un indéniable succès pour les insurgés. Mais ce n'est pas le plus important pour eux. Dans cette histoire, tout est question de psychologie, et ils entendent surtout porter un coup décisif au moral des gens de Paris. Il leur faut montrer que c'est tout un département qui se soulève et manifeste sa solidarité avec les mutins d'Alger.

Or ce n'est pas le cas. La préfecture est tombée, certes. Mais la manifestation n'a pas rassemblé grand monde. Alors, ils vont s'employer à transformer ce rassemblement modeste en ferveur populaire. Pour cela, ils utilisent la radio.

La manipulation a été préparée à Alger, avant même leur départ. Ils ont enregistré une fausse manifestation devant la préfecture d'Ajaccio avec discours du député Arrighi et clameurs de la foule, une foule considérable si l'on en juge par les cris et les applaudissements. C'est cette bande falsifiée qui est diffusée par Radio-Alger et écoutée à Paris. L'intoxication dépasse les espérances. Au gouvernement, la bande truquée est écoutée comme si elle était émise en direct depuis Ajaccio ! C'est l'accablement ! D'autant qu'à Corte, la sous-préfecture tombe comme une pomme bien mûre et est occupée sans difficulté. La sous-préfète sort les petits-fours et ouvre des bouteilles : on est entre gens de bonne compagnie...

Paris est donc littéralement assommé, même si, faible consolation, on apprend l'existence d'un foyer de résistance à Bastia.

Dans la seconde ville de Corse, Sébastien de Casalta, le premier adjoint socialiste à la mairie, qui est aussi un ancien résistant, est viscéralement hostile aux putschistes d'Alger. Lorsqu'il apprend ce qu'il se passe à Ajaccio, en l'absence du député-maire de Bastia, qui se trouve à Paris, il décide d'organiser la résistance dans sa ville. Malheureusement pour lui, tant du côté du sous-préfet que des autres autorités, il ne rencontre guère d'énergie. Comme à Ajaccio, les uns et les autres semblent surtout désireux d'éviter l'affrontement avec les parachutistes. La meilleure preuve, c'est que dans la soirée il suffit de l'irruption de quelques jeunes gens armés de mitraillettes sans chargeurs pour que le sous-préfet se soumette. Quant au commandant de la gendarmerie, il ne voit rien, il n'entend rien. Même passivité chez les militaires de la garnison. Ils n'ont aucune envie d'en découdre avec d'autres militaires. Et malgré les ordres de Paris, ils ne bougeront pas !

Alors, Sébastien de Casalta s'enferme dans la mairie et téléphone au ministère de l'Intérieur où on lui conseille de... prendre le maquis ! Bien entendu, cela n'a aucun sens. Le maquis, mais avec quelles troupes ? Et pour quoi faire ?... Il ne reste plus à ce courageux maire adjoint, qui a reçu le renfort de quelques conseillers municipaux, qu'à attendre les parachutistes, pour leur opposer une résistance symbolique.

Ceux-ci arrivent au début de la nuit. Le député Arrighi les accompagne. Après avoir parlementé de part et d'autre de l'enceinte de la mairie, les deux groupes décident de reprendre la discussion le lendemain matin... Mais c'est à Paris, au même moment, que la situation va se jouer.

Le ministre de l'Intérieur, Jules Moch, est un homme à poigne. Il a envisagé un plan visant ni plus ni moins à reconquérir militairement la Corse ! En liaison avec le ministre de la Défense, il a préparé une expédition maritime permettant de débarquer sur l'île plusieurs centaines de CRS et de gendarmes. D'autre part, il a nommé un nouveau préfet qui accompagnera les forces de l'ordre. Si, politiquement, le projet comporte de grands risques, techniquement il est parfaitement réalisable. Les parachutistes du capitaine Mantéi ne sont pas très nombreux. Et même s'ils sont aguerris, ils ne pourront pas s'opposer durablement au débarquement d'une force aussi importante.

Faut-il envahir la Corse ?... Cette nuit du dimanche 25 mai 1958, un Conseil des ministres dramatique se tient autour de cette question cruciale. Jules Moch argumente : deux cents paras à Ajaccio et soixante à Bastia suffisent-ils à instaurer en Corse un régime de rébellion ? Mais le ministre de l'Intérieur n'est pas suivi par ses collègues. Lorsqu'il présente son plan et affirme qu'il peut être mis en œuvre dans les deux heures qui suivent, la plupart des autres ministres refusent l'épreuve de force. Ils ont peur. L'intoxication de la fausse manifestation a joué à plein. Et puis la résignation s'est déjà emparée de beaucoup, sans compter que la propagande gaulliste porte ses fruits ; elle a peu à peu fait son chemin dans les esprits. On sait, on se persuade que d'autres paras vont incessamment embarquer à Alger et déferler sur la région parisienne.

Le gouvernement, donc, renonce... Dans la crise de mai 58, c'est le moment crucial. La porte est désormais grande ouverte aux rebelles d'Alger. L'abandon de la Corse a sonné le glas du gouvernement légal...

Après la renonciation du gouvernement de la République, la courageuse résistance de M. de Casalta ne peut aller bien loin. Non sans panache, toujours enfermé dans sa mairie de Bastia, il attend de pied ferme. Et il ne sortira que le lundi après l'arrivée d'une nouvelle délégation d'Alger, conduite par deux hommes de premier plan, deux chefs de l'insurrection, Léon Delbecque et le colonel Thomazo. La présence de ces deux acteurs essentiels des événements d'Alger indique assez quelle importance on accorde dans le camp gaulliste aux événements de Corse...

En tout cas, après la reddition de Casalta (qui sera instantanément fait officier de la Légion d'honneur à titre exceptionnel pour son acte de bravoure), toute la Corse se trouve aux mains des parachutistes. L'opération est terminée. Et la fiction du soulèvement populaire est désormais la version officielle.

À partir de là, tout va très vite. Dès la nuit du 26 au 27 mai, le général de Gaulle rencontre secrètement Pierre Pflimlin dans le parc de Saint-Cloud. Ce dernier tente une dernière résistance, mais il n'est plus maître de la situation. Le lendemain, le général précipite les choses et annonce, alors que rien n'a encore été fait, qu'il a entamé le processus régulier visant à l'établissement d'un gouvernement républicain. Vingt-quatre heures plus tard, Pierre Pflimlin démissionne et, le surlendemain, le président Coty envoie un message au parlement, lui demandant d'investir le général comme chef du gouvernement...

Il faut ajouter, pour être tout à fait honnête, qu'à partir du moment où la manipulation corse a été lancée, la France a vécu sous la menace de l'arrivée des parachutistes : il s'agissait de l'opération « Résurrection », qui prévoyait la prise du pouvoir par l'armée. La menace était réelle et les plans étaient prêts. Mais toute l'habileté des comploteurs a consisté à maintenir la pression, tout en prenant garde de retenir les éléments les plus extrémistes, qui voulaient, eux, réellement instaurer un régime militaire à l'espagnole ou à la portugaise.

Tel est le jeu dangereux auquel ont joué les inspirateurs gaullistes de cette affaire. Et de manière d'autant plus machiavélique que, s'ils arrivaient à leurs fins, c'est-à-dire à faire triompher de Gaulle, celui-ci apparaîtrait comme l'homme providentiel qui avait jugulé la menace extrémiste. Il gagnerait donc sur tous les tableaux !

Bien entendu, l'opération corse, elle aussi, a été menée de bout en bout par ces mêmes personnages. L'homme clef en a été vraisemblablement Jacques Foccart, l'éminence grise du général. Depuis la guerre, Foccart, en effet, n'a jamais cessé d'être étroitement en contact avec le SDECE et surtout avec le service action du SDECE, le fameux 11e choc, qui a joué un rôle si important dans toute l'affaire. Il est en effet bien connu que Foccart y a régulièrement effectué des périodes militaires.

Bras armés du SDECE, les hommes du 11e choc ont été recrutés dès la fin de la guerre, non seulement en raison de leur compétence et de leur appartenance aux services secrets de la France libre, mais aussi parce qu'ils étaient farouchement anticommunistes et résolument gaullistes. En cas d'une prise du pouvoir par les communistes, ils auraient représenté le noyau dur de la résistance. Mais depuis le départ du général, en 1946, ils se tenaient aussi prêts à tout faire pour favoriser son retour...

En ce qui concerne la Corse, le scénario, selon moi, a été le suivant : le 14 mai, Maillot, le cousin du général, prend l'initiative de créer un Comité de salut public à Ajaccio. Foccart y voit un formidable moyen d'agir. Il contacte le capitaine Mantéi, du 1er choc, un officier qu'il connaît parfaitement bien et qui est tout disposé à obéir. L'affaire est mise en route.

La mission qui arrive d'Alger n'est qu'un rideau de fumée, destiné à faire croire aux Corses et à la population continentale que l'opération a été imaginée de l'autre côté de la Méditerranée, alors qu'en fait tout a été combiné à Paris. Avec, bien sûr, la complicité des gaullistes d'Alger et l'accord du général Massu, certainement le plus gaulliste des officiers supérieurs qui se trouvent là-bas.

On ne saura évidemment jamais dans quelle mesure le général de Gaulle a été informé. A-t-il donné lui-même le feu vert ? Mais je n'imagine pas un gaulliste aussi fidèle que Foccart agir sans avoir obtenu son consentement. D'autant qu'il y avait urgence. Il fallait prendre de court les officiers ultras et surtout éviter le déclenchement de l'opération « Résurrection », qui aurait été une véritable catastrophe, risquant probablement de plonger le pays tout entier dans une guerre civile à l'espagnole.

L'aventure corse de mai 58, derrière ses allures de guerre civile d'opérette, a donc bel et bien dissimulé des enjeux considérables et une réalité infiniment plus dramatique qu'il n'y paraissait.

6.

Les fantômes de Berlin

Berlin... Aucune ville, peut-être, n'est liée à autant de souvenirs pour moi. Je pense surtout au Berlin des années 50, que j'ai bien connu. C'est un monde qui a disparu. La ville était la matérialisation de l'affrontement Est-Ouest, puisque, avant la construction du Mur, les puissances de l'un et l'autre camp étaient encore physiquement en contact, alors que partout ailleurs le Rideau de fer imposait une stricte séparation entre les deux camps.

Plus de dix ans après la destruction du Mur, plus de cinquante ans après le commencement de la guerre froide, on a du mal à imaginer ce qu'était à l'époque la vie à Berlin. C'était vraiment un nid d'espions ! Dans ces années grises de l'après-guerre, on y rencontrait toutes sortes de gens qui ont disparu aujourd'hui, par exemple des espions de conviction, des hommes ou des femmes qui trahissaient par idéologie... Sans doute tout n'était pas rose dans cette période : c'était un affrontement acharné, impitoyable entre les deux blocs, avec, en plus, le spectre de la guerre atomique, mais l'être humain est ainsi fait que cela n'empêche pas la nostalgie... J'ai eu connaissance de nombreuses affaires à Berlin, certaines auxquelles j'ai été mêlé, d'autres non. Alors, je ne résiste pas au plaisir d'évoquer ces fantômes du passé, ce monde glauque si bien évoqué par John Le Carré.

Berlin, dans les années 50, ne ressemblait vraiment à rien. Il y avait les quatre secteurs, contrôlés par les États-Unis, la

Grande-Bretagne, la France et l'URSS. À la surface, on pouvait passer relativement facilement de l'un à l'autre, au prix d'un simple contrôle, mais sous terre il n'y avait pas de contrôle du tout, car le métro vous conduisait de l'Ouest à l'Est sans la moindre formalité. Dans ces conditions, on comprend que l'ancienne capitale du IIIe Reich ait été le terrain de chasse idéal pour les agents de tout poil.

Je dois reconnaître que les Français n'étaient pas en force. Les plus nombreux, du côté occidental, étaient les Américains et les Anglais, sans oublier les Allemands de l'Ouest qui réorganisaient leurs services, sous la direction du général Gehlen... Dans cette ville qui grouillait d'espions, il s'agissait essentiellement de faire du débauchage. Les services anglais, par exemple, nos amis du MI6, avaient imaginé un stratagème pour attirer les Russes et éventuellement les recruter. Ils savaient que les produits occidentaux les faisaient rêver : les bas, les montres, les sous-vêtements féminins de luxe, etc. Alors, avec l'aide de quelques trafiquants locaux, ils ont purement et simplement créé un magasin clandestin à l'intention de ces envieux.

Cela fonctionnait de manière très simple... Le MI6 avait loué un très bel appartement, non loin de la zone soviétique, et y avait installé ce magasin clandestin où l'on pouvait acquérir des produits de luxe introuvables à l'Est à des prix défiant toute concurrence. Les clients étaient recrutés par des rabatteurs, je dirais plutôt des « rabatteuses », des prostituées ou des entraîneuses, qui travaillaient dans les établissements situés à l'Est... Quand un Russe arrivait, il était traité avec prévenance, on lui consentait des tarifs extraordinaires, des crédits s'il le fallait. Puis à la visite suivante, comme par hasard, un autre homme était présent et le vrai travail commençait. Il fallait se débrouiller pour mettre l'homme en confiance, découvrir ses goûts, ses vices et ensuite en faire un agent !

Je dois être franc : le système n'a pas très bien marché. La ficelle était un peu grosse. Mais c'est dans ce magasin très spécial qu'a exercé un temps un personnage extraordinaire, George Blake, qu'on croyait à l'époque agent anglais et qui, en fait, travaillait pour Moscou. Blake a sans doute été l'un des espions les plus importants de ce siècle, celui aussi qui a fait le plus de dégâts dans les services occidentaux. Voyez plutôt...

Dès le début, son existence est mouvementée. Il naît en Hollande, au début des années 20, d'une mère hollandaise et d'un père anglais. Ce dernier, Albert Behar, a lui-même mené une existence assez aventureuse. Fils d'un riche marchand juif de Smyrne installé au Caire, Behar, sujet britannique, fait la guerre de 14-18 dans notre Légion étrangère puis dans l'armée anglaise. Plusieurs fois blessé et décoré, il se fixe après la guerre aux Pays-Bas, où il rencontre sa future épouse. Il a juste le temps de lui fairc trois enfants et il quitte le foyer conjugal. On ne sait pas où il va, mais il meurt en 1936, à Rotterdam, à l'âge de quarante-cinq ans. Sans ressources, la mère de George, qui lui a donné pour patronyme « Blake », le nom de son deuxième mari, un autre Anglais, décide alors de confier son fils à la famille de son premier mari, en Égypte.

Mais lorsque la Seconde Guerre mondiale éclate, Blake se trouve en vacances chez sa mère, en Hollande. Et le jeune homme n'hésite pas une seconde. En tant que sujet britannique, il est interné quelques semaines par l'occupant, mais dès sa libération il s'engage dans la Résistance. Il a tout juste dix-huit ans !

Ensuite, il passe en France, prend contact avec des résistants, réussit à franchir les Pyrénées mais se fait arrêter par la police espagnole. Enfin, après pas mal de mésaventures, il parvient à gagner l'Angleterre. Il est incorporé dans la Royal Navy, où il reçoit une formation d'officier. Mais en fait il travaille déjà pour les services secrets...

Après la guerre, George Blake est envoyé en Allemagne occupée. Mais il n'y reste pas longtemps. Il s'acquitte avec tant de brio de ses premières missions que ses supérieurs jugent qu'il doit aller plus loin. Ils le font revenir en Angleterre, afin de suivre des cours de russe à Cambridge.

Ils ne pouvaient évidemment le deviner, mais c'est ce qui va faire basculer toute l'histoire... Car, en étudiant la langue russe, Blake va avoir une véritable révélation. Il l'a raconté lui-même en 1990, alors qu'il résidait en URSS, dans son livre de mémoires, *Une vie d'espion* :

« Je considère le temps que je passai à Cambridge comme un des tournants de mon existence, qui m'ouvrit de nouveaux horizons. J'acquis la clé des trésors de la littérature russe, je commençai à mieux comprendre le peuple russe et à me prendre d'intérêt et de sympathie pour ses coutumes et ses traditions. Jusqu'alors, je voyais les Russes comme des semi-barbares, opprimés par une dictature impitoyable et athée, qui persécutait sans relâche tous les chrétiens. Pendant la guerre, j'avais, bien sûr, regardé l'Union soviétique avec espoir, mais ces sentiments étaient d'une part mêlés de peur et d'antipathie pour le communisme, d'autre part dénués de toute affection particulière pour le peuple russe. »

Mais le jeune homme tait précieusement cette révélation, et c'est sans la moindre méfiance que ses chefs l'envoient à Séoul, en Corée du Sud, afin d'y être le correspondant des services secrets, sous couverture diplomatique (il sera officiellement vice-consul)... Séoul est alors un des points chauds du globe. La guerre de Corée n'a pas encore éclaté mais, après la prise du pouvoir de Mao en Chine, on s'attend à tout moment à ce que les troupes du Nord envahissent la Corée du Sud. D'autre part, Séoul n'est guère éloigné de Vladivostok, et l'une des missions de Blake consiste à recueillir des informations sur les installations militaires de ces provinces maritimes orientales de l'URSS...

La guerre éclate enfin. L'avance des troupes communistes est foudroyante. Blake, comme d'autres diplomates ou agents, est pris au piège dans Séoul rapidement conquise par les troupes nord-coréennes. Il est fait prisonnier et, malgré une tentative d'évasion, il va rester trois ans aux mains des communistes, trois années très dures, dans un camp où on n'est pas particulièrement tendre avec les représentants de l'impérialisme, comme on dit à l'époque. Mais bien loin de le détourner des communistes, cette captivité finit par le convaincre. En prison, il réfléchit, il lit... Si ses geôliers sont aussi impitoyables, c'est à cause de la guerre, une guerre meurtrière, dont il attribue la responsabilité aux États-Unis. Tant et si bien qu'il fait passer une lettre aux représentants soviétiques en Corée du Nord. C'est une offre de service, qui est immédiatement acceptée. Très intelligemment, les Russes se gardent bien de le libérer, pour ne pas donner l'éveil.

George Blake ne quitte sa prison qu'avec les autres, à la fin de la guerre. Il peut alors rejoindre la Grande-Bretagne où il est accueilli en héros et il reprend aussitôt du service... Nous sommes en 1955. C'est maintenant que son histoire va vraiment commencer !

Blake est envoyé à Berlin. J'y étais à ce moment moi-même et c'est alors que j'ai fait sa connaissance. J'avoue que je n'ai pas eu le moindre soupçon. J'ai, au contraire, immédiatement sympathisé avec lui. C'était un personnage très sympathique, très ouvert, un joyeux luron même. C'est à ce moment-là, d'ailleurs, qu'on le voit apparaître de manière fugitive dans ce magasin clandestin destiné à appâter les officiers soviétiques avec des filles et des produits de luxe.

Ses chefs n'ont pas plus de soupçons que moi. George Blake fait figure d'excellent agent anglais, qui fournit un matériel de grande qualité. Il s'est entendu pour cela avec le KGB, qui lui transmet des renseignements authentiques et précieux, mais quand même pas d'importance capitale, afin qu'il les répercute lui-même à ses supérieurs. Tout se passe donc de manière entièrement satisfaisante pour lui. Il joue exactement le rôle d'une taupe : il doit rester inactif jusqu'à ce qu'arrive un gros coup. Et ce gros coup se présente avec l'opération « Gold ».

Il s'agit d'une des plus audacieuses opérations d'espionnage jamais conçues. Elle aurait certainement mérité un meilleur sort, mais elle va, à cause de Blake, se retourner contre ses auteurs. L'opération Gold consistait ni plus ni moins à construire un tunnel sous Berlin-Est, un tunnel de cinq cents mètres de long qui aboutirait sous le complexe militaire de Karlshorst, là où se trouvait le quartier général du renseignement soviétique !

Le projet est mis à exécution par les Britanniques, avec l'assistance technique et financière des Américains. Le tunnel est construit dans la plus grande discrétion. Une fois arrivés à destination, les techniciens occidentaux parviennent à piéger les communications des Soviétiques en plaçant des bretelles sur leurs lignes téléphoniques souterraines. C'est un exploit technique extraordinaire... Et cela fonctionne ! Pendant plus d'un an, le système fournit une masse énorme de renseignements aux Occidentaux.

Seulement... Seulement, il y a Blake, l'agent double Blake qui est parfaitement au courant de l'existence du tunnel puisqu'il a été l'un des artisans de sa construction ! Dès le début, le KGB est donc au courant. Les Russes se trouvent dans une situation exceptionnellement favorable : se sachant espionnés, ils peuvent intoxiquer les Occidentaux à loisir. Et c'est ce qu'ils font pendant un an, en leur livrant de vraies-fausses informations.

Selon la version officielle (la version de Moscou), un jour d'avril 1956, les Soviétiques constatent des dysfonctionnements sur leurs lignes téléphoniques du quartier général de Karlshorst... Ils font des vérifications. Et patatras ! ils découvrent le pot aux roses : le tunnel, les installations d'écoute. En suivant la galerie, ils s'aperçoivent qu'elle conduit jusque dans le secteur américain... Aussitôt, ils décident d'exploiter cette découverte, convoquent une conférence de presse, invitent les journalistes à déambuler eux-mêmes dans le tunnel. C'est un énorme succès pour la propagande soviétique, qui a beau jeu de dénoncer les manœuvres d'espionnage de la CIA !

En fait, connaissant l'existence du tunnel depuis le début, les Russes ont choisi le moment qui leur convenait pour rendre publique son existence. Pendant un an, ils en ont tiré tout le profit possible, mais un jour ou l'autre, les Anglais et les Américains pouvaient avoir la puce à l'oreille, découvrir qu'ils étaient intoxiqués. Alors, les Soviétiques ont décidé de siffler la fin de la partie, tout en transformant la découverte du tunnel en formidable opération de propagande. Mais encore fallait-il, pour que leur agent Blake ne soit pas soupçonné, que la découverte ait l'air accidentelle. Pour cela, ils ont attendu qu'il y ait réellement une défaillance technique sur leur câble et ils ont envoyé des réparateurs, qui ne pouvaient faire autrement que de trouver l'installation pirate. Comme les Américains surveillaient le câble eux aussi, ils étaient au courant de cette défaillance et ils ont considéré l'intervention soviétique comme parfaitement normale.

George Blake, nullement soupçonné, passe donc à travers les mailles du filet et, après l'épisode du tunnel, il continue à faire son travail d'agent double. Il finit pourtant par être démasqué, en 1961, à cause d'un transfuge polonais passé à la CIA. Il est arrêté et jugé...

Au cours de son procès, il ne fait pas mystère de ses activités d'espion. Bien au contraire, il se félicite, en tant que marxiste convaincu, d'avoir pu aider l'URSS. Il est condamné à quarante-deux ans de prison et enfermé dans l'un des établissements pénitentiaires les plus étroitement surveillés du royaume, Wormwood Scrubs. Mais il est dit que Blake n'est décidément pas un homme comme les autres : en 1967, il réussit à s'évader, grâce à d'anciens détenus ayant appartenu à l'IRA !

Enfin, c'est ce qu'on a prétendu, encore une fois, officiellement. Car, pour ma part, j'ai toujours nourri des doutes sur cette évasion. Un espion arrêté sert souvent de monnaie d'échange, pour obtenir la libération d'agents détenus par l'adversaire. Je n'en ai pas la preuve, mais il est tout à fait possible que George Blake ait pu profiter d'un tel marché... Toujours est-il qu'il a tranquillement rejoint l'URSS où il vit peut-être toujours, protégé par le FSB, le service secret qui a succédé au KGB.

J'ajoute que Blake a été décoré de l'ordre du Drapeau rouge, une distinction qui n'est décernée qu'aux plus valeureux des combattants, ce qui prouverait, s'il en était besoin, qu'il a été l'un des espions soviétiques les plus importants de ce siècle. On estime, en effet, à pas moins de quatre cents les agents occidentaux qu'il a dénoncés aux services de l'Est, dont plusieurs ont été exécutés. Le joyeux compagnon que j'ai connu autrefois à Berlin a aussi du sang sur les mains.

Un dernier point pour l'anecdote... Ainsi que je l'ai dit, en 1990 les mémoires de George Blake ont paru en Occident et, en particulier, en Angleterre. Le gouvernement britannique a voulu l'empêcher de toucher ses droits d'auteur, au motif que, dans cet ouvrage, il trahissait des secrets de l'Intelligence Service. Un procès a eu lieu. Mais le juge a estimé que Blake, ayant reconnu sa trahison, ne pouvait être tenu au silence à vie. Le gouvernement a donc été débouté.

7.

La malle aux espions

Qui d'entre nous n'a vu ce tour de prestidigitation à grand spectacle? L'artiste prie sa partenaire d'entrer dans un coffre volumineux et, lorsqu'il rouvre le couvercle, plus personne! Elle a disparu, s'est volatilisée.

Comme on va le voir, c'est exactement de cela qu'il s'agit ici. L'affaire de la malle aux espions ou de la malle parlante, comme on l'a appelée également, a bien été une fantastique tentative d'escamotage. J'ai toujours pensé, d'ailleurs, que l'espionnage avait des ressemblances avec la prestidigitation : c'est le même jeu de masques, le même trucage de la réalité. On attire l'attention du public sur tel ou tel détail et, dans le même temps, l'important se passe ailleurs, loin des regards.

Il y a pourtant une différence de taille. Dans les affaires d'espionnage, il ne s'agit pas d'un numéro conçu pour le plaisir du public. La jolie partenaire ne réapparaît pas à la fin, sous les bravos. Non, les disparus ne reviennent pas. C'est une partie que chacun joue à ses risques et périls et dont les enjeux se nomment la vie ou la mort, la guerre ou la paix.

La malle aux espions, derrière son côté spectaculaire, sensationnel, dissimule une lutte impitoyable entre agents de puissances hostiles, et ce qui commence comme un numéro de music-hall s'achève de moins plaisante manière... Mais trêve de bavardages! Nous sommes le 18 novembre 1964, sur l'aéroport romain de Fiumicino. Il est 17 h 50. Le rideau se lève, l'affaire de la malle aux espions commence...

La nuit va bientôt tomber. Sur la piste numéro 6, des bagagistes chargent les soutes d'un Comet de la compagnie égyptienne United Arab Airlines, à destination du Caire. Le vol a déjà deux heures de retard. Les réacteurs commencent à ronfler. Le chargement est achevé. On ferme les portes. Soudain, une camionnette de la compagnie pénètre à toute vitesse sur la piste et pile au niveau du Comet, sous une aile de l'avion.

Deux hommes sautent à terre. Ce sont des fonctionnaires de l'ambassade égyptienne. Ils indiquent aux manutentionnaires qu'ils viennent livrer en urgence une valise diplomatique. En fait de valise, il s'agit d'une malle aux dimensions imposantes : un mètre cinquante de hauteur, soixante centimètres de largeur et de profondeur. Conformément à la réglementation internationale, la malle porte des étiquettes et des scellés du ministère égyptien des Affaires étrangères. C'est donc réellement un courrier diplomatique et nulle autorité douanière ou policière ne peut contrôler son contenu.

Les bagagistes italiens entreprennent de décharger la malle du véhicule. Elle est lourde, très lourde. La porte de la soute aux bagages est rouverte. L'un des deux Égyptiens de la fourgonnette crie alors de façon véhémente : « Non, pas là ! Dans la soute réservée aux animaux » Les manutentionnaires, interloqués, s'apprêtent néanmoins à obéir. Mais alors qu'ils commencent à soulever la malle pour la sortir du véhicule, l'un d'eux croit entendre des gémissements provenant de l'intérieur. L'objet est reposé sur le plancher de la fourgonnette.

Les deux diplomates semblent de plus en plus nerveux. L'un des manutentionnaires s'écarte et attire l'attention d'un douanier, qui vient de contrôler les autres bagages du Comet. Le fonctionnaire s'approche de la malle, tend l'oreille. Lui aussi entend des bruits étranges, comme des miaulements. Il apostrophe les deux Égyptiens : « Que transportez-vous là-dedans ? » L'un des diplomates répond précipitamment que la malle contient des instruments de musique. Puis, écartant le douanier, il ordonne aux bagagistes de se dépêcher et de charger la malle. L'avion doit prendre l'air immédiatement.

Mais le douanier ne se laisse pas faire. Il colle à nouveau son oreille contre la paroi de la malle. Et là, il entend distinctement : « À l'aide ! Assassins !... » Il n'a pas le temps de faire quoi que ce soit. L'un des diplomates se précipite et, de toutes ses forces, repousse la malle à l'intérieur de la fourgonnette. Puis il se met au volant et démarre ! Il traverse les pistes et fonce en direction de Rome.

Après un légitime instant de stupeur, le douanier et un autre collègue s'emparent d'une auto stationnée à proximité et, comme dans les films policiers, ils se lancent à la poursuite du diplomate... La voiture empruntée par les douaniers est plus rapide. La fourgonnette est rattrapée et doublée à l'entrée de l'autoroute qui conduit à Rome. Queue de poisson, violent coup de freins : le véhicule fuyard est bloqué, le diplomate interpellé, et l'un des douaniers se met au volant de la fourgonnette, direction le commissariat de police.

Là, on ne s'embarrasse pas de précautions ! Normalement, avant de faire quoi que ce soit, il aurait fallu prévenir les autorités italiennes, ainsi que l'ambassade égyptienne. Mais pas du tout ! Le commissaire fait immédiatement sauter les scellés diplomatiques, ouvre la malle et découvre un spectacle stupéfiant.

Un grand jeune homme blond est bâillonné et attaché dans la caisse. L'intérieur capitonné a été judicieusement aménagé. La tête de l'inconnu est placée dans un casque solidaire de la paroi. Il est assis sur un petit tabouret fixé à la malle. Ses pieds nus sont enfoncés dans des pantoufles vissées sur le plancher. Et tout un système de sangles permet de l'attacher solidement, afin qu'il ne puisse pas bouger pendant le transport et se blesser. Il est vivant : quatre petits trous pratiqués dans la paroi lui permettaient de respirer. Mais il est hébété, somnolent ; manifestement, il a été drogué. Dernière précision : l'observation minutieuse de la malle permet d'établir que l'inconnu n'a pas été le premier passager de ce moyen de transport inédit !...

Dès qu'il est en état de parler, la police l'interroge. Sur son identité, d'abord. L'homme déclare s'appeler Joseph Dahan et être né au Maroc. Il ajoute qu'il a été naturalisé israélien. Mais, curieusement, on trouve sur lui un passeport marocain délivré à Damas.

Questionné ensuite sur sa présence dans la malle, il répond qu'il était attablé à la terrasse d'un café de Rome, via Veneto, quand il a aperçu deux fonctionnaires de l'ambassade égyptienne qu'il connaissait bien, parce qu'il leur avait servi d'interprète... Tous trois boivent. Beaucoup. Dahan, sans bien s'en rendre compte, s'enivre. Alors, les deux diplomates le conduisent à demi conscient vers une auto, qui les emmène dans une villa à l'écart de Rome. Là, il est drogué et perd connaissance. Quand il se réveille, il est déjà ficelé dans la fameuse malle. Il essaie alors de se débarrasser de son bâillon et appelle désespérément au secours.

Reste la raison de son enlèvement... Dahan raconte que, lors de son travail d'interprète à l'ambassade égyptienne de Rome, il a surpris certains secrets sur des fournitures d'armes et l'organisation des services de renseignement. Les Égyptiens voulaient certainement l'emmener pour l'interroger et savoir exactement ce qu'il avait surpris...

Ses déclarations laissent les policiers sceptiques. Qu'un Israélien travaille avec les Égyptiens est déjà étrange, mais qu'il mette la main aussi facilement sur des informations confidentielles est franchement incroyable. Et puis il y a ce passeport qu'on a retrouvé sur lui, un document de complaisance, de toute évidence... Ils décident de poursuivre leur enquête. Les Égyptiens, de leur côté, montent sur leurs grands chevaux. Ils accusent les douaniers d'avoir opéré une substitution de malle. En fait, ils sont surtout embarrassés. Mais leurs deux fonctionnaires impliqués bénéficient de l'immunité diplomatique et l'Italie ne peut faire autrement que de les expulser.

Inutile de dire que l'affaire a un retentissement considérable ! Dans le monde entier, les journalistes s'en donnent à cœur joie. La malle aux espions enflamme toutes les imaginations. On apprend ainsi que le bagage aurait été imaginé et préparé par un ex-officier SS, le colonel Helmut Herbinger, passé après la guerre au service de la Ligue arabe. Il aurait servi à l'enlèvement d'un savant de l'Allemagne occidentale, le Dr Heinz Krug, qui a disparu de Munich en 1962. D'après d'autres sources, Nasser disposerait de deux autres malles du même modèle, l'une à Beyrouth, l'autre à Bonn...

L'enquête continue à propos du soi-disant Dahan, car les Italiens sont persuadés que c'est une personnalité d'emprunt. Et ils découvrent que celui-ci vit à Naples où il a quatre fiancées, quatre femmes à qui il a promis le mariage ! Ce mystérieux personnage est probablement un espion, mais il est assurément un redoutable séducteur. Les recherches s'orientent vers ces fiancées, notamment une jeune Allemande, qui fréquente assidûment les cercles d'officiers de l'OTAN. Et soudain l'enquête va faire d'un seul coup un grand bond.

L'information vient de Jérusalem. Une dépêche officielle révèle que Dahan s'appelle en réalité Mordekhaï Louk. C'est un personnage peu ordinaire... Né en 1933 au Maroc espagnol, il émigre en Israël en 1949 et s'y marie. Après son service militaire, il dérape. Il commet des cambriolages et écope d'une peine de plusieurs mois de prison. Libéré, il récidive et il est de nouveau condamné. Plus grave, beaucoup plus grave, en 1961, au cours de manœuvres militaires dans la région de Gaza, auxquelles il participe en tant que réserviste, il déserte et passe en Égypte...

Là, toujours selon les Israéliens, il devient espion. Naturellement, cela ne va pas sans mal. À juste titre, les Égyptiens se méfient. Louk est donc longuement emprisonné et interrogé, mais après plusieurs tentatives de suicide, il parvient à convaincre ses geôliers. C'est un homme de talent : il présente bien, il parle plusieurs langues. Et il se révèle que c'est une recrue de choix.

Louk, ou plutôt celui qui se fait désormais appeler Dahan, est envoyé en Europe par les services secrets égyptiens. Il opère d'abord en Allemagne et en Suisse, avant de se rendre en Italie... Mais les Israéliens l'ont repéré depuis longtemps. Ils précisent même qu'ils l'ont identifié formellement grâce à ses empreintes digitales. En effet, les policiers italiens, qui voulaient absolument connaître l'identité de l'inconnu de la malle, leur en avaient envoyé un fac-similé.

Telle est donc la version israélienne. Elle est cohérente, mais elle n'explique pas pourquoi le malheureux Louk s'est retrouvé dans la malle. Il faut supposer qu'il n'a pas donné satisfaction aux Égyptiens ou qu'ils le soupçonnaient de jouer un double jeu...

Quoi qu'il en soit, ces faits sont confirmés par de nombreux témoignages. Mme Louk est retrouvée en Israël. Elle est interviewée par la presse. Abandonnée avec ses enfants, contrainte de faire des ménages pour subsister, elle dit tout ce qu'elle a souffert du fait de son mari. Elle n'a qu'un désir : divorcer le plus vite possible, maintenant qu'il est retrouvé. Même son de cloche chez ses propres parents. Ils le désavouent : Mordekhaï est le déshonneur de la famille, ils ne le reconnaissent plus comme leur fils!

Bref, tout semble concorder parfaitement, lorsque se produit un coup de théâtre : Mordekhaï Louk demande à retourner en Israël!... C'est plus que surprenant, c'est stupéfiant. Comment! Ce mauvais sujet unanimement rejeté par les siens voudrait retourner auprès d'eux? Ce déserteur, considéré dans son pays comme un traître et un agent ennemi, n'a pas peur du châtiment? Brusquement, on se rend compte que les choses sont beaucoup, beaucoup plus compliquées qu'il n'y paraît!...

Les Italiens estiment, quant à eux, que cette affaire ne les regarde plus. Leur enquête est terminée. Fin novembre 1964, Mordekhaï Louk retourne à l'aéroport de Fiumicino, cette fois dans des conditions normales, pour prendre l'avion de Tel-Aviv. Et, comme une vedette de cinéma, lunettes noires et élégant complet, il fait une déclaration à la presse avant de monter dans l'appareil. Il exprime ses remerciements aux Italiens qui l'ont sauvé et ses regrets envers son épouse et ses enfants. Il a l'air sûr de lui. Il n'affiche, en particulier, aucune crainte de l'avenir.

À son arrivée en Israël, Louk est promptement escamoté par des agents israéliens. Plus question de parler aux journalistes ou même d'être photographié. Il est incarcéré et inculpé d'intelligence avec l'ennemi. En Israël, les choses ne traînent pas. Quelques semaines après son retour, il comparaît devant ses juges. Une nouvelle fois, il a l'air absolument paisible. Et il a parfaitement raison, car, à la fin des débats, bien que le procureur ait réclamé la prison à vie, il n'est condamné qu'à treize ans de prison, dont il ne fera officiellement que six !

Je dis « officiellement », car je suis persuadé que son séjour en prison a dû être particulièrement confortable et qu'il a dû bénéficier de permissions plus souvent qu'à son tour. Il est temps, en effet, de rétablir la vérité, de faire tomber les masques, de révéler les secrets de ces prestidigitateurs hors pair que sont les services secrets israéliens !

Tout était faux dans le personnage de Mordekhaï Louk : ses méfaits, ses cambriolages, sa vie dissipée, sa désertion ; tout n'était qu'une légende patiemment, subtilement fabriquée dans le but de tromper les Égyptiens. Loin d'être un dévoyé, Louk était un combattant d'élite, doté d'un courage à toute épreuve. Car il lui en a fallu pour supporter les très dures conditions de détention dans les prisons égyptiennes et pour simuler ses tentatives de suicide ! Louk, à qui a été confiée la mission, capitale entre toutes, de découvrir le secret des fusées allemandes...

Il faut savoir qu'à cette époque les Égyptiens se livrent à une formidable manœuvre d'enrôlement. Ils recrutent à tout va des savants allemands spécialistes des fusées ayant travaillé pour le IIIe Reich, des gens qui ne sont pas particulièrement philosémites et qui ne se feront pas prier pour collaborer à la destruction d'Israël !... Depuis longtemps déjà, les services secrets israéliens sont au courant. Ils savent que, dès 1952, le professeur Paul Goerke est arrivé au Caire. Il s'agit d'un expert en électronique, un ancien de Peenemünde, cette usine où Von Braun construisait ses V1 et V2, en utilisant la main-d'œuvre des déportés. Goerke s'est mis aussitôt au travail, en compagnie d'un autre scientifique allemand, le professeur Rolf Engel.

En 1961, les Israéliens apprennent que les Égyptiens veulent recruter encore plus de savants allemands. Ils sont inquiets : la survie même du pays est en cause ! C'est à ce moment qu'ils lancent Mordekhaï Louk dans la bataille. Il a été choisi, outre ses qualités personnelles, parce qu'il parle parfaitement allemand. Donc, faux déserteur, il est introduit en Égypte. Là, il se débrouille pour intéresser les services secrets égyptiens, qui finissent par l'embaucher.

Louk, qui a un physique très européen, est teint en blond et envoyé en Allemagne et en Suisse. Malgré son travail d'agent égyptien, les services israéliens continuent à garder un contact discret avec lui. C'est dangereux, mais indispensable, car il doit faire parvenir les informations qu'il recueille sur ces savants nazis ou ex-nazis prêts à aider l'Égypte.

Et il réussit parfaitement. Il se trouve rapidement au cœur du système d'enrôlement des savants allemands. Il noue en particulier des relations avec le Dr Ferdinand Brandner, un ancien officier SS. C'est l'un des principaux scientifiques au service du Caire. Il est assisté d'un autre savant, Heinz Krug. En fait, ce dernier est le véritable sergent recruteur, en raison de ses contacts avec les instituts et les laboratoires ouest-allemands...

Louk apprend aussi, grâce aux confidences d'un savant, que les fusées égyptiennes ne seront pas chargées avec des explosifs classiques mais avec des produits bactériologiques ou des déchets radioactifs. Or, au même moment, les services israéliens découvrent que Le Caire a effectué plusieurs achats de cobalt en Europe, des achats qui sont bien supérieurs aux besoins médicaux égyptiens. La situation devient de plus en plus grave et le Premier ministre Ben Gourion décide de passer à l'action directe, dans le meilleur style du Mossad, les services israéliens.

En septembre 1962, Heinz Krug, le sergent recruteur, passe une soirée avec un autre scientifique, Kleinwachter, et un Égyptien. Le lendemain, Krug disparaît. On ne le reverra jamais. Seule son auto est retrouvée dans la banlieue de Munich, vide évidemment ! On a prétendu plus tard – et c'est ce qu'on dit et qu'on répète au moment de l'affaire de Rome – qu'il a été enlevé par les Égyptiens et qu'il a fait le voyage à bord de la malle aux espions. C'est évidemment une affabulation. Heinz Krug a été éliminé par le Mossad. Et Louk a préparé sa liquidation. Peut-être même était-il ce mystérieux Égyptien qui a dîné avec lui la veille de sa disparition... Et cela ne s'arrête pas là : quelques mois plus tard, l'ami de Krug, ce Kleinwachter, est victime d'un attentat dont il se sort miraculeusement !

Tout a pourtant une fin. Les Égyptiens commencent à nourrir des soupçons... Les Israéliens sont décidément trop bien informés ! Il y a une taupe chez eux. Louk est d'abord éloigné d'Allemagne et envoyé en Italie. Puis, les services secrets égyptiens ayant acquis la conviction qu'il est un agent double, ils décident de l'envoyer au Caire dans leur malle, afin de pouvoir l'interroger tranquillement. Mais ils ne savent pas que les Israéliens veillent.

Car – et c'est là l'ultime rebondissement, le coup de théâtre final – les Israéliens ne veulent pas abandonner leur agent et ils avertissent les Italiens ! Ensemble, ils mettent au point le scénario de la découverte fortuite de Louk à l'aéroport de Fiumicino... En fait, tout était faux, les dés étaient pipés ! Il n'y a pas eu de bruit ressemblant à un miaulement s'échappant de la malle, pas de manutentionnaire soupçonneux ni de douanier perspicace. Rien que des agents, qui ont joué leur rôle à la perfection... Je vous l'avais dit : de la prestidigitation, un fabuleux numéro de prestidigitation ! Car, dans les annales de l'espionnage, l'affaire de la malle de Rome restera comme un chef-d'œuvre.

8.

On recherche Mig 21...

Je la vois comme si c'était hier. Une photo, une simple photo. Celle d'un avion encore mystérieux, le Mig 21.

C'était à la fin des années 50. Les Soviétiques venaient de construire un chasseur moderne, performant, qui allait devenir l'une des grandes réussites commerciales de l'URSS car il a été produit à des milliers d'exemplaires. S'il est aujourd'hui techniquement dépassé, il n'en reste pas moins que son apparition, à la fin des années 50, fut un événement : cet avion, dont les Occidentaux désespéraient de connaître les secrets, s'avérait en effet potentiellement capable de rivaliser avec les Phantom américains ou les Mirage français.

Lorsque l'URSS a accepté de vendre des Mig 21 aux pays arabes du Moyen-Orient, au début des années 60, les premiers à s'émouvoir ont été, bien sûr, les Israéliens. L'État hébreu disposait alors de Mirage. Mais le chasseur français pouvait-il rivaliser avec le Mig 21, dont allaient bientôt être pourvus l'Égypte, l'Irak et la Syrie? Question essentielle, vitale même, car personne ne doutait qu'un jour ou l'autre la guerre recommencerait entre Arabes et Juifs. Et, effectivement, en 1967 ce sera la guerre des Six Jours. Mais à ce moment-là les Israéliens n'ignoraient plus rien du Mig 21 qui équipait leurs adversaires. Ils en savaient les performances mais aussi les faiblesses.

À noter qu'on a encore beaucoup parlé de cet appareil il n'y a pas si longtemps : le Mig 21 équipe encore l'armée serbe et bien d'autres aviations militaires du tiers-monde.

Au début des années 60, le Mig 21 fascine donc les Occidentaux. Les services, tous les services, se sont mis en tête de découvrir les caractéristiques de ce nouvel appareil, qui semble rapide et surtout très maniable. Les plus acharnés sont les Américains. Les Nord-Vietnamiens sont équipés du Mig 21 ; c'est l'appareil que leurs pilotes affrontent dans le ciel du Vietnam. Et les États-Unis font savoir qu'ils donneront des millions de dollars au pilote d'une aviation de l'Est ou d'un pays allié de l'URSS, qui passera à l'Ouest avec son Mig 21. Jusque-là, malheureusement, cette offre quasi publique n'a pas été couronnée de succès.

Mais c'est en Israël que l'inquiétude est la plus vive. Lorsque ses voisins arabes sont dotés par l'URSS de ce nouveau chasseur, à partir de 1963, l'État hébreu s'alarme. La force de son armée repose en grande partie dans sa suprématie aérienne. Par conséquent, les dirigeants de Tel-Aviv veulent savoir au plus vite à quoi s'en tenir.

Le vieux Ben Gourion en personne prend la décision. Il téléphone au patron des services secrets et lui déclare tout de go : « Il me faut un Mig 21 ! » Ben Gourion était ainsi et il ne faisait pas bon lui dire non. Par conséquent, le patron des services secrets, le « Mémouné », comme on l'appelle en Israël, n'émet aucune objection. Il ne fait même aucun commentaire et répond simplement : « Bien, monsieur le Premier ministre. »

Le « Mémouné », chef du Mossad et des services de sécurité, est lui aussi une personnalité, un sacré bonhomme, pour lequel le professionnel que je suis ne peut avoir que de l'admiration. Il s'appelle Isser Harel, mais on le surnomme « Isser le Petit ». Il a réussi pas mal de coups dans sa carrière, mais celui qu'il va concevoir est sans conteste le plus beau. Un chef-d'œuvre !

Donc « Isser le Petit » se met au travail... La première chose est de repérer, parmi les pilotes des pays arabes, un militaire qui soit susceptible de trahir. Pour cela, il faut éplucher des centaines de biographies et y déceler des failles. Le plus étonnant, c'est que le Mossad possède effectivement ces biographies de pilotes. Les Israéliens ont toujours disposé d'espions très bien introduits dans les pays arabes... Et une première sélection désigne d'abord un certain Mohammed Ragloub.

C'est un Irakien qui a la réputation d'aimer la bonne vie... Il a commencé comme pilote de chasse, mais il a été renvoyé pour faute professionnelle : il s'était présenté un jour complètement ivre au moment de prendre les commandes de son avion. Il s'est alors exilé en Égypte et s'est fait embaucher dans la compagnie nationale Egypt Air. Mais Ragloub ne s'est pas plu très longtemps dans ce nouveau poste. Il est retourné dans son pays où il a demandé sa réintégration dans l'aviation militaire. Malgré la faute grave qu'il a commise, il a été repris. Les pilotes n'étaient pas si nombreux que cela; les généraux irakiens ne pouvaient pas faire les difficiles... Tel est donc l'individu que le Mossad a repéré. Maintenant, il va falloir l'approcher, ce qui, comme on l'imagine, n'est pas évident.

Un discret contact est pourtant établi par l'intermédiaire d'un agent arabe du Mossad. Mohammed Ragloub, qui doit certainement disposer de quelques amitiés haut placées à l'État-major, obtient une longue permission et l'autorisation d'aller en Europe. Là, il est naturellement plus facile de discuter avec lui... Au cours des premières conversations qui se déroulent à Francfort, les Israéliens ne lui disent pas qu'il s'agit de s'emparer d'un Mig 21. C'est beaucoup trop tôt. On lui fait simplement comprendre qu'il y a beaucoup d'argent à gagner, sans lui en dire davantage... Ragloub peut imaginer ce qu'il veut : marché noir, drogue, contrebande, espionnage militaire. En tout cas, il ne dit pas non. L'argent l'intéresse visiblement, le Mossad a vu juste!

Il faut quand même un jour ou l'autre lui dire la vérité. Quand le moment crucial vient enfin, Mohammed Ragloub est complètement abasourdi ! Il n'imaginait pas une telle proposition. Il pensait peut-être qu'on lui demanderait des informations sur le Mig 21, mais certainement pas de fuir en Israël aux commandes de son avion. Il faut imaginer, en effet, ce que cela représente pour cet officier : trahir son pays, s'exiler définitivement et surtout vivre en permanence dans la hantise d'être retrouvé et abattu. Saddam Hussein n'était pas encore au pouvoir mais ses prédécesseurs n'étaient pas des tendres. D'autant qu'il y avait eu un précédent tragique ! Et Ragloub ne pouvait l'ignorer.

Cela s'était passé peu auparavant... Un pilote égyptien, aux commandes de son avion d'entraînement, un Yak, s'était posé en Israël. L'appareil n'avait pas beaucoup d'intérêt pour les Israéliens mais, psychologiquement au moins, c'était une belle prise. Les services secrets ont donné à ce pilote déserteur une grosse somme d'argent et lui ont conseillé d'aller se mettre au vert le plus vite possible. Ce qu'il a fait. Il est parti pour l'Amérique du Sud, mais quelques jours seulement après son arrivée à Buenos Aires il a été abattu par des agents des services secrets égyptiens qui l'avaient suivi à la trace

Naturellement, comme tous les pilotes arabes, Ragloub connaît cette histoire et il dit à ses interlocuteurs : « Il va m'arriver la même chose ! » Mais ces derniers le rassurent. Le pilote égyptien était venu de sa propre initiative. Par conséquent, les Israéliens ont estimé être quittes en lui donnant de l'argent. Avec lui, il en ira tout autrement. Non seulement on lui offrira l'asile, mais il bénéficiera d'une protection à vie.

Ragloub enregistre l'information mais il demande à réfléchir, ce qui est tout à fait normal. Et lorsqu'il retrouve ses interlocuteurs, il leur donne son accord. Seulement il réclame beaucoup d'argent, deux cent cinquante mille dollars, ce qui est une grosse somme pour l'époque. Et les Israéliens refusent...

Ce n'est pas tant parce que le pilote est trop gourmand – après tout, les Américains proposaient bien davantage – mais parce que cet Irakien leur fait une mauvaise impression. Ragloub est décidément un être trop vénal qui ferait n'importe quoi pour de l'argent. Il n'est pas sûr... Après tout, qu'est-ce qui l'empêchera, même après avoir fait affaire, d'alerter les Irakiens dès qu'il sera de retour chez lui? Les gens du Mossad refusent donc et le pilote commet une erreur fatale : il fait du chantage. Il laisse entendre que Bagdad serait peut-être plus généreux s'il allait tout raconter aux services de son propre pays!

Bien évidemment, à partir de là, son sort est scellé. Pour protéger le secret de l'opération, il convient de l'éliminer au plus vite... C'est ce qui se produit quelques jours plus tard. Dans un train allemand, Ragloub confond malencontreusement la porte des toilettes avec celle qui ouvre sur l'extérieur! L'enquête des services de police conclut à un accident...

Si le danger est écarté, il faut quand même tout reprendre de zéro, trouver un nouveau pilote susceptible de trahir. Mais en écartant, cette fois, ceux que seul l'argent intéresse. Il faudrait quelqu'un qui ait de vraies raisons de changer de camp, un traître honnête, en quelque sorte! Les gens du Mossad recommencent à compulser leurs dossiers et un nouveau personnage finit par attirer leur attention.

Il s'agit encore une fois d'un pilote irakien, un officier dont la carrière semble stagner, vraisemblablement parce qu'il est chrétien. Il est bien noté, il est visiblement performant, mais on lui préfère des musulmans et il doit en concevoir de l'amertume.

Alors tout recommence : les contacts discrets, les propositions financières, et cette fois on semble sur un terrain solide. L'homme, Mounir Roufa, en veut beaucoup à ses chefs, il rêve de se venger d'eux, mais ce n'est pas un être sans foi ni loi, prêt à aller du côté du plus offrant. Les Israéliens sont tout disposés à s'entendre avec lui... Seulement il leur pose un problème inattendu et de taille!

Roufa est marié, il a deux enfants et il n'est pas question qu'il déserte avec son Mig 21 en laissant sa famille en Irak. Il exige donc, comme condition préalable, qu'on organise d'abord la fuite de sa femme et de ses enfants... C'est particulièrement difficile, car les officiers chrétiens et leurs familles sont encore plus surveillés que les autres. Et là, je dois l'avouer, les hommes du Mossad font preuve d'une imagination stupéfiante, et même, osons-le, géniale !

Pendant des jours et des jours, ils se creusent la tête pour résoudre ce problème en apparence insoluble et l'un des leurs, qui doit avoir des connaissances scientifiques, imagine un stratagème incroyable : faire parvenir à Roufa une substance chimique dont l'ingestion provoque des symptômes semblables à ceux de la poliomyélite ! Le produit est destiné aux enfants du pilote. Celui-ci, qui a reçu toutes les assurances nécessaires, accepte d'administrer cette substance à sa progéniture. Tout marche comme prévu. Devant l'apparente gravité de l'état de ses enfants, le pilote obtient sans difficulté l'autorisation d'aller les faire soigner à l'étranger. Mme Roufa et ses deux enfants s'envolent pour Londres où ils doivent aller consulter un éminent spécialiste de la polio ! La partie la plus délicate de l'opération peut maintenant commencer.

Elle demande une préparation minutieuse et un secret absolu. Paradoxalement, c'est en Israël même que l'opération est la plus délicate à organiser... Nous sommes alors en été 1966. La tension est très vive entre l'État hébreu et les pays arabes ; des incidents aériens viennent de se produire. Alors, si un Mig 21 irakien se présente dans l'espace aérien israélien, il risque d'être immédiatement abattu !

Il y aurait bien la solution de prévenir la chasse et la défense antiaérienne israéliennes, mais c'est prendre un gros risque. Après tout, les Arabes eux aussi ont des espions, peut-être même jusque dans l'armée de l'État hébreu. Le succès de l'opération dépend du secret qui l'entoure. S'il y a la moindre fuite, tout est perdu !

Cette dernière difficulté va, elle aussi, être résolue de façon magistrale. L'un des rares Israéliens informés de l'affaire prend les choses en main. C'est le patron de l'armée de l'air, Motti Hod... Prendre les choses en main, cela signifie pour lui être mobilisé en permanence jour et nuit. Lorsque le Mig de Mounir Roufa sera signalé, Motti Hod communiquera personnellement par radio avec les pilotes israéliens, qui, tous, connaissent sa voix. Il sera donc en mesure de leur interdire d'abattre l'intrus !

Car on ne sait pas exactement quand l'Irakien va pouvoir se diriger vers Israël ! Roufa, en effet, ne vole pas tous les jours. Et puis il doit disposer d'une quantité de carburant suffisante pour arriver jusqu'en Israël : s'il décolle d'une base située au sud ou à l'est de l'Irak, il sera à la limite du rayon d'action de son Mig... Par conséquent, Roufa a pu seulement indiquer une fenêtre, une fenêtre de plusieurs semaines.

C'est donc une attente tendue qui commence... Le 16 août, un peu avant 8 heures du matin, les radars israéliens repèrent un appareil non identifié au-dessus de la Jordanie. Il vient de l'est, c'est-à-dire de l'Irak, et se dirige très rapidement vers Israël. Aussitôt, c'est l'alerte ! Deux chasseurs décollent pour l'intercepter et éventuellement l'abattre.

Mais Motti Hod veille. Il prend lui-même le micro et ordonne à ses pilotes : « Surtout, ne tirez pas ! » Ceux-ci sont stupéfaits, mais ils ont reconnu la voix de leur patron... Leur patron qui ajoute aussitôt : « Affaire d'État ! » Alors ils obéissent. Ils se contentent de repérer l'avion inconnu et de l'escorter... Ils n'en mènent certainement pas large. C'est un Mig 21, un avion ennemi. Et si c'était un piège, s'ils avaient été victimes d'une machination ? Est-ce que l'appareil ne va pas larguer ses bombes ? Ou tirer un missile ? Les deux chasseurs israéliens s'approchent. L'avion porte les couleurs irakiennes. Ils s'approchent encore... Ils sont cette fois si près qu'ils distinguent la silhouette du pilote dans son cockpit. Mais celui-ci les voit à son tour et il se met à basculer d'une aile sur l'autre, mouvement signifiant qu'il n'a pas d'intention hostile. Peu après, les trois appareils atterrissent sur une base aérienne du

Néguev ! L'opération est réussie. Les Israéliens possèdent leur Mig 21 intact ! Ce sont les premiers Occidentaux à disposer de cet appareil encore mystérieux.

À partir de ce moment, des problèmes diplomatiques se posent. Il faut apaiser les Russes, qui sont furieux. Les Israéliens décident de jouer les innocents. Si ce pilote a choisi de venir chez nous, disent-ils en substance, nous n'y sommes pour rien ! Et, comme preuve de leur bonne foi, ils publient une lettre que leur aurait adressée Mounir Roufa, via une boîte aux lettres de Chypre, les assurant qu'il agissait sur sa seule initiative

Inutile de dire que cette version n'abuse personne, mais les apparences sont sauves et Moscou, très embarrassé par cette histoire, peut feindre de se calmer. D'autant que Mounir Roufa, au cours d'une conférence de presse habilement préparée par le Mossad, donne une explication assez plausible de sa défection. Il prétend qu'il s'est enfui d'Irak parce qu'il ne voulait plus continuer à bombarder les populations civiles du Kurdistan irakien. En effet, à cette époque, malgré des négociations en cours, la région demeurait incertaine et la guerre était permanente. Le pilote donne cette version avec beaucoup de conviction. Une conviction telle que tout le monde peut, sans être trop ridicule, faire semblant de le croire...

L'opération n'est pourtant pas encore tout à fait terminée. Il reste à régler un dernier problème : la sécurité de Mounir Roufa et de sa famille. Le Mossad s'en acquitte très rapidement, avec autant de brio que le reste. Le pilote irakien, sous une fausse identité, devient un citoyen ordinaire d'Israël. Car s'il y a un endroit où les services secrets arabes auront du mal à venir le chercher, c'est bien là !

À l'heure actuelle, il y vit vraisemblablement toujours, avec sa femme et ses enfants, guéris de leur fausse poliomyélite.

9.

Le trésor de l'OAS

Décembre 1968 : cette simple phrase sur la page ouverte à ce jour : « Les trésors font toujours rêver... Ils font parfois aussi mourir. Même lorsqu'ils n'existent pas ! »

Et soudain, les souvenirs. Ils mêlent les images tumultueuses, sanglantes, de la fin de la guerre d'Algérie. Les bombes qui éclatent n'importe où, n'importe quand. La chasse au faciès, ces musulmans qu'on abat dans les rues au petit hasard simplement parce qu'ils ont un type méditerranéen, comme on dit dans les commissariats aujourd'hui... Et puis, un peu plus tard, les Pieds-Noirs attendant le paquebot de l'exil sur les quais d'Alger. Toute une population désorientée, perdue, trompée.

Tant d'images. Et soudain, Paris, l'hiver... Une sombre journée d'hiver. La guerre d'Algérie est loin derrière nous. Mais elle n'en finit pas de hanter nos mémoires. Et pour ceux qui l'ont connue, elle continue dans les têtes. « Les trésors font toujours rêver... Ils font parfois aussi mourir ! »

Telle pourrait être la leçon à tirer d'une étrange affaire qui n'a jamais été résolue ou, plutôt, qu'on n'a jamais voulu résoudre.

L'homme s'appelait Raymond Gorel, mais son nom de code était « Cimeterre », un surnom qui évoque un roman d'aventures... Gorel était le trésorier de l'OAS, l'organisation terroriste qui a défendu l'Algérie française par tous les moyens, y compris les plus sanguinaires. Un jour de décembre 1968, il a disparu et personne ne l'a jamais revu. A-t-il été enlevé et tué par des hommes qui vou-

laient s'approprier ce qu'il restait du trésor de l'OAS? Et ce trésor, qu'est-il devenu? Qui en a réellement profité?... Je crois être en mesure de lever une partie du mystère.

D'origine bretonne, Raymond Gorel est né à Batna, en Algérie, et il se considérait de ce fait comme un authentique Pied-Noir. Ce militaire de carrière rejoint les rangs de l'OAS après l'échec du putsch des généraux. Officier supérieur dans l'intendance, il se voit assez rapidement confier la responsabilité des finances du mouvement clandestin.

L'argent provient de sources diverses. Il y a, certes, des donateurs plus ou moins généreux, des industriels, des particuliers, mais la plus grosse partie du trésor de guerre de l'OAS est constituée par des opérations de braquage. Celui de la Banque d'Algérie, à Oran, rapporte près de vingt millions de francs, une somme énorme pour l'époque!

Le travail de Gorel consiste à gérer les fonds et à les redistribuer en fonction des besoins : achats d'armes, voyages, entretien des clandestins, etc. Bien évidemment, le trésorier n'agit pas de sa seule autorité. C'est le général Salan, chef de l'OAS, qui décide en dernier recours...

En juillet 1962, l'indépendance de l'Algérie est proclamée. C'est la fuite obligée pour tous ces desperados. Raymond Gorel part, toujours dans la clandestinité, vers ce qu'on appelait quelques mois plus tôt la métropole et qui est désormais la France. La lutte pour l'Algérie française est perdue, mais il continue à financer les hommes de l'OAS qui ont décidé de poursuivre le combat contre de Gaulle.

Les membres de l'organisation terroriste sont alors très disséminés. Certains se trouvent en France, mais la plupart ont préféré chercher refuge à l'étranger : en Espagne, en Italie, en Allemagne, en Belgique. Car, pour nombre d'entre eux, ils se savent activement recherchés sur le territoire national. Gorel, lui, a fait le mauvais choix : il se fait prendre très rapidement, à Marseille, sur un yacht qui lui sert de quartier général... Il a été donné par un membre de son mouvement qui jouait le double jeu et qui sera abattu peu après. Il est à noter que l'individu en question, avant de dénoncer Gorel, l'a volé. Une partie du trésor de l'OAS a été dérobée à cette occasion.

Gorel est donc arrêté, emprisonné et condamné à douze ans de réclusion. Que devient, pendant ce temps, le trésor ? C'est le mystère le plus total... Tout naturellement, on a pensé qu'en bon gestionnaire Gorel avait ouvert des comptes en Suisse. C'est possible, mais il n'y a aucune certitude à ce sujet. Il n'est d'ailleurs pas certain que le trésorier ait eu la totalité des fonds en sa possession, car dès la fin de la guerre d'Algérie, l'unité de l'OAS a volé en éclats. Des groupes disparates se sont formés et l'argent a pu être réparti entre ces différents satellites. Personnellement, je pense que la cagnotte a dû être très rapidement écornée : la clandestinité coûte très cher et il y avait alors des centaines de clandestins dans la nature.

Toujours est-il que Raymond Gorel n'accomplit pas la totalité de la peine à laquelle il a été condamné. Quatre ans seulement après son arrestation, en 1966, il bénéficie d'une mesure de grâce. Dès ce moment, il abandonne toute activité politique pour mener une vie tranquille avec sa femme et ses enfants. Grâce à ses relations, il trouve une place de cadre dans une entreprise de transport... Mais quand on a été mêlé à de tels événements de l'Histoire, le passé ne vous lâche jamais tout à fait. Un jour de 1967, il voit arriver à son domicile deux hommes, dont l'un a joué un rôle éminent dans l'OAS : Jean-Jacques Susini.

Attardons-nous un instant sur ce personnage qui est aujourd'hui le représentant de Le Pen à Marseille. Durant la guerre d'Algérie, Susini est étudiant en médecine. C'est un agitateur-né et un bon orateur. Très vite, il s'impose comme le doctrinaire de l'Algérie française. Et, quand naît l'OAS, il va devenir l'un de ses chefs. Susini est en effet, avant tout, un politique, alors que les autres sont essentiellement des militaires. L'intellectuel devient la tête pensante de l'organisation clandestine.

Au moment de l'indépendance, après avoir tenté de négocier un accord avec le FLN, Jean-Jacques Susini fuit parmi les derniers et il emporte avec lui les archives de l'organisation. Il choisit de se réfugier en Italie, d'où il continue, bien entendu, le combat. Tout en écrivant une histoire de l'OAS, il participe à l'élaboration de plusieurs actions clandestines. On prétend ainsi qu'il aurait été à l'origine de l'attentat manqué contre le général de Gaulle au mont Faron. Rien n'est prouvé à ce sujet. Par ailleurs, je rappelle que Susini a été condamné à mort par contumace en raison de ses activités à la tête de l'OAS. Puis il a été amnistié.

C'est donc cet homme, toujours clandestin en 1967, qui se présente chez Raymond Gorel. Un autre personnage l'accompagne. Il s'agit d'Hubert Bassot, lui aussi ancien de l'OAS, qui sera plus tard député et deviendra l'un des conseillers de Giscard d'Estaing à l'Élysée. À noter que Bassot, aujourd'hui décédé, niera toujours avoir été présent ce jour-là au côté de Susini.

Le but de cette visite n'a jamais été connu avec certitude, mais l'hypothèse qui vient tout de suite à l'esprit, c'est que les deux hommes s'apprêtent à demander des comptes. Ils veulent savoir ce qu'est devenu le trésor de l'OAS. En tout cas, d'après la famille Gorel, la rencontre se passe mal. Sa femme entend même des bruits de dispute. Raymond crie : « Non, Susini, il n'en est pas question ! » Après cette altercation, les deux hommes partent...

Quelques mois plus tard, Raymond Gorel fait l'objet d'une tentative d'enlèvement ! L'après-midi touche à sa fin. L'ancien trésorier de l'OAS sort du métro et rentre à pied à son domicile, dans la banlieue parisienne. Brusquement, trois hommes se précipitent sur lui. Ils essayent de l'entraîner dans une voiture. Mais Gorel est vigoureux. Il résiste et s'en tire avec la projection d'un liquide corrosif sur le visage...

Gorel porte plainte, mais l'enquête n'aboutit pas. Désormais, il vit dans la crainte, multipliant les précautions. Mais le destin finit par le rattraper... Un peu plus d'un an après la première tentative d'enlèvement, une seconde est exécutée le 20 décembre 1968. Ce sera la bonne !

Ce jour-là, ses ravisseurs ne lui laissent aucune chance... Comme tous les matins, Raymond Gorel quitte son domicile pour aller travailler. Il monte dans sa voiture et démarre. Dans une rue étroite située près de son domicile, une voie qu'il doit obligatoirement emprunter, les hommes du commando l'attendent. Ils ont immobilisé une fourgonnette au milieu de la chaussée. Gorel est obligé de s'arrêter. Aussitôt des hommes sortent du véhicule, tandis que d'autres, dissimulés dans une auto stationnée derrière, arrivent à la rescousse. L'ancien trésorier de l'OAS est extrait de sa voiture et embarqué dans la fourgonnette, tandis qu'un des ravisseurs se met au volant de sa voiture. On la retrouvera deux jours plus tard près du boulevard périphérique... L'opération n'a pas duré plus de quelques secondes !

Bien entendu, les soupçons se portent tout de suite sur les anciens membres de l'OAS, d'autant que la famille de Gorel donne des informations précises sur la visite qui lui a été faite en 1967.

Les anciens de l'organisation terroriste sont donc interrogés. Il faut préciser qu'à cette date – après les événements de Mai 68, et ce n'est certainement pas un hasard –, l'amnistie a été prononcée pour les faits relevant de la guerre d'Algérie : ces hommes résident par conséquent en France en toute légalité. Le premier, Jean-Jacques Susini est interpellé et placé en garde à vue. Mais il est remis en liberté. Dans toute affaire criminelle, il faut des preuves. Et il n'en existe aucune à son encontre.

Les mois passent. Mme Gorel s'est portée partie civile : elle est désormais sûre que son mari a été tué par ses ravisseurs. Mais l'enquête de la police judiciaire piétine et il faut attendre 1972 pour qu'elle rebondisse, de manière, d'ailleurs, tout à fait inattendue.

Un ex-adjudant-chef des parachutistes coloniaux se morfond en prison. Il est accusé d'avoir participé à plusieurs hold-up en compagnie d'anciens de l'OAS. Comme il refuse de porter le chapeau tout seul et qu'il veut aussi assurer son avenir, il se livre à une sorte de chantage. Dans des lettres qu'il envoie à des amis qui ont appartenu comme lui à l'OAS, il laisse entendre qu'il sait exactement ce qui est arrivé à Raymond Gorel et il demande de l'argent.

C'est une véritable dénonciation : l'ancien militaire n'ignore nullement que son courrier sera lu par le juge d'instruction. De fait, la justice ne va pas tarder à s'intéresser à lui et il parle d'autant plus facilement qu'on n'a pas répondu favorablement à son chantage. Il raconte donc comment s'est passé l'enlèvement de Gorel et il est bien placé pour le savoir, puisqu'il affirme avoir fait partie du commando !

Il livre les noms de tous les ravisseurs. Ce sont, bien évidemment, des anciens de l'OAS. Le chef aurait été Jean-Jacques Susini. Il aurait préparé l'action, mais n'y aurait pas participé personnellement. Toutefois, d'autres membres présumés du commando, arrêtés après ces révélations, eux, ne mettront pas en cause l'ancien dirigeant de l'OAS. Quant à ce dernier, il niera toujours avoir été mêlé à cette affaire.

Selon l'ex-adjudant, Gorel aurait été conduit dans un garage désaffecté, interrogé, torturé, et il serait mort, en quelque sorte, par accident. Les membres du commando comptaient en effet d'incontestables spécialistes des interrogatoires musclés. Avec Gorel, ils y seraient allés simplement un peu fort. Ensuite, le corps aurait été coulé dans une plaque de béton et immergé en Méditerranée...

La police judiciaire procède à des arrestations. En recoupant les déclarations des uns et des autres, les policiers ont la quasi-certitude d'avoir mis la main sur les véritables ravisseurs du trésorier de l'OAS, y compris Susini, arrêté lui aussi et bientôt inculpé, malgré ses dénégations. Mais une nouvelle fois la procédure s'enlise ; les mois passent, sans qu'aucun fait décisif ne se produise.

Toutefois, un an plus tard, se produit un nouveau coup de théâtre : deux journalistes de *France-Soir* recueillent au Portugal la confession d'un certain Vigneau, qu'on appelle aussi « Petit Jim ».

Il s'agit d'un ancien membre des commandos Delta, les tueurs de l'OAS. Il a été très proche de Susini, dont il a même été le garde du corps. Ce qu'il révèle est capital : Petit Jim avoue que c'est lui qui a tué Raymond Gorel !

Son récit est très précis... Selon lui, Gorel a été conduit par ses trois ravisseurs (dont Petit Jim) dans un local désaffecté du IIe arrondissement. Là, l'ancien trésorier s'écrie aussitôt : « Dieu vous pardonne ce que vous allez faire, mais vous n'obtiendrez rien de moi ! » Gorel est déshabillé, on le ligote sur une chaise. Il ne bronche pas. Pendant quatre heures, il est interrogé, torturé. On essaie de lui faire dire où se trouve le trésor, mais il refuse de parler.

C'est alors que Petit Jim, comme pris de folie, bondit sur lui, passe ses mains autour de son cou, hurle : « Vas-tu enfin parler ? » Et, comme Gorel ne dit toujours rien, Petit Jim serre, serre et finit par le tuer ! Ensuite, à l'aide des deux autres, il charge le corps dans un coffre de voiture. Puis tout le monde se rend sur la côte d'Azur. Le corps est coulé dans un fût de béton, qui sera jeté dans la mer...

Comme on le voit, à la différence près que Petit Jim ne met pas en cause Jean-Jacques Susini, son récit correspond en tout point aux déclarations de l'ancien adjudant. Il aurait été intéressant de les confronter tous les deux, mais ce sera hélas impossible. La justice ne mettra jamais la main sur Petit Jim. Il décédera peu après – d'une overdose ou d'un accident de voiture, on ne sait pas trop – dans des conditions mystérieuses et fortement suspectes.

L'action judiciaire continue de traîner... Tout au long de cette affaire, la justice ne se sera guère montrée empressée, c'est le moins qu'on puisse dire ! En 1974, les diverses personnes qui ont été inculpées pour l'enlèvement et l'assassinat de Raymond Gorel sont toujours en prison, dans l'attente d'être jugées. Mais après l'élection de Valéry Giscard d'Estaing à la présidence de la République, les prévenus sont libérés, tout en restant inculpés.

L'instruction n'est pas close, mais elle continue à faire du surplace. Il faut attendre février 1982, alors que Mitterrand a remplacé Giscard d'Estaing à l'Élysée, pour qu'elle redémarre enfin.

Malgré les protestations de Jean-Jacques Susini, qui accuse la nouvelle majorité de vouloir procéder à une manœuvre politique, on semble s'acheminer enfin vers un procès. Eh bien, pas du tout ! Cinq ans s'écoulent encore sans qu'il ne se passe rien. Enfin, en 1987, tous les inculpés bénéficient d'une loi d'amnistie. Ils ne passeront jamais devant une cour d'assises. Raymond Gorel est alors mort depuis près de vingt ans !

Ainsi se termine l'affaire sur le plan juridique... Si les circonstances du crime ont été à peu près exactement reconstituées, on ne saura donc jamais avec certitude pourquoi Raymond Gorel a été assassiné. Alors, je vous livre ma conviction. Je ne crois pas à l'existence du trésor de l'OAS. Gorel, quel que soit le jugement qu'on puisse porter sur son engagement politique, était un parfait honnête homme, incapable, en particulier, de détourner des sommes à son profit. Il est d'ailleurs plus que vraisemblable qu'en 1968 tout avait été déjà dépensé pour les besoins de l'organisation.

Alors pourquoi l'a-t-on enlevé ? Pourquoi l'a-t-on torturé ? Que voulait-on lui faire dire ? Eh bien, à mon avis, il n'était pas question de ce trésor qui n'existait plus. Mais on le soupçonnait de détenir des informations capitales. Il a été longtemps prétendu qu'un important ministre du général de Gaulle avait été l'informateur de l'OAS. Il est possible que Raymond Gorel, au poste qu'il occupait, ait possédé des informations très précises sur cette affaire, voire des documents. Voilà ce que cherchaient sans doute ses kidnappeurs et assassins !

Dans ce cas ils auraient agi, directement ou indirectement, en faveur du mystérieux personnage en question. Ce n'est pas si absurde que cela. Après mai 1968, il s'était opéré d'étranges rapprochements entre les ennemis d'hier : les membres de la majorité, gaullistes ou autres, et quelques anciens de l'OAS avaient renoué. Ces derniers auraient fort bien pu prêter main-forte à un homme promis à un destin national. Une sorte de gage sur l'avenir.

Dans ce cas, l'affaire Gorel aurait été une sordide affaire politique et non pas une tragique chasse au trésor.

10.

L'espion du dimanche

C'était un petit homme rond et souriant, au visage ordinaire, aux vêtements ordinaires, un homme passe-partout, suisse, de surcroît, appartenant à un pays neutre et paisible, un homme qui avait son métier, sa famille, sa vie toute tracée, qui ne faisait partie d'aucun service secret, qui n'avait reçu aucune formation spécialisée. Et pourtant, il a été un grand espion international, un de ceux qui ont modifié le cours des événements. Pourquoi? Comment? C'est toute l'histoire d'Alfred Frauenknecht, cet individu à part, qui s'est mis à l'espionnage comme cela, tout seul, sans qu'on lui demande rien, sur un coup de tête, sur un coup de cœur. Un dilettante, en somme, un espion du dimanche!

Voilà pourquoi dans mon journal il occupe une place à part, insolite et pittoresque.

Nous sommes en 1967, juste après la guerre des Six Jours. Les Israéliens l'ont gagnée de manière écrasante, mais cela ne les empêche pas d'avoir des soucis, un surtout : leurs Mirage, les Mirage français qui équipent leur armée, à qui ils doivent en partie leur victoire, mais qu'ils ne pourront plus ni remplacer ni réparer, en raison de l'embargo décidé par le général de Gaulle. Et ce n'est pas tout. En plus de ceux qu'ils possèdent, ils avaient commandé cinquante Mirage V et ils comptaient acquérir cent Mirage F1. De tout cela, il n'est plus question!

Sans doute pourraient-ils s'adresser aux Américains – et ils le feront plus tard – mais pour l'instant ils n'y pensent pas. Le Mirage leur a rendu de tels services qu'ils ne jurent que par cet appareil. Et, puisqu'ils ne peuvent plus l'obtenir de la France, l'idée leur vient de le fabriquer eux-mêmes. Seulement, c'est plus facile à imaginer qu'à réaliser. Les Israéliens ont de très bons ingénieurs, de très bons techniciens, mais un avion du type Mirage ne se réalise pas en quelques mois. Et puis il y a les secrets de fabrication, les machines-outils qu'il faut concevoir. Bref, il faudra sans doute des années de travail avant de faire voler le premier appareil ! Alors, les Israéliens décident de faire comme les Soviétiques lorsqu'ils ont voulu construire leur première bombe atomique : ils vont voler les plans du Mirage !

Là, encore, c'est plus facile à dire qu'à faire. En France, la chose semble très malaisée, car ce genre de secret est très bien protégé. Mais il y a peut-être un moyen de contourner l'obstacle par la Suisse... Il faut savoir, en effet, qu'en raison d'un accord avec la firme Dassault et la SNECMA, une société de ce pays, l'entreprise Sulzer, fabrique des Mirage sous licence. Mais afin d'éviter toute fuite, les Suisses se sont engagés à prendre des mesures de surveillance draconiennes...

Alfred Frauenknecht, ingénieur chez Sulzer, est un parfait honnête homme, un citoyen helvétique au-dessus de tout soupçon, qui vit paisiblement à Zurich. Il occupe un poste important dans l'entreprise et gagne très bien sa vie. Son plan de carrière, comme on dit aujourd'hui, est parfait, son avenir assuré. Mais M. Frauenknecht est aussi un homme qui a du cœur !

Ce citoyen suisse sans histoire a en effet une particularité : il ne supporte pas l'injustice. Et pour lui, l'embargo sur les armes à destination d'Israël, décidé par le général de Gaulle, est le type même de l'injustice. Ce qui le scandalise par-dessus tout, c'est que les pièces détachées sont aussi soumises à embargo. C'est-à-dire que l'aviation israélienne ne peut même plus assurer la maintenance des Mirage qu'elle possède à moins de cannibaliser certains appareils afin d'en équiper d'autres, ce qui affaiblirait son potentiel militaire...

On a prétendu par la suite que la décision de Frauenknecht aurait été prise à l'issue d'un dîner de travail avec des techniciens israéliens. Il aurait aperçu sur l'avant-bras de l'un de ses compagnons de repas un tatouage mystérieux et lui aurait demandé de quoi il s'agissait. La personne lui aurait répondu : « C'est un souvenir de mon séjour forcé à Dachau. » Cette seule phrase l'aurait déterminé à aider l'État hébreu.

Pour ma part, je trouve l'anecdote un peu trop édifiante. Elle semble arrangée après coup pour justifier l'attitude de Frauenknecht, lorsqu'il commencera à avoir des ennuis. Mais qu'importe, après tout ! Ce qui compte, c'est qu'un jour de 1967, cet homme sans histoire, confortablement installé dans la vie, ait décidé par idéalisme et au nom d'idées auxquelles il croyait de franchir la barrière entre la légalité et l'illégalité, de s'engager dans une incroyable aventure...

Après la guerre des Six Jours, Alfred Frauenknecht pense très vite à subtiliser et à fournir à Israël les plans du Mirage, mais aussi et surtout, les plans des machines-outils nécessaires à la fabrication des pièces détachées, car c'est cela le plus urgent. L'opération est très risquée. La firme Sulzer a, conformément à ses engagements, pris toutes les mesures de protection. Il faut donc imaginer un stratagème particulièrement subtil pour s'emparer de ces documents et les transmettre aux Israéliens... Et Frauenknecht finit par trouver !

Un beau jour, l'ingénieur va trouver le P.-D.G. de l'entreprise et lui propose de faire des économies. Un patron écoute toujours avec bienveillance ce genre de discours. Frauenknecht poursuit donc... Les plans du Mirage sont très volumineux. Ces documents, rangés dans de nombreuses caisses, occupent beaucoup de place. Or la société Sulzer, dont les activités sont en plein essor, est logée à l'étroit ; elle doit même louer des entrepôts pour stocker ses matériels. Frauenknecht propose donc de microfilmer les plans. Les originaux seront brûlés, le gain en place sera très appréciable et il en résultera des économies tout aussi appréciables pour la société...

Le patron donne son accord, à condition que les impératifs de secret soient strictement respectés. Bien entendu, Alfred Frauenknecht y a pensé et il expose un plan respectant des conditions absolues de sécurité. D'abord, il faut faire appel à une société spécialisée, qui sera étroitement contrôlée par les services secrets suisses. Ensuite, il conviendra de suivre un protocole très rigoureux.

Il sera fait une seule photo de chaque document. Cette prise de vue aura lieu en présence d'un officier de la Sécurité militaire et dans un local isolé. Les caisses, une fois leur contenu photographié en totalité, seront transportées dans un véhicule jusqu'à l'incinérateur municipal, qui se trouve à un quart d'heure d'auto de l'usine. Deux gardes armés surveilleront le chargement et le déchargement.

Reste le problème du transport, qui est l'étape la plus délicate... Frauenknecht propose pour conduire le véhicule un chauffeur de confiance, son propre cousin, et, pour augmenter encore les garanties, il se porte volontaire pour l'accompagner. C'est là que sa personnalité et son passé irréprochables jouent à fond. De la part de quelqu'un d'autre, cette proposition aurait paru suspecte, mais venant de lui, c'est au contraire la meilleure des garanties. Son patron accepte avec reconnaissance et enthousiasme !

Et l'opération commence sans plus attendre... C'est un travail lent et fastidieux : le photographe doit faire un cliché pour chacun des plans et il y en a des dizaines de milliers. Chaque soir, avant de quitter le studio, l'homme est fouillé et les agents de la sécurité rangent soigneusement dans leur caisse les documents photographiés. Une fois par semaine, ces caisses sont chargées dans une fourgonnette, direction l'incinérateur. Le très minutieux Frauenknecht s'installe dans le véhicule, à côté de son cousin chauffeur. Le trajet doit normalement durer un quart d'heure et tous deux arrivent exactement à temps à l'incinérateur. Là, un officier de la Sécurité militaire les attend. Il compte les caisses, les ouvre, regarde tous les documents un par un, les jette dans l'incinérateur et signe un récépissé de destruction en double exemplaire à l'intention de la firme Sulzer.

Comme on le voit, tout semble parfait. La supercherie est pratiquement indécelable. Alors, en quoi consiste-t-elle? Elle a lieu pendant le transport, bien sûr... Elle a été remarquablement imaginée. Sur le trajet se trouve un garage où la camionnette est attendue. Dès qu'elle arrive, les caisses sont déchargées et remplacées par d'autres, exactement semblables. Le tout prend à peine plus d'une minute.

Les nouvelles caisses contiennent d'autres plans, de vieux documents sans importance que Frauenknecht a récupérés ici et là. Ce ne sont pas des plans de Mirage, mais l'homme de la Sécurité militaire qui est chargé de les contrôler n'est pas un ingénieur. Il n'y connaît rien. Et puis, sur les premières pages, il y a la mention « Secret ». Donc, même lui n'a pas le droit d'être trop curieux.

Mais que deviennent les caisses contenant les vrais plans? Chaque samedi, Frauenknecht et son cousin retournent dans le garage où a eu lieu la substitution. Ils chargent les caisses dans une voiture et ils partent en direction de l'Allemagne. Ils ne passent pas la frontière eux-mêmes, ce serait trop risqué. Ils déchargent les précieuses caisses dans un entrepôt situé dans une zone industrielle, non loin de la frontière. Là, un chauffeur de cette société, un certain Strecker, qui a l'habitude de passer régulièrement en Allemagne pour son travail, et qui connaît donc très bien les douaniers des deux côtés, prend en charge les caisses et leur fait quitter la Suisse.

Ensuite, le chauffeur se rend sur un discret petit terrain d'aviation allemand qui accueille des avions privés. Les caisses sont chargées à bord d'un appareil qui décolle aussitôt pour un aérodrome du sud de l'Italie où attend un avion de la compagnie El Al... Voilà, le tour est joué et cette mécanique parfaitement huilée va fonctionner ainsi pendant des semaines! C'est de cette façon que la presque totalité des plans du Mirage va arriver en Israël.

La presque totalité, car même dans les systèmes les mieux huilés, il peut se glisser un grain de sable... Un beau samedi, le propriétaire de cette société qui possède un entrepôt proche de la frontière a la fantaisie d'aller y faire une petite visite. Devant le hangar se trouve une auto. Et au volant, il y a Strecker, l'un de ses chauffeurs. Le patron s'étonne de le voir là un samedi et son étonnement s'accroît encore lorsque ce dernier démarre en trombe et disparaît.

Naturellement, le patron décide d'inspecter son hangar. Et il découvre une caisse portant la mention « Secret ». La suite, on l'imagine : les autorités suisses sont alertées. Assez rapidement, Frauenknecht est appréhendé et le public découvre avec stupeur cette histoire d'espionnage aussi fabuleuse qu'inédite !

Une fois arrêté, Frauenknecht avoue sans la moindre difficulté. Il s'explique très calmement sur les motivations de son acte : il a agi pour venir en aide à Israël, rien d'autre. Et il se justifie, aussi. Que peut-on lui reprocher ? Il n'a nui en aucune façon aux intérêts de son pays. Bref, légalement il a eu tort, mais pas moralement !...

Dans ses aveux, qu'il maintiendra lors de son procès, Frauenknecht prétend avoir agi seul et avoir tout organisé lui-même. Bien sûr, c'est une fable. Très vite, dans les services – car cette affaire nous préoccupe au premier plan – nous comprenons que l'ingénieur suisse a travaillé en équipe avec le Mossad, les services secrets israéliens. Il faut d'ailleurs préciser qu'on retrouvera chez lui deux cent mille dollars, le prix perçu pour son rôle dans l'affaire. Il n'était donc pas aussi désintéressé qu'il l'a affirmé.

En outre, il est plus que probable qu'il n'est pas l'inventeur de ce plan quasi génial pour subtiliser les documents. Les services secrets israéliens l'ont certainement mis au point. La meilleure preuve, c'est que ce chauffeur qui passait les plans en Allemagne, le nommé Strecker, qui prétendait être un réfugié d'Allemagne de l'Est, était en réalité un agent israélien. Ainsi qu'on le découvrira par la suite, il ne s'était fait engager dans cette société que pour réaliser sa mission. Après s'être fait surprendre par le patron, il a disparu purement et simplement. Il a sans nul doute pris la place des caisses dans l'avion d'El Al qui faisait régulièrement la navette entre Israël et l'Italie.

De même, nous avons nourri tout de suite des doutes sur la découverte accidentelle du pot aux roses. À partir du moment où le Mossad était entré en action, d'autres services secrets de pays hostiles à Israël devaient être sur les traces des espions hébreux, et ce sont sans doute eux qui ont fait échouer l'opération. Le patron de l'entrepôt, dont l'intervention a fait tout capoter, a peut-être été prévenu par quelque mystérieux correspondant... La seule chose que je peux affirmer, en tout cas, c'est que l'information ne venait pas des services français. J'étais bien placé, à l'époque, pour savoir que nous n'avions pas de soupçons à ce sujet.

Mais dans le fond, l'important n'est pas là. Le vol des plans du Mirage est bel et bien à mettre à l'actif d'Alfred Frauenknecht. Même s'il n'était pas seul, il a joué un rôle capital et central dans l'opération. Tout reposait sur la confiance que lui accordaient ses supérieurs, confiance acquise par une vie entière d'honnêteté. Sans lui, le Mossad, malgré tout son savoir-faire, ne serait arrivé à rien!

Quant aux deux cent mille dollars qu'il a touchés, s'ils prouvent que l'ingénieur n'était pas le pur idéaliste qu'il prétendait, il faut reconnaître qu'une telle somme est bien en dessous de ce que cet espion atypique aurait pu demander. Une opération d'espionnage de cette importance n'avait pas de prix.

Car elle a constitué une réussite exceptionnelle! Sur les vingt-quatre caisses de plans, vingt ont pu passer en Israël. D'après nos estimations et celles de nos collègues suisses, Alfred Frauenknecht a transmis aux Israéliens environ deux mille dessins de pièces de propulseurs, quatre-vingts à cent mille descriptions de méthodes de travail, quarante mille dessins de machines-outils et quinze spécifications concernant divers éléments et procédés. Au total, cela fait des centaines de kilos de documents. Et c'est ce qui a permis aux destinataires de construire un Mirage dans des délais que personne n'avait imaginés. Le vol du premier prototype de l'avion était prévu pour 1974 : il a pu, en fait, avoir lieu fin 1971. D'ailleurs, les attachés militaires occidentaux ont mis longtemps avant de prendre au sérieux le Mirage israélien baptisé Kfir, c'est-à-dire « le jeune lion ». L'idée qu'un petit pays puisse construire si rapidement un appareil supersonique aussi sophistiqué ne semblait ni logique ni raisonnable.

Restait, pour les autorités suisses, à régler le cas de Frauenknecht lui-même et ce n'était pas si simple. Le chef d'inculpation n'était, en effet, pas évident à définir. On pouvait penser d'abord à « trahison au profit d'une puissance étrangère », mais après tout, les plans n'étaient pas suisses mais français. La société Sulzer n'en était que le dépositaire. Donc, c'est vrai, il n'y avait pas vraiment d'atteinte directe aux intérêts helvétiques.

Les magistrats avaient, en fait, le choix entre un article du code pénal qui réprime la divulgation de renseignements économiques et un autre article du code militaire qui punit l'espionnage et la divulgation de secrets d'ordre militaire. Dans le premier cas, Frauenknecht risquait trois ans de réclusion, dans le deuxième, vingt ans. C'est le second qui a été retenu, ce qui n'a pas empêché l'accusé de bénéficier d'une réelle indulgence.

Les raisons en sont diverses. D'abord, l'ingénieur a incontestablement suscité un certain capital de sympathie ; il n'était pas douteux que son acte ait eu des motivations morales. Mais ses avocats ont su également mettre les magistrats mal à l'aise en rappelant une histoire assez embarrassante pour la Suisse. Un citoyen helvétique du nom de Grüninger avait été condamné après-guerre pour avoir permis à plus de trois mille juifs de trouver refuge dans le pays, malgré les ordres de ses supérieurs. Grüninger a été réhabilité par la suite, mais l'affaire a laissé un trouble durable dans les mémoires et réveillé la mauvaise conscience des autorités helvétiques. Pour toutes ces raisons, Alfred Frauenknecht s'est vu seulement condamné à quatre ans et demi de réclusion.

Ainsi s'est terminée l'affaire de l' « espion du dimanche ». Les Israéliens ne pouvaient décemment pas exprimer officiellement leur reconnaissance à celui auquel ils devaient tant. Après sa libération, Alfred Frauenknecht a pourtant été invité dans leur pays, mais à titre privé. C'est un citoyen ordinaire qui lui a envoyé cette invitation et qui a payé ses frais d'hébergement. Mais il n'est pas exclu de penser que l'État hébreu ait trouvé une autre façon de remercier discrètement l'homme qui lui avait permis de construire aussi rapidement le sosie du Mirage !

Un dernier mot : si cette affaire a jeté le trouble dans les hautes sphères gouvernementales françaises, je ne suis pas sûr qu'elle ait vraiment peiné les agents de nos services qui avaient une longue tradition de collaboration avec leurs collègues du Mossad. Quant au constructeur français du Mirage, je ne me souviens pas qu'il ait exprimé une grande émotion en apprenant le vol des plans de son appareil le plus prestigieux...

11.

Le massacre de Skhirat

Il avait incontestablement la baraka. « Notre ami le roi », comme l'a appelé Gilles Perrault dans un livre impitoyable où il mettait en lumière les tares, la corruption et le despotisme de la monarchie chérifienne. Hassan II, disparu en 1999. Le souverain qui passait à travers les balles !

Impossible pour moi d'oublier ce 10 juillet 1971. Parce qu'il se trouve que je séjournais à ce moment au Maroc. Pas à Skhirat, par chance pour moi. J'ai néanmoins suivi les événements de près. Il faut dire qu'à l'époque les services secrets français s'intéressaient de très près au Maroc. C'était, pour nous, un pays sensible. L'affaire Ben Barka était encore proche et le général Oufkir était toujours persona non grata *en France. Bref, pour toutes sortes de raisons, nous étions très bien renseignés sur ce qui se passait à la cour. Nous savions, en particulier, que le régime était menacé, même si, je dois l'avouer, la tragédie de Skhirat nous a pris de court.*

Près de trente ans plus tard, l'affaire a gardé ses mystères... Résumons : à Skhirat, le 10 juillet 1971, lors des festivités organisées à l'occasion de son quarante-deuxième anniversaire, le roi Hassan II est la victime d'un coup d'État militaire. Les insurgés provoquent un véritable massacre parmi les invités du souverain. Miraculeusement, le monarque échappe à la tuerie. Et, avec l'aide de l'homme fort du régime, le général Oufkir, il reprend rapidement la situation en main. Mais rien n'est clair dans la façon dont s'est déroulée la tentative de coup d'État et dans la manière dont Hassan II a sauvé sa vie. Nous allons pourtant essayer de nous y retrouver.

Skhirat est situé au bord de la mer, à quelques kilomètres de Rabat. C'est un lieu enchanteur et quelque peu scandaleux. Dans cet endroit sec et désertique, on a créé de toutes pièces, pour le bon plaisir du roi, un golf de dix-huit trous. Du gazon anglais sous le ciel marocain, au risque de priver d'eau les villages voisins !... Ce n'est pas cela qui trouble la fine fleur de la haute société marocaine, française et internationale, réunie devant des buffets somptueux pour l'une de ces réceptions dont le roi a le secret. Il fait un temps superbe et les invités attaquent les plats de homards lorsque l'événement se produit... Pour raconter ce qui va suivre, le mieux est de laisser la parole à un témoin privilégié, l'historien Jacques Benoist-Méchin, ancien ministre de Vichy et invité personnel du souverain marocain à Skhirat. Voici ce qu'il rapporte dans un livre intitulé *Deux étés africains.*

« J'attrape un homard par une pince... Au même moment j'entends un léger crépitement, allègre comme un bruit de castagnettes. Il se rapproche et se précise. On dirait le chapelet de petites explosions qui suit l'éclatement d'une fusée. Quelle idée étrange de lancer un feu d'artifice en plein jour ! Les gens lèvent la tête et scrutent le ciel. Il est d'un bleu intense, mais on n'y voit strictement rien. Tac, tac, tac, tac... On dirait une rafale de mitrailleuse. Les invités échangent des regards interrogateurs. " C'est encore un coup de Moulay Abdallah, dit l'un d'eux. Vous connaissez son caractère facétieux... Il aura organisé une attaque simulée du palais dans le plus pur style western, pour divertir les invités... "

« Des sifflements s'entrecroisent au-dessus de nos têtes. Des rafales de fusils-mitrailleurs se succèdent, ponctuées par les explosions plus sourdes des obus de mortier qui ébranlent le sol. Ma parole, nous sommes soumis à un bombardement en règle ! Les visages pâlissent. Une lueur d'affolement passe dans les yeux des invités. “ Si c'est une plaisanterie, elle est de bien mauvais goût ! ” déclare un diplomate étranger d'un ton sentencieux.

« Le fracas des armes automatiques s'amplifie. Soudain, un invité qui se tenait à l'angle du buffet s'affaisse au milieu d'une pile de sandwiches qu'il éclabousse de son sang et fait basculer dans sa chute. Un autre – un sexagénaire à cheveux gris – s'abat au bord de la piscine. Il serre sa cheville entre ses deux mains et un sourire idiot apparaît sur sa figure, tandis qu'il gémit : “ Oh ! Oh ! Mais je suis blessé ! ” comme s'il s'agissait d'une plaisanterie. Au même instant quelque chose de dur et de chaud s'insinue entre mon cou et le col de ma chemise. Je l'en extrais avec précaution. J'ai du sang sur les doigts. C'est un éclat de grenade ! »

Le massacre commence à peine. Sous les yeux de Benoist-Méchin, des dizaines de morts vont bientôt joncher le gazon du golf, le bord de la piscine et les pièces du palais de Skhirat !...

Hassan II était au pouvoir depuis dix ans et, dès son accession au trône, il avait rencontré des difficultés politiques. À tel point que, monarque constitutionnel, il a fini par dissoudre le Parlement et a gouverné plusieurs années par décrets. En même temps, il a dû affronter de nombreuses manifestations de ses opposants. Son pouvoir ne tenait réellement que grâce à l'armée et à sa police, dirigée par le général Oufkir, dont les méthodes étaient plutôt expéditives. Comme cela a été le cas dans l'affaire Ben Barka, il n'hésitait jamais à mettre la main à la pâte, c'est-à-dire qu'il torturait lui-même à l'occasion.

Mais, en cette année 1971, Hassan II doit affronter une difficulté plus grave que les manifestations de son opposition. Il s'agit d'une affaire inconnue de tout le monde ou presque et, dans ce « presque », j'inclus évidemment nos services...

Début 1971, Hassan II envoie aux États-Unis le général Medbouh, chef de sa maison militaire, afin de préparer un prochain voyage officiel. Medbouh est un personnage important ; en réalité c'est le vrai ministre de la Défense, le patron de l'armée. Au reste, c'est un homme de bien. Ce fidèle de la monarchie a la réputation d'être un homme intègre, qui déteste la corruption.

Medbouh atterrit donc à Washington. Il doit mener des négociations assez compliquées à propos des bases américaines du Maroc. Il s'acquitte de sa mission, puis il s'envole pour la Californie où il rencontre un sénateur, qui lui tient des propos stupéfiants... Cet homme est un ami du président de la Panam. Or la compagnie aérienne américaine est sur le point d'acheter une vieille caserne à Casablanca, afin d'y construire un hôtel de luxe. Et le sénateur lui assène brutalement que, si la corruption est généralisée dans les pays du tiers-monde, au Maroc elle dépasse l'entendement !

Pour acquérir cette ancienne caserne, les dirigeants de la Panam ont en effet négocié avec un intermédiaire, un certain Omar ben Messaoud. Celui-ci leur a proposé un prix très avantageux, à peu près dix fois moins que la valeur réelle des terrains. Mais il a aussitôt précisé que la différence devait être versée sur le compte de plusieurs ministres et de proches de la famille royale.

L'honnête général Medbouh est effaré, humilié. Dès son retour au Maroc, il demande une audience à Hassan II et il lui montre une photocopie de la lettre où ce Messaoud mentionnait les divers pots-de-vin qui devaient être versés. Le roi fait arrêter Messaoud. Et celui-ci commence aussitôt à parler. Mais ce qu'il dévoile est tellement énorme qu'il est presque aussitôt relâché par peur du scandale. Car tout se révèle exact dans les accusations du sénateur américain. Non seulement les principaux ministres mais les membres de la famille royale sont corrompus.

L'affaire est donc étouffée. Il y a bien quelques démissions de ministres, mais pour l'essentiel, les coupables passent à travers les mailles du filet. Il ne pouvait, d'ailleurs, en être autrement, puisque c'est tout le système qui est pourri... Grâce à une fuite provenant de l'entourage même du roi, les services français sont informés. Et ma mission au Maroc n'est pas tout à fait étrangère à cette révélation. Mais je ne peux en dire plus. La situation, bien sûr, n'est pas nouvelle pour nous. Ce qui l'est, en revanche, c'est qu'un homme intègre, le général Medbouh, vient de découvrir, à l'étranger de surcroît, que son pays est miné par la corruption. Et à partir de là tout bascule !

Medbouh, ce fidèle d'entre les fidèles, ce pilier de la monarchie chérifienne, en a trop vu, trop entendu. Il décide de passer à l'action. Mais on ne s'improvise pas putschiste en un jour ; le général doit se trouver des alliés et, tout naturellement, il les cherche dans cette armée dont il est le véritable patron. C'est ainsi qu'il regroupe autour de lui plusieurs officiers supérieurs. Parmi eux un homme va jouer le rôle central, le colonel Ababou.

C'est le plus jeune colonel de l'armée marocaine. Petit, sec, Ababou, fervent admirateur des Marines américains, commande l'école des cadets, qui forme des sous-officiers. Il y règne en maître absolu, imposant une discipline de fer et un entraînement épuisant à tous ces jeunes gens qui sortent tout juste de leur village de montagne. Inutile de dire qu'un tel régime produit des individus complètement robotisés et prêts à obéir aveuglément à n'importe quel ordre. Ababou a donc à sa disposition la troupe idéale pour mener un coup d'État...

Medbouh et lui se mettent d'accord sur le scénario. Ils savent l'un et l'autre que, si Hassan II est neutralisé ou éliminé, le régime s'effondrera de lui-même. Mais il faut aussi choisir le lieu et le jour. Très vite, une date s'impose, le 10 juillet, anniversaire du roi. Traditionnellement, ce jour-là, Hassan II donne une réception dans sa résidence d'été, le palais de Skhirat. Pour les putschistes, c'est l'occasion rêvée. Tout ce qui compte au Maroc va être réuni, tous les ministres, tous les principaux chefs militaires ! Prendre le contrôle de Skhirat, c'est pratiquement prendre le contrôle du pays.

Il existe une raison supplémentaire d'agir à Skhirat, une raison symbolique. Cette fête somptueuse manifeste de la manière la plus spectaculaire la pourriture du régime. Le roi y convie tous les corrompus de son entourage, mais aussi ses amis étrangers, des parasites, des fêtards, à une débauche de victuailles et d'alcool. Pour les véritables croyants, c'est une insulte à l'islam ! Les cadets fanatisés du colonel Ababou vont donc éprouver un véritable choc quand ils vont se trouver face à ce luxe inouï dont ils n'ont aucune idée. Assurément, ils n'en seront que plus féroces !

Le coup est très bien préparé... Au petit matin, ce 10 juillet, les mille cinq cents cadets du colonel montent dans des dizaines de camions, dont certains sont bourrés d'armes et de munitions. Les véhicules prennent la direction de Skhirat. Ils ont trois cents kilomètres à parcourir depuis l'école. Le déplacement ne va pas passer inaperçu. Mais curieusement, personne ne s'étonnera, personne ne donnera l'alerte. C'est la preuve que le putsch bénéficie de nombreuses complicités à tous les niveaux, mais j'y reviendrai...

Les cadets arrivent donc sans encombre à Skhirat, au moment exact où commencent les agapes. On a prétendu qu'ils avaient été drogués et c'est sans doute vrai, car, dès qu'ils passent à l'action, leur sauvagerie est inimaginable. Armés jusqu'aux dents, ils ouvrent le feu et ils tuent sans aucun discernement. Les serviteurs, les ministres, les officiers, les ambassadeurs s'écroulent. C'est un massacre inimaginable, un bain de sang ! On dénombrera des dizaines et des dizaines de morts.

Le massacre n'est pourtant pas gratuit. La principale cible du colonel Ababou, c'est le roi ! Le roi qu'il veut tuer ! Normalement, celui-ci devrait se trouver avec ses invités. Seulement – et c'est le premier mystère de cette affaire – il n'est pas parmi eux. Les cadets fouillent le palais. Ils cherchent. En vain. Hassan II, avec une poignée de ministres et le général Oufkir, s'est réfugié dans les toilettes qui jouxtent la salle du trône et les mutins ne le trouvent pas, si étonnant que cela paraisse.

Les heures passent... Ababou, persuadé qu'Hassan II a réussi à fuir, part en direction de Rabat rejoindre les autres conjurés. Peu après, comme par hasard, des cadets frappent violemment à la porte des toilettes. Les réfugiés sont bien obligés d'ouvrir. Tous sortent sous la menace.

Le roi, comme les autres, est en tenue estivale, pantalon et chemisette. Les cadets, semble-t-il, ne le reconnaissent pas tout de suite. Pourtant, quelques instants plus tard, l'un des soldats l'agrippe. Un officier lui fait lever les mains en l'air. Hassan II part, encadré par quatre cadets armés de mitraillettes. Presque aussitôt, deux rafales crépitent. Tous ceux qui ont vu partir le roi sont persuadés qu'il vient d'être abattu. C'est pourtant faux !

Il s'agit du deuxième et principal mystère de cette affaire... Que s'est-il donc passé ? La vérité officielle, celle qui sera exposée par Hassan II lui-même, est la suivante : les cadets se sont soudain rendu compte que leur prisonnier était le roi. Or Ababou ne leur avait pas dit de tuer le monarque, mais au contraire de le sauver, de l'arracher à tous ces impies qui festoyaient ! Reconnaissant leur souverain, ils se sont immédiatement agenouillés devant lui. N'oublions pas en effet que le monarque est aussi, en tant que descendant du Prophète, un chef religieux, le Commandeur des croyants. Alors Hassan II a commencé à déclamer les premiers versets du Coran, tandis que les soldats lui baisaient les mains.

Ensuite, le roi revient vers les hommes avec lesquels il est resté plusieurs heures enfermé dans les toilettes. Il s'adresse à Oufkir et lui dit : « Je te délègue tous mes pouvoirs civils et militaires. Prends l'affaire en main ! » Aussitôt, Oufkir, lui aussi en tenue civile et estivale, emprunte l'uniforme du pilote personnel du roi. Et, redevenu instantanément militaire, il organise avec brio la contre-offensive...

Ababou est arrivé à Rabat. Avec les cadets qu'il a emmenés avec lui, il a investi l'immeuble de la radio et celle-ci proclame sur les ondes : « Le roi est mort, vive la République ! » Oufkir doit donc agir très vite et c'est ce qu'il fait. D'abord, il fait arrêter, dans les différentes régions, tous les généraux qui participent au complot, ce qui prouve qu'il les connaissait et qu'il savait beaucoup de choses du complot, mais encore une fois, j'y reviendrai...

En second lieu, il lance des troupes contre les insurgés de Rabat qui occupent la maison de la radio et quelques ministères. La répression est d'une violence implacable. Les mutins sont abattus sans autre forme de procès, à commencer par le colonel Ababou ! Il faut ajouter que les généraux félons seront fusillés deux jours après ces événements. Quant au général Medbouh, lorsque le colonel Ababou est tué par les hommes d'Oufkir, cela fait déjà de longues heures qu'il est mort. Il a été tué, dit-on, par une balle perdue au cours du massacre de Skhirat.

Je dois dire que cela ne me convainc pas... En fait, on peut établir avec une quasi-certitude, grâce aux informations que j'ai recueillies moi-même au Maroc, qu'Oufkir est le personnage central de cette histoire. En tant que ministre de l'Intérieur, il a très vite eu vent de cette conjuration et, plutôt que de la réprimer dans l'œuf, il a choisi de s'en servir...

Voici, toujours selon moi, comment les choses se sont passées. Le général Oufkir prend la tête du complot, mais aux uns et aux autres il tient un langage différent. Au colonel Ababou, qui est un fanatique, un sanguinaire, il dit qu'il faut tuer le roi. À Medbouh et à quelques autres généraux, il dit, au contraire, qu'il s'agit simplement de s'assurer de la personne du roi et de le forcer à abdiquer. Et Medbouh, qui n'aurait jamais accepté que l'on touche un seul cheveu du Commandeur des croyants, va appliquer ce plan à la lettre...

Les cadets du colonel Ababou arrivent à Skhirat et commencent à tirer à tout va. Aussitôt, Oufkir engage le roi à aller se cacher dans les toilettes. Seul Medbouh est au courant. Quand la fusillade cesse, celui-ci se rend dans la cachette du roi et, conformément au plan prévu, il demande à Hassan II de démissionner. Mais celui-ci refuse. Medbouh sort. Il tombe sur Ababou, furieux, qui cherche en vain le roi. Il lui annonce que Hassan II refuse d'abdiquer. Ababou s'en moque bien. Ce qu'il veut, c'est le tuer. Et, comme Medbouh refuse de dire où le roi se cache, Ababou l'abat.

Je ne dis pas qu'Oufkir avait tout prévu. Mais, dans tous les cas de figure, il gagnait : soit le putsch réussissait et il en était le principal bénéficiaire, soit les conjurés disparaissaient et il était ainsi débarrassé de rivaux potentiels comme Ababou, ce jeune officier aux dents longues, et il apparaissait comme le sauveur du régime. Il pouvait alors préparer tranquillement son propre coup d'État.

C'est ce qui s'est passé tout juste un an après Skhirat... Hassan II revenait de France où il avait passé ses vacances, lorsque son Bœing a été attaqué par des avions de chasse marocains. Et il s'en est sorti par miracle, malgré les dommages importants causés à l'appareil qui le transportait. Oufkir a été vite convaincu d'être l'instigateur de l'attentat. Le roi l'a immédiatement convoqué et le général est mort dans l'enceinte du Palais royal... Un suicide, paraît-il, un curieux suicide, puisque trois balles l'ont frappé. Mais qu'importe : le félon ne devait pas survivre. Et chacun sait de quelle haine le roi a poursuivi ensuite sa famille, qui n'était pourtant pour rien dans l'affaire...

Massacres, trahisons, violences et machinations en tous genres : on ne peut pas dire que la vie politique marocaine de ces dernières années ait été un modèle de tranquillité et de vertu. Mais aujourd'hui, un nouveau souverain, Mohammed VI, semble se diriger vers plus de transparence et de démocratie. Alors, peut-être, un jour prochain, Skhirat et ses mystères appartiendront-ils à un passé révolu... C'est, en tout cas, le souhait que je formule pour ce pays qui m'est cher.

12.

Le milliardaire terroriste

Ma longue carrière m'a permis de rencontrer de nombreux personnages curieux et, plus rarement, des hommes d'exception. Parfois détestables, souvent séduisants, toujours fascinants. L'éditeur italien Feltrinelli était sans conteste l'un de ceux-là. Gauchiste mondain, milliardaire révolutionnaire, il était pourtant facile de se moquer de lui. Trop facile! Feltrinelli ne jouait pas un personnage. Ce grand éditeur était un homme de conviction. Il l'a payé de sa vie.

Le 15 mars 1972, on découvre son corps au pied d'un pylône d'une ligne à haute tension qui alimente en électricité la ville de Milan. Il a une jambe arrachée... On trouve à côté de lui des explosifs intacts et, dans ses poches, un détonateur et une bombe à main.

D'après les premières conclusions des experts, Feltrinelli aurait escaladé le pylône afin d'y fixer une charge à trois mètres de hauteur, d'autres charges ayant été préalablement installées au pied du pylône. À cheval sur une traverse, il aurait d'abord manipulé le mécanisme d'horlogerie. Mais il aurait alors fait une erreur et provoqué l'explosion prématurée de la charge.

Ainsi commence l'une des plus ténébreuses affaires du terrorisme italien des années 70, pourtant riches en mystères de toutes sortes. Car, bien entendu, les choses ne sont pas aussi simples que les premières observations de la police voudraient le faire croire. Feltrinelli, d'accord, professait des idées révolutionnaires.

Mais ce n'était nullement un homme d'action. Et les milliardaires trouvent rarement la mort en escaladant un poteau électrique avec des explosifs dans leurs poches.

Il était donc légitime de se poser des questions. Surtout quand on avait eu la chance, comme moi, d'avoir croisé cet étonnant personnage.

C'est bien sous le signe de la prospérité que commence l'existence de Gian Giacomo Feltrinelli. Sa famille est richissime. Son père, Carlo, a amassé une immense fortune. À sa mort, en 1936, on l'a évaluée à six cents millions de dollars de l'époque !

Carlo Feltrinelli s'était d'abord enrichi dans le commerce du bois, puis il avait fondé une banque, créé une compagnie d'électricité et acheté des domaines dans le monde entier. Bien entendu, il entretenait les meilleurs rapports avec le pouvoir de l'époque, c'est-à-dire le régime fasciste de Mussolini. C'est même dans une villa appartenant aux Feltrinelli, au bord du lac de Garde, que le dictateur italien trouvera son dernier refuge. Avant d'être exécuté sommairement par des partisans.

Le jeune Gian Giacomo est loin de partager les idées paternelles, c'est le moins qu'on puisse dire ! Très vite, il penche à gauche, et il fait même partie d'un corps de partisans antifascistes à la fin de la guerre. Sa mère, qui après la mort de son mari dirige l'empire familial avec poigne, apprécie modérément. Mais elle ne bronche pas. Sans doute estime-t-elle qu'il n'est pas inutile d'avoir un fils dans le camp des vainqueurs !

Dès la fin de la guerre, Gian Giacomo Feltrinelli s'engage politiquement. Il s'inscrit au parti socialiste, où il fait la rencontre de sa première femme, mais en 1948, lors de la scission du parti, il choisit de partir avec les communistes. Un communiste milliardaire, ce n'est évidemment pas courant, et la plupart de ses camarades de parti le considèrent d'abord avec une certaine méfiance. D'autres, plus réalistes, se disent que sa fortune peut rendre des services. D'autant que ses convictions semblent sincères. Finalement, Feltrinelli parvient donc à se faire accepter. Même s'il lui est difficile d'être un militant tout à fait comme les autres.

Parallèlement à ses activités politiques, il mène une remarquable carrière professionnelle. Alors qu'il pourrait vivre de ses rentes ou développer l'empire Feltrinelli déjà existant (essentiellement des bois et des propriétés foncières), cet homme cultivé et entreprenant choisit de se lancer dans une tout autre activité : l'édition.

Il publie d'abord des ouvrages conformes à ses idées, quoique sans grande originalité : les œuvres complètes de Marx, Lénine et Engels. Mais rapidement il va devenir un vrai, un grand éditeur. Grâce à sa première femme – il aura quatre épouses avec lesquelles il restera toujours en bons termes et qui seront pour lui d'excellentes collaboratrices et conseillères – , il met la main sur un manuscrit inédit : *Le Docteur Jivago*, de Boris Pasternak. L'ouvrage est interdit de parution en URSS. Feltrinelli en acquiert les droits mondiaux et le publie. C'est un énorme succès de librairie, d'autant que Pasternak reçoit l'année suivante le prix Nobel.

Il faut noter au passage que le choix de Pasternak, traité en pestiféré par le régime soviétique, trahit une incontestable évolution politique de Feltrinelli. Il a déjà commencé à s'éloigner des communistes et il ne va pas tarder à rompre avec eux pour se rapprocher des milieux d'extrême gauche.

Sur le plan éditorial, en tout cas, sa carrière se poursuit de manière tout aussi brillante. Un an après *Le Docteur Jivago*, conseillé cette fois-ci par sa seconde femme, il réussit un autre coup littéraire retentissant en publiant *Le Guépard* de Giuseppe Tomasi di Lampedusa, un roman dont aucun éditeur italien n'a voulu!

Cette fois, c'est la consécration. Gian Giacomo Feltrinelli va désormais publier les plus grands écrivains du monde entier. Surtout les auteurs contestataires, car, malgré sa rupture avec le PCI, il reste malgré tout un militant. Il édite ainsi Ginsberg,

Grass, Miller, Tasca, Marcuse et, plus tard, Régis Debray. Éditeur de tous les écrivains de gauche, et même d'extrême gauche, il n'hésite jamais à payer de sa personne. Au moment du procès de Régis Debray, il se rend en Bolivie pour le soutenir. Il rencontre Fidel Castro, il s'enthousiasme pour Che Guevara dont il éditera le journal. Et quand vient mai 1968, il manifeste à Berlin au côté du leader étudiant allemand Rudi Dutschke...

Mais cet enthousiasme révolutionnaire (ce romantisme ?) débouche-t-il sur un engagement réel ? Alors que l'Italie entre dans une terrible période, où terroristes d'extrême gauche et d'extrême droite vont rivaliser de violence, jusqu'où est allé Feltrinelli ? Financier de la révolution, a-t-il lui-même mis la main à la pâte ? C'est la grande question et la réponse n'est pas aisée. Ce qui est sûr, en tout cas, c'est que, brusquement, au lendemain de l'attentat de Milan, l'éditeur disparaît et choisit la clandestinité. Il semble difficile de croire au hasard.

Le 12 décembre 1969, à 16 h 37, une bombe éclate dans la grande salle de la Banque de l'Agriculture, à Milan. Il y a foule. C'est un véritable carnage : la salle est complètement dévastée, dix-huit personnes sont tuées, quatre-vingt-dix autres blessées. La charge, composée d'une dizaine de kilos de dynamite, avait été placée dans une valise. Ce spectaculaire attentat marque le commencement de ce qu'on va appeler en Italie les « années de plomb ». Bombes, fusillades, assassinats, enlèvements : le pays tout entier plonge peu à peu dans la violence.

Après l'attentat, en tout cas, ce sont aussitôt les milieux d'extrême gauche qui sont montrés du doigt. Feltrinelli, figure emblématique des organisations révolutionnaires, préfère quitter clandestinement le pays. Il n'a pas forcément tort, tant les esprits sont échauffés... Quant à l'enquête, menée avec une précipitation suspecte, elle est émaillée d'incidents pour le moins curieux.

Très vite, on arrête un anarchiste, Pinelli. Mais l'homme « se suicide » pendant son interrogatoire, en se jetant par la fenêtre.

Après cet événement dramatique, un autre anarchiste est appréhendé. Il s'appelle Valpreda. Au bout de plusieurs années de détention, il finira par être reconnu innocent. Deuxième échec pour la police. On comprend mieux lorsqu'on sait que l'enquête est menée par un étrange personnage du nom de Calabresi. Un commissaire de police au style play-boy, qui se pique aussi de journalisme et s'est spécialisé dans la lutte contre l'extrême gauche.

C'est de son bureau que Pinelli saute par la fenêtre ; plus tard, c'est encore lui qui arrête Valpreda. Il est donc toujours aux avant-postes et s'obstine à imputer la responsabilité du massacre de Milan aux gauchistes italiens. Or c'est faux. Quand la vérité finira par se faire jour, on découvrira que l'attentat de Milan a été fomenté par des néofascistes et non par des militants d'extrême gauche. De là à penser que ce Calabresi était lié à l'extrême droite...

Feltrinelli, qui était bien informé, avait certainement deviné que Calabresi et d'autres policiers du même acabit profiteraient de cet attentat pour donner un grand coup de balai dans les milieux d'extrême gauche italiens. Peut-être même était-ce le véritable objectif poursuivi par les vrais instigateurs de cette tuerie. Feltrinelli, porte-drapeau des révolutionnaires, était forcément en première ligne. Alors il a trouvé plus prudent de prendre la fuite ! Au risque d'ailleurs d'alimenter tous les soupçons.

Ses activités durant son exil sont floues et mal connues. Il semble qu'il ait beaucoup voyagé et on prétend même qu'il aurait fondé un mouvement terroriste, le GAP, Groupe d'action partisan. En 1970, on l'aurait vu à Beyrouth, prenant contact avec le FPLP de Georges Habbache, en 1971, à Berlin, Amsterdam et Paris. C'est là que je l'ai rencontré. La présence sur notre territoire d'un personnage de la stature de Feltrinelli ne pouvait pas laisser les services indifférents. Même si nous n'avions, pour notre part, rien à lui reprocher sinon quelques vétilles comme l'utilisation de multiples documents d'identité.

L'éditeur est donc recherché par les autorités italiennes. Tandis que le mystérieux GAP, créé en septembre 1970 – que Feltrinelli en soit ou non le chef –, passe bientôt à l'action. Cambriolages, attaques à main armée, enlèvements, assassinats lui sont attribués par la police.

On le sait, Gian Giacomo Feltrinelli finit par rentrer en Italie puisque le 15 mars 1972 on découvre son corps, une jambe arrachée, au pied d'un pylône d'une ligne à haute tension... Pourquoi et comment l'éditeur est-il revenu dans son pays?

Curieusement, c'est le commissaire Calabresi qui arrive le premier sur les lieux. Malgré la présence sur le cadavre de faux papiers, le policier identifie aussitôt Feltrinelli. Exactement comme s'il savait d'avance que c'était le corps de l'éditeur qu'il allait découvrir. Peu après, la police donne sa version, qui restera la version officielle : l'éditeur a voulu commettre un attentat et il a trouvé la mort en manipulant les explosifs.

En dépit des certitudes officielles, beaucoup de points demeurent obscurs... Il semble en effet que Feltrinelli n'ait pas agi seul. Une camionnette était garée à proximité du pylône et des témoins ont affirmé qu'une autre voiture avait été vue dans les environs. Alors, si des comparses accompagnaient l'éditeur, pourquoi est-ce lui, myope comme une taupe et dépourvu de tout talent manuel, qui aurait été chargé de placer cet explosif à trois mètres de hauteur?

Autre question : la bombe, en explosant, lui a arraché la jambe. C'est d'ailleurs l'hémorragie qui a vraisemblablement provoqué sa mort. Mais, étrangement, son visage est resté intact, ses mains également. Or, si l'explosion avait eu lieu alors que Feltrinelli était en train d'installer la charge, il aurait dû avoir les mains arrachées.

Ensuite, dans la camionnette restée sur place, les enquêteurs, toujours dirigés par le fameux Calabresi, trouvent un manteau de loden vert. Ils cherchent bien sûr en priorité à identifier le propriétaire du véhicule. Mais cette camionnette a été vendue à plusieurs reprises... Finalement, le vrai possesseur est identifié :

il s'agit d'un certain Fiorini, qui n'est pas inconnu des services de police.

C'est un jeune professeur de littérature, qui milite dans une organisation extrémiste, Pouvoir ouvrier. Il est établi que le loden vert de la camionnette lui appartient. En outre, les faux papiers retrouvés sur Feltrinelli ont été établis au nom du directeur de l'école où ce Fiorini enseigne.

Malgré tous ces indices concordants, la police tarde bizarrement à appréhender le professeur. Et quand, enfin, elle se décide, l'oiseau a pris la fuite. Son domicile est perquisitionné : on y trouve des armes, des explosifs, des documents sur la préparation d'attentats et même des papiers appartenant à Feltrinelli. Conclusion : il semble qu'on ait laissé fuir Fiorini, tout en s'arrangeant pour découvrir chez lui des indices permettant d'établir que l'éditeur était à la tête d'un véritable complot gauchiste...

La suite est encore plus troublante : les disparitions mystérieuses se succèdent, ajoutant encore à l'obscurité de l'affaire. Cinq ou six jours après la mort de Feltrinelli, un étudiant, membre lui aussi de Pouvoir ouvrier, se suicide. Peu après, une étudiante gauchiste meurt dans un curieux accident de voiture; puis c'est un leader néofasciste qui est retrouvé noyé. Et, enfin, un avocat qui avait dénoncé la responsabilité de l'extrême droite dans l'attentat de Milan se jette par la fenêtre de la clinique où il se reposait.

Mais le plus étonnant est à venir : deux mois après la mort de Feltrinelli, le célèbre commissaire Calabresi est abattu de trois balles de revolver. Bien entendu, on ne mettra jamais la main sur son ou ses assassins! Même si, vingt ans plus tard, trois gauchistes seront accusés et condamnés malgré l'absence de preuves.

Selon toute évidence, ces « disparus » connaissaient la vérité, ou du moins une parcelle de la vérité, et on les a tués pour les empêcher de parler. Cette vérité mortelle était liée sans aucun doute aux conditions dans lesquelles Feltrinelli est rentré en Italie.

Toujours d'après la police, l'éditeur serait revenu dans son pays à seule fin de commettre cet attentat contre le pylône. Mais quand on examine son emploi du temps dans les jours qui précèdent sa mort, rien n'indique qu'il préparait ce retour. Le lendemain du jour où il a trouvé la mort, il avait même rendez-vous à l'étranger avec sa troisième femme et leur fils afin de régler d'importantes questions juridiques. En revanche, il est certain que Feltrinelli se savait menacé. Trois semaines avant de mourir, il avait même indiqué à ses proches le nom de deux personnes susceptibles de le tuer. Se serait-il, dans ces conditions, jeté dans la gueule du loup ?

Il est tentant d'imaginer qu'il n'est pas venu en Italie de son plein gré. Bref, il a été enlevé ! Drogué, Feltrinelli est conduit à l'endroit où se trouvent les pylônes. Là, on simule un attentat raté, ce qui est l'enfance de l'art pour des hommes expérimentés. Et on supprime l'encombrant personnage.

Mais de qui s'agit-il ? En l'absence d'informations sûres, je ne peux que faire des hypothèses. Toutefois, le mode opératoire très sophistiqué trahit sans aucun doute l'intervention d'un commando action appartenant à un service secret. Et, presque naturellement, je pense aux services italiens, qui étaient alors largement infiltrés par l'extrême droite. Le but de l'opération aurait été à la fois de se débarrasser de Gian Giacomo Feltrinelli, et d'accuser les gauchistes italiens coupables de fomenter des attentats.

Seulement, les instigateurs ont ainsi ouvert la boîte de Pandore. La violence appelle la violence. Bientôt, ce sera l'engrenage infernal. Les Brigades rouges entrent en action et, cette fois, le terrorisme d'extrême gauche va véritablement se déchaîner, avec les conséquences qu'on connaît. C'est dans cette mesure que la mort de Gian Giacomo Feltrinelli – ou plus vraisemblablement son assassinat – a été un événement majeur dans l'histoire récente de l'Italie !

13.

Mort dans un terrain vague

Restons en Italie.

Mon carnet s'ouvre de lui-même au 2 novembre 1975, jour des morts, selon le calendrier chrétien. Une date que je ne pourrai oublier car c'est aussi celle de la mort du cinéaste Pasolini. Je ne le connaissais pas, j'étais simplement l'un de ses admirateurs. C'est l'unique raison qui m'a poussé à m'intéresser à cette affaire. Considérez-la donc comme une parenthèse. Ici, nulle intervention des services secrets, nulle machination occulte. Et pourtant, l'assassinat de Pasolini est certainement plus mystérieux qu'il n'y paraît. C'est ce qu'il ressort indubitablement des informations que j'ai recueillies auprès de quelques amis italiens bien introduits dans les milieux de la police.

C'est donc le 2 novembre que le corps ensanglanté de Pier Paolo Pasolini est retrouvé dans un terrain vague, près de la plage d'Ostie, non loin de Rome. Le cinéaste a été roué de coups et les premières constatations permettent d'établir qu'une voiture a roulé sur son corps.

Ce qui frappe immédiatement les enquêteurs et les amis de la victime, c'est le lieu où a été perpétré le meurtre : une sorte de décharge sauvage hérissée de petites cabanes, un bidonville où, la nuit, se nouent des rencontres de hasard. Prostitués des deux sexes, silhouettes furtives, automobiles qui s'arrêtent un instant aux franges de ce cloaque : c'est le décor de la dernière scène de La Dolce Vita *de Fellini.*

C'est aussi un paysage que Pier Paolo Pasolini lui-même a souvent décrit dans ses films ou ses romans. Le réalisateur, fasciné par la beauté sauvage des adolescents marginaux, s'est plu à filmer ces endroits aussi violents qu'équivoques. D'ailleurs, Pasolini ne faisait pas mystère de son attirance pour les jeunes mauvais garçons. Alors, a-t-il été victime de son goût pour les amours masculines et dangereuses? À l'évidence, oui. Et l'enquête va rapidement s'orienter dans ce sens... Mais la personnalité de la victime exigeait qu'on se posât des questions autrement complexes.

Pier Paolo Pasolini, 53 ans, engagé de toujours, « enragé » comme il le disait lui-même, occupait une place à part sur la scène italienne. Cinéaste de la démesure et de la provocation, poète sulfureux et mystique, écrivain proche du parti communiste, homosexuel flamboyant, Pasolini s'était attiré de nombreuses haines. L'Église, les milieux conservateurs et bien-pensants le vouaient aux gémonies. Mais à gauche aussi, ses provocations, son non-conformisme, dérangeaient.

Alors, c'est à juste titre que cette mort sordide, louche, une mort qui lui ressemblait, en quelque sorte, a suscité immédiatement des interrogations. Comment croire qu'un tel personnage ait été la victime d'un crime ordinaire? Non, il y avait autre chose, un mystère, un complot peut-être. Bref, il s'agissait d'un crime politique... Alors qu'en est-il exactement? Un quart de siècle plus tard, voici ce que je puis affirmer avec certitude.

Pour ne pas s'égarer, il faut d'abord retracer avec précision les circonstances de la mort du cinéaste... Le soir du 1er novembre, à 22 heures, Pasolini quitte les amis avec lesquels il a dîné dans un restaurant du bord de la mer et prend la route de Rome à bord de sa voiture, une superbe Alfa-Romeo. Il est seul et il est en quête d'une aventure d'un soir.

Pasolini se rend là où il a ses habitudes, aux alentours de la gare Termini, au centre de Rome. Chaque nuit, des jeunes y font le trottoir. Des paumés, des petits durs, des ragazzi, comme on dit en Italie, des prostitués qu'il connaît bien et qu'il a souvent mis en scène dans ses films... Ce soir-là, son choix se porte sur un certain Giuseppe Pelosi, un garçon de dix-sept ans, surnommé « Pino la Grenouille » à cause de ses yeux rappelant vaguement ceux d'un batracien.

Pour vingt mille lires, le cinéaste fait monter sa recrue dans son auto. Il lui offre d'abord à dîner dans une trattoria, puis il prend la direction d'Ostie, vers ce terrain vague où quelques noctambules viennent consommer leurs amours interdites. Il devait sans doute trouver une sorte de piment supplémentaire à faire l'amour dans ce décor de misère, qui lui rappelait la violence de ses films. D'ailleurs, il aimait le risque, les sensations fortes et, sans être un athlète, il était sportif, d'un gabarit plutôt petit, mais sec, musclé.

Le cinéaste arrête son Alfa-Romeo au lieu dit Idrosacalo... J'y suis allé faire un tour, plus tard, à l'occasion d'un voyage à Rome, et je peux assurer que l'endroit ne donne guère envie de s'y attarder. Ce ne sont que détritus, carcasses rouillées, épaves diverses. Et ce jour-là j'ai même découvert, à côté du monument que les amis de Pasolini ont érigé en sa mémoire, un vieux frigo qui gisait, éventré. Bref, un lieu à faire peur, surtout la nuit!

Pino la Grenouille et Pasolini ne sortent pas de la voiture et se livrent à quelques ébats, de ceux dont on a beaucoup parlé à propos du président Clinton. Mais soudain, selon la version que donnera plus tard Pino la Grenouille, le cinéaste se fait plus exigeant. Et le garçon refuse!

Il s'ensuit une discussion qui s'envenime. Pasolini devient violent. Pino la Grenouille sort de la voiture, Pier Paolo aussi. Ce dernier se saisit d'un morceau de planche qui traîne par terre. Il en frappe le garçon qui court pour échapper à son agresseur et parcourt une soixantaine de mètres. Mais Pino la Grenouille, à son tour, trouve une arme, un morceau de bois qu'il arrache à une clôture. Quand Pasolini se présente devant lui, il le frappe à la tête et au visage. Le cinéaste s'écroule.

Devant le corps ensanglanté qui gît dans la boue et les ordures, Pino la Grenouille panique. Il court vers la voiture de

Pasolini, monte dedans. Il veut fuir. Il essaie de démarrer, mais il n'a pas l'expérience de la conduite... Enfin, le moteur gronde. Le ragazzo passe une vitesse. La voiture bondit, échappe à son contrôle et roule sur le corps inanimé de Pasolini.

Ensuite, Pino la Grenouille se ressaisit. L'Alfa-Romeo sort enfin du terrain vague, débouche sur la grand-route comme un bolide et file vers Rome. Mais sa vitesse excessive alerte un véhicule de patrouille des carabiniers. Ceux-ci la prennent en chasse. Pino la Grenouille accélère encore et finit par emboutir une palissade. Il est arrêté. Très vite, il avoue le meurtre, tel qu'il vient d'être relaté...

Voilà pour la version officielle. Mais autant le dire tout de suite, ce récit, qui sera retenu par la police, puis par la justice qui condamnera le jeune homme sur ces bases, me semble totalement invraisemblable !

Voyons d'abord les circonstances de la bagarre. Pasolini était un costaud, rompu aux activités sportives, se livrant à un entraînement régulier, alors que Pino la Grenouille était, au contraire, un gringalet. Le jeune homme était incapable de faire le poids. C'est d'autant moins crédible quand on prend en compte l'état de la victime.

D'après le rapport d'autopsie, le cinéaste a été, en effet, littéralement massacré... Pasolini était couché sur le ventre, en jean et maillot de corps, un bras écarté et l'autre sous la poitrine. Les cheveux, poisseux de sang, lui retombaient sur le front. Le visage déformé était noirci par les hématomes et les blessures. Les mains et les bras étaient meurtris et ensanglantés. Les doigts de la main gauche étaient fracturés et coupés. La mâchoire gauche était brisée, l'oreille droite à moitié coupée, l'oreille gauche arrachée. Le corps portait en outre des blessures sur les épaules et la poitrine, avec les marques des pneus de la voiture. Il présentait aussi entre le cou et la nuque une horrible lacération, et aux testicules une ecchymose large et profonde. Il avait aussi le sternum et dix côtes brisées. Enfin le foie était lacéré en deux points et le cœur avait éclaté...

Il est exclu qu'un adversaire aussi fluet que le jeune prostitué ait pu causer des dommages aussi terrifiants.

Quant à la voiture qui bondit et qui échappe à son conducteur, cela relève du mauvais roman !... Selon Pino la Grenouille, la rixe mortelle se serait passée à une soixantaine de mètres de l'auto. Il est difficile, dans ces conditions, de penser que celle-ci soit allée justement rouler sur le corps en quittant le terrain vague.

Et le motif présumé de la querelle ? Comment le garçon aurait-il pu refuser une faveur supplémentaire à son client ? Le ragazzo se prostituait de manière régulière et n'ignorait rien des pratiques de l'amour masculin. Pourquoi aurait-il été choqué ?

Autre chose : toujours selon les déclarations du garçon, il y aurait eu bagarre et Pasolini l'aurait frappé. Or, quand il a été arrêté, Pino la Grenouille ne portait aucune trace de coup...

En fait, rien, dans ses aveux, ne résiste à l'analyse. Et c'est si vrai que les juges, même s'ils l'ont condamné, ont dû le reconnaître. Le meurtre a en effet été qualifié par les magistrats d'« homicide avec le concours d'inconnus ».

Mais ces inconnus sont justement restés inconnus ! Car l'enquête a fait preuve, à ce sujet, d'une singulière négligence. On a retrouvé, par exemple, des empreintes digitales ensanglantées sur la carrosserie de la voiture de Pasolini. Empreintes qui n'étaient ni celles du cinéaste ni celles du garçon : aucune recherche n'a été faite pour savoir à qui elles appartenaient. Même négligence pour les objets découverts toujours dans la voiture : un tee-shirt et un briquet qui n'appartenaient pas plus à Pasolini qu'à Pino la Grenouille.

L'enquête a donc multiplié les carences. Devant cette incurie, les amis de Pier Paolo Pasolini, la gauche et surtout l'extrême gauche, ont crié à la machination policière visant à couvrir un crime politique. Mais force est de reconnaître que cette thèse non plus n'est pas crédible. Même les proches du cinéaste ont fini par l'abandonner, sans pour autant se satisfaire des médiocres conclusions de l'enquête. Pour eux, à coup sûr, Pasolini a été assassiné. C'est-à-dire qu'il a été victime d'un meurtre avec préméditation.

Très vite, dans la presse italienne, on a émis l'hypothèse que Pino la Grenouille n'était pas seul. Et, assez rapidement, deux frères ont été arrêtés, deux gosses perdus de quatorze et quinze ans, des amis du jeune prostitué. Ils s'étaient vantés auprès de leurs copains d'avoir tué le cinéaste. L'information est remontée jusqu'aux carabiniers, qui les ont interpellés. Mais ils ont compris bien vite que ces gosses étaient des affabulateurs et l'affaire en est restée là. Pourtant, malgré les réticences de la police, l'idée du crime collectif a continué à faire son chemin...

C'est une journaliste très connue dans son pays, Oriana Fallaci, qui a découvert ce qui m'apparaît aujourd'hui comme étant la vérité. Elle a effectué le travail que les policiers n'avaient pas entrepris : en commençant par interroger systématiquement les témoins. Car il y en avait ! Mais ces gens qui se trouvaient eux-mêmes en situation délicate sur le terrain vague ne s'étaient naturellement pas précipités chez les carabiniers pour témoigner...

Devant Oriana Fallaci, au contraire, ils ont osé parler. Leurs versions sont concordantes et les détails qu'ils ont donnés sont des plus troublants... Voici donc le meurtre, tel qu'on peut le reconstituer avec une quasi-certitude.

Les agresseurs étaient au nombre de trois. Pino la Grenouille a été chargé par ses deux complices d'appâter Pier Paolo Pasolini à la gare Termini, ce qui n'a pas dû présenter de difficulté pour lui. Malgré ses yeux de grenouille, son allure de petite frappe et sa beauté un peu canaille en font exactement le genre de garçon que Pasolini recherche habituellement. L'appât idéal !

Maintenant, pourquoi les trois jeunes gens ont-ils tendu un guet-apens au cinéaste ? Sur ce point, on en est réduit aux hypothèses, mais on peut imaginer un scénario comme celui-ci... Tous trois connaissent Pasolini de visage car c'est un habitué de la gare Termini et du terrain vague. Ils le connaissent, mais ils ne savent pas qui il est.

Or, par hasard, peut-être en ouvrant un magazine sur lequel figure une photo du cinéaste, l'un d'eux identifie Pasolini et il se dit qu'il y a un bon coup à faire ! Il ne peut s'agir de chantage : le cinéaste est un homosexuel militant, qui ne se cache pas. Non, dans leur esprit, un homme célèbre doit forcément être riche, d'où l'idée de l'amener dans le terrain vague pour lui faire rendre gorge.

Tout marche selon leur plan... Quand Pasolini arrive à Ostie en compagnie de Pino la Grenouille, celui-ci l'invite à entrer dans une cabane qu'il connaît bien. Ainsi, ils seront tranquilles et pourront donner libre cours à leurs ébats sans être dérangés... Mais dans la cabane se trouvent les deux autres garçons et, dès que Pasolini entre, ils se précipitent sur lui et le frappent à coups de bâton. Après avoir subi une telle correction, pensent-ils, le cinéaste ne pourra plus rien leur refuser. Mais ils ne peuvent pas deviner que Pasolini est un athlète. L'agressé leur oppose une résistance acharnée !

Pasolini réussit même à s'échapper. Il sort de la cabane et court vers sa voiture... Les autres le poursuivent. Ils le rattrapent, tentent de l'extraire du véhicule. Le cinéaste résiste, il arrache même le tee-shirt d'un des assaillants, ce tee-shirt qu'on va retrouver dans l'Alfa-Romeo, de même que le briquet, échappé des poches d'un des garçons au cours de la lutte.

En tout cas, les agresseurs finissent par le sortir de l'auto et la bagarre reprend sur le terrain vague. Pasolini est à bout de forces. Roué de coups, il finit par s'écrouler. Les trois garçons comprennent soudain dans quelle situation ils se trouvent. Leur victime est dans un état effroyable, peut-être mortellement blessée. Il faut l'achever !

La scène finale est la plus atroce. L'un d'eux prend le volant et roule à plusieurs reprises sur le corps. Puis tous trois s'enfuient, les deux premiers sur la moto qui les a conduits jusque-là, Pino la Grenouille dans l'Alfa-Romeo de Pier Paolo.

Bien sûr, en agissant ainsi, le ragazzo de Termini a toute chance de se faire prendre, mais les deux autres l'ont sans doute convaincu d'accepter de porter seul le chapeau... Ils ont, pour cela, de bons arguments. D'abord, Pino la Grenouille est, de toute façon, pratiquement certain d'être interpellé. C'est en effet le seul des trois garçons à avoir été vu en compagnie de la victime : à la gare et dans le restaurant, où il a dîné en compagnie du cinéaste.

Donc, ses complices lui tiennent un discours de ce genre : « Les flics vont forcément t'avoir. Alors, autant t'accuser. Et si tu plaides la légitime défense, tu t'en sortiras ! » Ils ajoutent sans doute qu'étant mineur, il ne restera pas longtemps en prison et, très vraisemblablement, ils lui donnent ou lui promettent de l'argent. D'où l'absurde récit que Pino la Grenouille va faire devant les carabiniers...

L'affaire en restera là, car, malgré les révélations d'Oriana Fallaci, la police refusera de reprendre l'enquête. On n'a jamais su vraiment pourquoi. Mais on peut imaginer, sans crainte de se tromper, que cette mort sordide arrangeait beaucoup de monde : l'opinion publique, que Pasolini provoquait régulièrement, le monde politique que son non-conformisme irritait et l'Église qu'il agressait en permanence. Pasolini était un gêneur. Alors, n'était-il pas plus pratique d'adopter la thèse de Pino la Grenouille ? Pasolini avait péri par là où il avait péché : en cherchant à violer un jeune prostitué. Inutile de chercher plus loin !

Voilà pourquoi, moi qui ne l'ai pas oublié, j'ai voulu à mon tour raconter cette histoire. Comme un dernier hommage à sa mémoire.

Pasolini, malgré sa célébrité, ses amis, ses admirateurs, était terriblement isolé et, sous ses provocations, il pressentait depuis longtemps le sort qui l'attendait. J'en veux pour preuve un poème prémonitoire, qu'il écrivit peu avant sa mort et dont j'extrais ces vers :

Je suis comme un chat brûlé vif
Écrasé par le pneu d'un camion [...]
J'observe mon propre massacre
Avec le courage serein d'un savant.

14.

La machine à tuer

Je n'aime pas les grands mots mais je déteste par-dessus tout l'injustice. Toutes les injustices. Surtout lorsqu'elles frappent un homme tel que celui-là. Henri Curiel. Un personnage pratiquement inconnu du grand public. Et pourtant !... Ce « moine de la révolution », comme on l'a appelé, a fasciné tous ceux qui l'ont rencontré.

L'annonce de son assassinat a créé un véritable choc dans les milieux intellectuels et chez tous ceux qui s'intéressent à l'actualité politique. Car l'homme a joué un rôle considérable dans l'histoire du dernier demi-siècle. Un rôle souvent officieux. Henri Curiel, juif apatride né en Égypte, militant communiste en marge de tous les partis, n'a jamais cherché à se mettre en avant mais aucun combat pour la justice et la liberté ne l'a laissé indifférent. Et il a lutté dans l'ombre pour son idéal, de toutes ses forces, jusqu'à la fin.

Deux ans avant sa mort, son nom a pourtant été prononcé dans la grande presse. En 1976, un important hebdomadaire publie un article dans lequel Curiel, animateur d'une organisation nommée Solidarité, est accusé d'être le patron d'un réseau d'aide aux terroristes internationaux. Selon le journaliste, ce réseau, qui apporte en France une aide morale et matérielle aux révolutionnaires du tiers-monde, dissimule en réalité une entreprise d'infiltration de ces mouvements par le KGB. Curiel, espion soviétique, serait donc le pivot d'une internationale terroriste allant du Japon à la République dominicaine.

Curiel lui-même ainsi que tous ses amis ont nié cette accusation dénuée pour eux de tout fondement. Mais, après la parution de cet article, la DST, notre service de contre-espionnage, a cru bon d'assigner Curiel à résidence à Digne... Assignation à résidence levée lorsqu'il s'est avéré, semble-t-il, que le dossier d'accusation était vide. Mais, quelques mois seulement après son retour à Paris, Curiel est abattu. Et dès lors, on peut légitimement se demander si la campagne de presse déclenchée contre lui ne l'a pas désigné à ses assassins.

C'était donc il y a un peu plus de vingt ans... Le 4 mai 1978, exactement. Il est 14 heures. Un homme d'une soixantaine d'années, grand et maigre, légèrement voûté, sort de son appartement, rue Rollin, à Paris. Il entre dans l'ascenseur, appuie sur le bouton du rez-de-chaussée.

Au même moment, deux hommes jeunes, en jean et blouson, les mains gantées, les yeux dissimulés par des lunettes de soleil, traversent la cour de l'immeuble en courant.

Dans la cage d'escalier, l'ascenseur s'arrête au rez-de-chaussée. Aussitôt, les deux hommes surgissent dans le hall. Ils sont tous les deux armés d'un pistolet. L'un d'eux tire sur le passager de l'ascenseur, à travers la vitre. Trois balles. Presque à bout portant. Dans la cabine, l'homme âgé s'écroule. Déjà, les deux tueurs ont disparu. Ils courent dans la petite rue Rollin, grimpent l'escalier au fond et disparaissent.

Des voisins, alarmés par le bruit des détonations, surgissent dans le hall. On appelle Police-Secours. Henri Curiel vit encore. Il a sorti un carnet de sa poche. Il essaie d'écrire. Ses derniers mots. Bientôt, dans quelques minutes, il va mourir. Les tueurs étaient incontestablement des professionnels. Ils ne lui ont laissé aucune chance.

L'exécution est peu après revendiquée par les commandos Delta. Delta, comme les commandos de l'OAS qui tuaient et plastiquaient vingt ans plus tôt. Il est évident que les assassins n'ont pas choisi ce nom au hasard.

Inutile de le nier, Curiel était connu des services depuis très longtemps. Tous les services. Même la Sécurité militaire... Il faut dire qu'il avait tout fait pour susciter leur curiosité. Depuis bien longtemps. Pourtant ce n'était ni un espion ni un terroriste. Mais ses activités l'ont forcément mis en contact avec des gens qui fricotaient avec les services étrangers ou avaient des relations avec des terroristes.

La vie d'Henri Curiel est un roman. Il est né en Égypte, en 1914, dans une famille de juifs fortunés. Des banquiers installés dans le pays depuis l'expédition de Bonaparte. Des gens passionnément francophiles. Sa jeunesse est dorée : Curiel fait ses études dans une école dirigée par des jésuites français mais il passe régulièrement ses vacances en France. L'adolescent se passionne pour la littérature et les jeunes filles. Et, tout naturellement, lorsqu'il arrive au terme de ses études, il est appelé à prendre la succession de son banquier de père. Mais cette perspective n'enchante guère le jeune romantique. Car une jeune fille, une de plus, vient d'entrer dans sa vie. Celle-là, qui deviendra sa femme, lui fait découvrir la réalité de l'Égypte... C'est-à-dire l'effroyable misère du peuple égyptien.

Le pays est alors sous occupation britannique et les paysans sont férocement exploités. Les gosses travaillent dès l'âge de sept ans... Des enfants atteints de bilharziose, comme leurs parents, souvent tuberculeux, que les contremaîtres européens dirigent à coups de fouet. À l'époque, en Égypte, l'espérance de vie ne dépasse pas vingt-cinq ou vingt-sept ans.

Le jeune Curiel, fils de banquier, est ému par cette situation. En compagnie de sa future épouse, il rencontre physiquement cette misère lorsqu'il va soigner les paysans. Et sa vie bascule à partir de ce moment. Car il a vu de ses propres yeux ce qu'était l'exploitation de l'homme par l'homme !

Il refuse d'abord de devenir banquier. Ensuite, il commence à militer et diffuser ses idées parmi la petite colonie européenne du Caire. Mais en même temps il regarde avec inquiétude la montée de l'extrême droite en Europe. Curiel, comme tous les siens, est farouchement antifasciste ! Et lorsque la guerre menace, il tente de s'engager dans l'armée française. Mais il est refusé car sa famille, curieusement, a la nationalité italienne.

Cette rebuffade n'empêche pas le jeune homme de créer un mouvement favorable aux gaullistes et à la cause alliée. Une initiative courageuse : les Égyptiens, hostiles à l'occupation anglaise, sont en majorité pro-allemands. Curiel va payer très cher cet engagement. En 1942, la police l'arrête à l'insu des autorités britanniques. L'Afrika Korps du maréchal Rommel semble alors en mesure de prendre Le Caire. Les Égyptiens veulent pouvoir offrir quelques juifs aux nazis en guise de cadeau de bienvenue !

En prison, Curiel se retrouve avec des Égyptiens soupçonnés d'être pro-allemands et arrêtés en tant que tels par les Britanniques ! Les conséquences de ce compagnonnage forcé sont assez inattendues pour Curiel. Le jeune antifasciste ne peut pas être solidaire de ces hommes. Mais il les comprend ! S'ils sont opposés aux Britanniques, ils ne sont pas pour autant nazis. Ils veulent simplement leur indépendance et, dans ce combat, ils sont prêts à s'allier avec le Diable, c'est-à-dire avec l'Allemagne ! C'est donc en prison que Curiel découvre la force du sentiment national, la force de l'aspiration d'un peuple à l'indépendance. Une leçon qu'il n'oubliera jamais !

Curiel est libéré en 1943 après une grève de la faim menée en compagnie de ses codétenus... Il crée aussitôt un mouvement de libération nationale, d'inspiration communiste. Ce parti, bien organisé, bien structuré, va jouer un grand rôle dans les événements sanglants de 1946, lorsque, sous la pression populaire, les Anglais devront évacuer les grandes villes égyptiennes puis tout le pays. À ce moment-là, on pense que Curiel va enfin créer le parti communiste dont il rêve depuis si longtemps. Mais, malheureusement pour lui, de l'autre côté du canal de Suez, d'autres événements se préparent...

En 1948, l'État d'Israël est créé. Curiel approuve. Mais la première guerre israélo-arabe suit la naissance de l'État hébreu. Les Arabes sont battus. En Égypte, comme dans d'autres pays du Proche-Orient, on se retourne contre les juifs... Curiel est à nouveau jeté en prison ! C'est un terrible échec pour lui, militant révolutionnaire réduit en somme à sa judéité.

Il reste dix-huit mois interné dans un camp. Puis le roi Farouk ordonne son expulsion. La mort dans l'âme, Henri Curiel doit quitter l'Égypte. Déchu de sa nationalité, il n'y reviendra jamais.

Presque naturellement, il gagne sa seconde patrie, la France. Clandestinement car il ne possède pas de papiers. En outre, sa qualité de communiste égyptien ne fait pas de lui une personnalité très désirable. On le lui fait comprendre discrètement. Mais ce « sans-papiers » s'obstine et il restera dans la clandestinité jusqu'en 1960.

Curiel ne demeure pas pour autant inactif. Malgré sa déception, il demeure un militant communiste ! Mais il accumule les malentendus, les incompréhensions. Dès son arrivée en France, il prend contact avec le PCF. Il se trouve qu'au Caire, pendant la guerre, il a connu l'un de ses éminents dirigeants, André Marty. Mais, au début des années 50 – j'ai évoqué son destin plus haut –, Marty est en disgrâce et va être exclu du parti après une campagne de diffamation purement stalinienne. Conséquence pour Curiel, le PCF lui ferme ses portes.

Autre désillusion : en 1952, des officiers égyptiens chassent le roi Farouk. Aussitôt, Curiel approuve. Mais, pas de chance, en France le parti communiste considère qu'il s'agit là d'un coup militaro-fasciste ! Conclusion, Curiel est encore un peu plus tenu à l'écart. Et bientôt, en plongeant dans une clandestinité toujours plus dangereuse, il va devenir pour les communistes français un pestiféré, un homme dont il faut à tout prix se défier. Ces soupçons seront relayés par ceux des services français.

Étranges, les rapports de Curiel avec le mouvement communiste international ! L'exilé égyptien n'a jamais cessé de se proclamer communiste orthodoxe. Un fidèle de l'URSS ! Or, à l'évidence, les communistes officiels ne l'ont jamais reconnu comme un des leurs. Bien au contraire, ils n'ont cessé de le vilipender.

La clandestinité, donc. 1957, la guerre d'Algérie a commencé depuis trois ans. On brûle les mechtas, on exécute, on torture. En métropole, le parti communiste, qui a voté les pleins pouvoirs à Guy Mollet, ne s'est pas encore engagé pleinement contre cette guerre qui, officiellement, n'est encore qu'une opération de pacification... Mais à gauche, malgré la timidité des communistes et leur légalisme, certains intellectuels ont décidé de passer à l'action et d'aider directement le FLN. Il s'agit du réseau Jeanson, dont les membres vont être appelés, non sans un certain mépris, les « porteurs de valises » !

Curiel, bien qu'il réside irrégulièrement en France, décide de s'engager à fond dès qu'il apprend l'existence de ce réseau. Il est fidèle à lui-même puisque les Algériens mènent une lutte de libération nationale. Il met au service du réseau Jeanson tous ses talents : un courage à toute épreuve et surtout un remarquable sens de l'organisation. Son rôle est tellement essentiel dans le mouvement qu'après l'arrestation de Francis Jeanson il en devient l'animateur. En 1960, Curiel, à son tour, est arrêté. Pour la troisième fois de sa vie, il connaît la prison et reste enfermé à Fresnes pendant dix-huit mois, c'est-à-dire jusqu'à la fin de la guerre, en 1962. Fait étonnant, alors que dès son arrestation un arrêté d'expulsion lui a été signifié, lorsqu'il est libéré, on ne le chasse pas.

Je n'ai pas de preuve mais je suis persuadé que Curiel avait des amis haut placés. Des gaullistes, qui n'avaient pas oublié qu'au Caire, pendant la guerre, il avait rendu des services. Et à mon avis, s'il a pu vivre clandestinement en France pendant tant d'années, il le doit à ces amis. Il ne faut pas non plus oublier – c'est un détail qui m'a toujours frappé – que c'est Curiel qui avait obtenu que le général de Gaulle reçoive Ben Barka à l'Élysée. Mais l'opposant marocain a été enlevé avant de pouvoir rencontrer le président français...

Lorsqu'il sort de Fresnes, Curiel approche la cinquantaine. Il n'a pas du tout l'intention de prendre sa retraite, bien au contraire ! Et il met aussitôt sur pied une nouvelle organisation. L'idée de Curiel est de créer une sorte de mouvement d'aide et de formation à destination de tous les militants des luttes de libération nationale. D'une certaine façon, il veut faire profiter de son expérience et de son sens de l'organisation des militants qui, la plupart du temps, ignorent tout de la réalité de ce genre de lutte.

Reste la question du financement. Dans un premier temps, Curiel trouve de l'argent chez les Algériens qui lui sont légitimement reconnaissants. Mais, après la chute de Ben Bella, il devra chercher d'autres sources. En fait, désormais, il demande aux mouvements qui lui envoient des militants de payer leurs stages.

Son organisation, baptisée Solidarité, fonctionne comme un classique centre de formation. Elle doit quand même observer un minimum de discrétion. Dans les services de renseignement, on ne voit en effet pas d'un très bon œil tous ces révolutionnaires arriver dans notre pays. Mais c'est surtout à cause des services étrangers que Curiel est obligé d'agir dans une quasi-clandestinité. Parce que tous ces gens qu'il forme sont recherchés dans leur pays. En outre, il faut bien reconnaître qu'un tel centre enseigne des méthodes et des moyens pas tout à fait orthodoxes tels que la façon d'échapper à une filature, les procédés de chiffrement, le maniement d'armes et même celui des explosifs.

En recevant ces révolutionnaires et en leur dispensant cet enseignement, Curiel a-t-il contribué à former des terroristes ? La question est troublante. Ce que je peux simplement affirmer, c'est qu'à titre personnel Henri Curiel a toujours été farouchement opposé au terrorisme et à son utilisation dans les luttes de libération nationale. Mais cela n'empêche qu'il a été l'objet d'une surveillance incessante des services, quels qu'ils soient !

Curiel a essentiellement formé des militants du tiers-monde. Mais il a aussi reçu et aidé des Espagnols antifranquistes ou des Chiliens opposés au régime totalitaire de Pinochet. Il a également beaucoup travaillé avec les membres de l'ANC, le mouvement anti-apartheid en Afrique du Sud. Ce qui comptait d'abord pour lui, c'était de contribuer à ce que ces militants prennent le pouvoir chez eux et en chassent les impérialistes ou les dictateurs fantoches qui les représentaient.

Et les Palestiniens ? Les a-t-il aussi aidés ? En essayant de répondre à cette question, on approche au plus près du mystère de la mort d'Henri Curiel.

Étant donné son passé et ses origines, cet homme est particulièrement concerné par le conflit permanent qui oppose Israël à ses voisins arabes et au peuple palestinien. Curiel pense que la solution passe par une négociation pacifique entre les États arabes et Israël... Et donc la reconnaissance du peuple palestinien et la création d'un État. Il est persuadé qu'Israël ne pourra vivre en paix que si une négociation entre hommes de bonne volonté a lieu un jour. Et patiemment, dans son coin, il y travaille en utilisant ses nombreuses relations. Régulièrement, il organise des rencontres discrètes entre colombes des deux camps.

Peu de temps avant sa mort, il a ainsi réussi à réunir un général israélien et l'un des proches d'Arafat, Issam Sartaoui. Sartaoui qui, lui aussi, tombera un peu plus tard sous les balles des tueurs. Son action en faveur de la paix est donc incontestablement efficace. Mais elle gêne. Et tout particulièrement les faucons israéliens. Il ne faut pas oublier qu'à l'époque, dans les années 70, il est interdit aux Israéliens d'entrer en contact avec des dirigeants palestiniens.

Je pense donc que c'est du côté de Tel-Aviv qu'il faut chercher l'explication de l'assassinat de cet homme de paix. Ce qui ne signifie nullement que les exécutants ont été des hommes du Mossad. Tellement de gens avaient alors intérêt à éliminer Curiel...

Mais reprenons le fil des événements. Curiel est abattu alors qu'il sort de chez lui par deux jeunes hommes qui ne seront jamais retrouvés. Auparavant, il y a eu cet article publié par un grand hebdomadaire. Le journaliste qui signe l'article – c'est normal – ne fournira jamais d'informations sur ses sources. Mais moi je crois qu'on lui a apporté un dossier très documenté et fabriqué de toutes pièces par des gens habiles. Et seul un service peut être à l'origine d'un tel travail !

L'objectif est de neutraliser Curiel, l'empêcher d'agir. Et c'est le résultat qui est obtenu : après la publication de l'article, Curiel est assigné à résidence dans les Alpes. Mais plus d'un an après, le militant tiers-mondiste reçoit l'autorisation de regagner Paris : après enquête, la DST s'est rendu compte que les accusations portées contre lui ne tiennent pas la route.

Dès qu'il recouvre son entière liberté, Curiel reprend ses activités et son action pour rapprocher Palestiniens et Israéliens. Il est alors décidé d'utiliser des méthodes plus expéditives pour se débarrasser de lui !

Deuxième élément intéressant : à l'évidence, les deux tueurs sont parfaitement renseignés. Ils savent que Curiel va sortir de chez lui. Pourquoi sont-ils aussi bien renseignés ? Parce que l'appartement de Curiel a été « sonorisé », c'est-à-dire placé sur écoutes. La preuve ? Peu de temps auparavant, une voisine de Curiel, un médecin, a reçu la visite de mystérieux types qui voulaient installer un système d'écoutes chez elle afin de surveiller ses voisins. Cette femme a refusé. Curieusement, l'enquête ne tiendra jamais compte de son témoignage.

Troisièmement : la revendication. Elle est complètement bidon ! Les commandos Delta en 1978, ça ne fait pas très sérieux.

Enfin, l'arme du crime... Une arme déjà utilisée dans un attentat contre l'Amicale des Algériens en France. Bizarre. Les tueurs professionnels se débarrassent de leur arme aussitôt leur forfait accompli. S'ils la gardent et l'utilisent à nouveau, c'est qu'ils veulent en quelque sorte signer l'assassinat suivant. Ils ont donc voulu qu'on établisse un rapport entre l'assassinat de Curiel et cet attentat contre l'Amicale des Algériens. Et qui pouvait en vouloir aux Algériens de France ? L'extrême droite. L'extrême droite, les commandos Delta, c'est-à-dire l'OAS ; il s'agissait évidemment d'une fausse piste. Malheureusement ce sera la seule explorée par les enquêteurs. Et, prudemment, ils en resteront là car ils vont rapidement comprendre que cet assassinat dissimule un coup tordu où des hommes appartenant à nos services ont été impliqués.

Ces fonctionnaires ont agi en francs-tireurs, pour « rendre service » à des amis. Mais la vérité a filtré en haut lieu. Et « on » a couvert pour ne pas compromettre l'institution. D'autant qu'il n'y avait pas grand monde dans les services pour regretter la mort de Curiel. Un révolutionnaire de moins, c'était toujours ça de gagné !

Alors existait-il un dossier Curiel dans les services de police ? Dossier qui aurait permis de nourrir l'article accusatoire publié dans l'important hebdomadaire français. À plusieurs reprises, les amis de Curiel ont essayé d'en avoir connaissance. Le ministre de l'Intérieur de l'époque, Bonnet, a toujours refusé avec obstination sa communication. Malgré l'intervention du médiateur et un avis positif du tribunal administratif.

Plus tard, après l'élection de François Mitterrand, le juge d'instruction Joly a tenté en vain d'interroger les services secrets français qui avaient toujours suivi de près les activités de Curiel. Mais en 1982, Pierre Mauroy ordonne aux patrons de la DST et de la DGSE (qui a succédé au SDECE) d'ouvrir leurs archives Curiel au juge. La DST accepte. Mais son dossier ne comporte que des notes de services étrangers. Rien sur l'assassinat ! Quant au SDECE, après s'être d'abord dérobé, il consent enfin. Mais son dossier est également vide en ce qui concerne l'assassinat.

L'affaire Curiel a donc fini par être classée par la justice.

15.

Au cœur des ténèbres

Lorsque je pense à cette histoire, je ne peux m'empêcher d'évoquer le long et troublant récit de Joseph Conrad, Au cœur des ténèbres, *que Francis Ford Coppola a librement adapté dans* Apocalypse Now. *Oui, c'est l'image du mystérieux M. Kurtz dans son comptoir, situé au « fin fond de l'intérieur » du Congo, qui me vient spontanément à l'esprit. Kurtz, fou de pouvoir et d'Afrique. Kurtz qui meurt en prononçant ces mots terribles : « L'horreur, l'horreur ! » Mais qui était le M. Kurtz de cette histoire ? Je ne le connais pas. Et c'est sans doute l'un de mes grands regrets.*

Officiellement, c'est l'une des plus belles pages de l'histoire de l'armée française... Le 19 mai 1978, les paras de la Légion sautent sur Kolwezi. En quelques heures, ils libèrent les otages européens et mettent fin aux massacres perpétrés par les Katangais. C'est une action éclair parfaitement menée, qui arrive à point nommé pour redorer le blason d'une armée qui vit toujours dans le douloureux souvenir des guerres perdues d'Indochine et d'Algérie.

Mais la réalité est plus complexe, beaucoup plus complexe... Non pas que cette action militaire ait été magnifiée à tort, mais les objectifs poursuivis par les différents protagonistes de cette affaire n'ont jamais vraiment été éclaircis. La France, par exemple, a-t-elle agi en fonction de buts humanitaires ou pour protéger d'autres intérêts ? Et que penser de la curieuse attitude du gouvernement belge ? Ou de l'intervention du bloc de l'Est, représenté sur place par des soldats cubains et des instructeurs venus tout droit de RDA ?

J'ajoute que j'étais en activité dans la région à l'époque, pas très loin de Kolwezi. Et je suis bien placé pour savoir que les services secrets y ont joué un rôle éminent...

Mais d'abord, un rappel : le Katanga est alors rebaptisé le Shaba, tout comme l'ex-Congo belge, en accédant à l'indépendance, en 1960, est devenu le Zaïre. Le pays est sous la férule du général Mobutu. Le Shaba, la province la plus riche de cette ancienne colonie, doit essentiellement ses ressources à son sous-sol. On y trouve du manganèse, du plomb, de l'uranium, du cuivre et des diamants. De 1960 à 1963, le Katanga fait sécession à l'initiative du président de la province, Moïse Tschombé. En fait, ce dernier a agi sous l'influence de la puissante Union minière, une société belge qui, malgré l'indépendance, continue à exercer la réalité du pouvoir dans la province.

En 1977, la situation s'aggrave brusquement : des troupes katangaises envahissent le Shaba depuis l'Angola. Depuis longtemps, en effet, des Katangais se sont repliés de l'autre côté de la frontière, au milieu d'une population qui appartient à la même ethnie...

C'est le début de la guerre des 80 jours, comme on l'a appelée plus tard. Le fait que les troupes viennent de l'extérieur permet au général Mobutu de prétendre qu'il s'agit d'une agression étrangère, mais en réalité le problème est bien interne. Les agresseurs sont d'anciens soldats de Tschombé ou des descendants de ces derniers qui ont créé un mouvement de libération, le Front national de libération du Congo, dirigé par un ancien commissaire de police de Kolwezi, Nathanaël Nbumba.

Il est vrai, toutefois, qu'ils ont été matériellement aidés et équipés par les Cubains qui se trouvent en Angola et, bien sûr, par les Soviétiques. En tout cas, l'action militaire de ces envahisseurs a suffisamment d'envergure pour inquiéter Mobutu, qui se montre incapable d'y faire face tout seul. Le pays est déjà en pleine déliquescence, la corruption est généralisée et l'armée zaïroise fréquente plus souvent les bars que les champs de manœuvre.

Mobutu cherche de l'aide à l'étranger et il se tourne vers la France. On peut se demander pourquoi il ne s'adresse pas à la Belgique, l'ancienne puissance coloniale. C'est sans doute parce qu'il s'en méfie. Et il n'a pas tort, car l'attitude des Belges n'est pas très claire dans cette affaire... Nos voisins ont encore d'énormes intérêts au Shaba. Et, à mon avis, les dirigeants de l'ancienne Union minière, qui s'appelle désormais Gécamines, n'ont pas renoncé à l'idée d'un Shaba indépendant, mais sous influence belge, ce qui leur permettrait d'avoir la haute main sur l'exploitation de la province. Bien sûr, les Soviétiques et les Cubains se trouvent derrière l'invasion, mais ces financiers pensent sans doute qu'il leur sera possible de trouver des aménagements avec les nouveaux dirigeants. De toute façon, cela ne peut pas être pire qu'avec Mobutu, qui a nationalisé plusieurs de leurs compagnies...

Mobutu se tourne donc vers la France. Le président Giscard d'Estaing refuse une action directe de notre armée mais il organise une intervention africaine. Il réussit à convaincre Hassan II d'envoyer au Shaba des troupes convoyées par des avions français... L'opération est un succès. Les troupes marocaines triomphent assez facilement des Katangais. Mais à l'évidence, cette facile victoire ne résout rien. Les rebelles, qui se sont repliés en Angola, recommenceront un jour ou l'autre. Mieux, les meilleurs spécialistes de l'Afrique pensent que les Katangais ont effectué une sorte de répétition avant un retour encore plus musclé. C'est ce qui se produit le 13 mai 1978. Ce jour-là, des soldats katangais investissent sans coup férir la ville de Kolwezi.

Kolwezi est l'un des principaux centres miniers du Shaba, une grosse bourgade de quinze mille habitants, dont deux à trois mille Européens, principalement des Belges, mais aussi des Français. En 1977, les rebelles n'avaient pas pu prendre la ville.

Cette fois-ci, l'opération a été habilement menée. Ils sont venus à pied à travers la brousse et les habitants ont été pris au dépourvu.

Parmi les assaillants, on compte des Cubains et quelques Allemands de l'Est. Assez rapidement, cet encadrement politique et militaire va disparaître. Ces officiers ont-ils repassé la frontière, laissant les soldats katangais à eux-mêmes ? Ou ont-ils poursuivi un autre objectif ? En tout cas, ce départ est un des grands mystères de cette affaire. J'y reviendrai...

À Kinshasa, Mobutu pense qu'il a les moyens de mater la rébellion. En quoi il se trompe lourdement. Trois jours après la prise de la cité minière, une compagnie parachutiste zaïroise est larguée au-dessus de Kolwezi. C'est un massacre. Les pauvres bougres sont tirés comme des lapins à peine arrivés au sol. Le désastre est total. Et le général Mobutu se résout, comme la première fois, à faire appel à des forces extérieures.

Il voudrait bien rééditer l'intervention marocaine, mais Hassan II n'est pas chaud. À Bruxelles, même refus. Les Belges n'ont qu'une idée : sauver leurs intérêts au Shaba. Ils préfèrent une négociation à un affrontement qui risquerait de leur faire tout perdre, et les dirigeants de Gécamines s'entretiennent en secret avec le Front national de libération du Congo... Donc, comme en 1977, en désespoir de cause, Mobutu appelle Paris au secours. Cette fois, la réponse de la France va être positive. Pourquoi ?

Avant même cette demande d'intervention, notre ambassadeur à Kinshasa a réagi et aussitôt prévenu Paris. Il connaît très bien le pays et est parfaitement informé de ce qui se passe à Kolwezi. Quelques hommes de nos services se trouvent sur place. Ceux-ci sont formels : des massacres contre la population blanche sont en préparation.

Pour le président Giscard d'Estaing, la décision est pourtant délicate. Il n'a pas envie de devenir le gendarme de l'Afrique, surtout dans un pays qui n'appartient pas à la sphère française. D'un autre côté, il ne peut pas abandonner une population menacée. Il y a enfin les arguments politiques. En mars, les élections législatives ont été périlleuses et l'élection présidentielle se profile : une opération réussie redorerait son prestige et son autorité. Évidemment, le risque est énorme. Si l'intervention militaire échoue ou si elle provoque la mort de dizaines, de centaines de soldats français, elle se retournera contre son initiateur.

On mesure donc la difficulté de la décision que le président doit prendre. D'autant qu'il doit le faire très vite. Les massacres sont imminents, peut-être ont-ils déjà commencé. Alors, le président de la République se décide : c'est oui!

C'est d'autant plus urgent qu'à Kolwezi même la situation s'est tendue... Après le départ des cadres cubains, les Katangais distribuent des armes à la population africaine et on va assister à de véritables chasses à l'homme dans les rues de la ville. Les pillards se mettent de la partie, massacrent, violent. La ville est à feu et à sang. Et les paras français, quand ils vont sauter sur Kolwezi le 19 mai, vont découvrir de réelles scènes d'horreur.

À l'Élysée, je le sais par mes correspondants, après avoir décidé l'intervention, on vit des moments d'angoisse. Car, si incroyable que cela paraisse, les responsables politiques demeurent longtemps dans l'ignorance totale de ce qui se passe sur le terrain. Les émetteurs qu'avaient embarqués les paras ont été soit détruits, soit perdus. Et il faut attendre la nuit pour obtenir les premières informations.

Heureusement, elles sont excellentes : c'est un succès sur toute la ligne! En quelques heures, les hommes du 2e régiment étranger de parachutistes ont pris le contrôle de Kolwezi, sauvant ainsi de nombreuses vies. Des paras belges arrivent aussi, mais le lendemain, alors que le gros du travail a été effectué par les Français, ce qui ne contribuera pas à améliorer le climat entre les deux gouvernements. D'autant que la mission confiée aux paras belges est sensiblement différente de celle qui est confiée aux militaires français. Ils ne doivent s'occuper que de l'évacuation des Européens et ils ont pour instruction d'éviter le contact avec les rebelles. Les militaires français, au contraire, n'hésiteront pas à engager directement le combat avec les Katangais afin de libérer les otages.

Ce même jour, le président Giscard d'Estaing annonce l'opération de Kolwezi à la nation. Il a de quoi être satisfait. Tous les objectifs ont été atteints. Quant au bilan, il est éloquent : on compte seulement cinq morts chez les militaires français et plus de trois cents chez les Katangais. Et, pour éviter toute complication, le président décide d'évacuer nos troupes...

L'affaire semble, en apparence, terminée, puisque la rébellion est anéantie. Mais il reste ce grand mystère que j'ai évoqué plus haut : pourquoi les cadres cubains et allemands de l'Est ont-ils disparu après la prise de Kolwezi, laissant ainsi les militaires katangais livrés à eux-mêmes ?

La vérité, mais seuls les services de renseignement pouvaient la connaître, c'est que la prise de Kolwezi n'était sans doute pas leur objectif et qu'une fois celle-ci effectuée, ils ont continué plus loin, vers leur but véritable, qui était rigoureusement secret... C'est une histoire très curieuse et passablement mystérieuse.

Au milieu des années 70, Mobutu loue pour vingt-cinq ans à une société ouest-allemande un morceau de territoire zaïrois grand comme le quart de la France, un territoire situé dans le nord du Shaba. Cette société, l'OTRAG, construit des fusées, et on trouve à sa tête un intéressant personnage, le Dr Kurt Debus, l'ancien directeur des essais de la base de Peenemünde, un site où l'on concevait et fabriquait les V1 et les V2, sous Hitler. Debus a d'ailleurs fait partie de l'état-major du Führer.

Pour mieux comprendre la situation, il faut savoir que, depuis la guerre, les Allemands n'ont pas le droit de fabriquer des fusées et encore moins des armes nucléaires. Mais là, au cœur de l'Afrique, dans un endroit secret et quasiment inviolable, ils peuvent faire ce qu'ils veulent... Est-ce que les autorités allemandes avaient donné leur accord ? Je l'ignore. Mais ce que je sais avec certitude, c'est que l'OTRAG disposait de fonds considérables et a investi des sommes colossales au Shaba. Et pas pour rien : des fusées ont effectivement vu le jour.

Ces engins faisaient appel à une technologie très particulière : pas d'étages, mais des faisceaux de moteurs reliés les uns aux autres. Certaines de ces fusées ont été lancées avec succès. D'autres ont échoué. Dans le monde moderne où le ciel est sillonné de satellites, le secret n'a pu être préservé très longtemps. Les services des principaux pays ont essayé de percer le mystère de l'OTRAG. Et je peux révéler que c'était également l'objectif prioritaire poursuivi par les initiateurs de l'offensive du 13 mai 1978. Ses commanditaires soviétiques voulaient en priorité atteindre les installations et le pas de tir. Kolwezi n'était qu'une étape dans la progression vers le nord du Shaba... C'est pourquoi Cubains et Allemands de l'Est ont rapidement décroché, abandonnant les Katangais à Kolwezi. Mais l'intervention française les a surpris par leur rapidité. Craignant d'être coupés de leurs bases arrière, ils ont dû eux aussi rebrousser chemin et trouver refuge au-delà de la frontière angolaise.

Pourtant, dans cette affaire, les Soviétiques n'ont pas tout à fait échoué. Après Kolwezi, les grandes puissances ont fait fermement comprendre à Mobutu qu'il n'était pas opportun de continuer à permettre à l'OTRAG de construire des fusées, et cette mystérieuse société ouest-allemande a déménagé ses installations. Elle a créé une nouvelle base d'essais – curieux hasard ! – en Libye, à 600 kilomètres au sud de Tripoli. Des tirs y ont apparemment été réalisés en 1981, mais le programme inquiéta cette fois les USA qui finalement obligèrent l'OTRAG à quitter le pays. Un dernier lancement eut lieu en 1983 et l'OTRAG a officiellement arrêté ses activités en 1987.

C'est à peu près tout ce qu'on peut dire à son sujet. Son rôle et ses objectifs n'ont jamais vraiment été éclaircis. L'OTRAG reste, de nos jours encore, un des mystères de la seconde moitié du XXe siècle.

Un dernier mot : à ma connaissance, seul le journaliste Euloge Boissonnade [1] a évoqué le rôle de cette société dans l'affaire de Kolwezi.

1. *Le Mal zaïrois*, éditions Hermé.

16.

Des avions au long nez

Je feuillette à nouveau mes souvenirs. 1976. Et, comme autrefois, je suis partagé entre l'envie de rire et celle de pleurer. Mais c'est le rire qui l'emporte...

Une histoire d'espionnage qui fait rire, ce n'est pas courant, vous en conviendrez ! L'affaire qui me revient en mémoire, même si elle a coûté très cher au contribuable, n'est rien d'autre qu'une gigantesque arnaque qui a provoqué l'hilarité générale. D'ailleurs, son nom même, plaisamment inventé par les journalistes du Canard enchaîné, *est déjà tout un programme. « Les avions renifleurs » : cela fait penser à on ne sait quel animal bizarre, une sorte de gros chien volant, monstrueux, pataud et quand même sympathique, en fin de compte...*

Les grandes lignes de cette affaire, tout le monde s'en souvient plus ou moins. La compagnie pétrolière Elf a dépensé une fortune en finançant les études et le développement d'une invention mirifique : la détection aérienne des gisements de pétrole. Ce procédé inédit devait permettre à la société d'effectuer des forages à coup sûr et donc de réduire ses très coûteux frais de recherche. Malheureusement, l'invention n'en était pas une et Elf a tout perdu, sauf le ridicule !

Les dirigeants de la compagnie n'ont pas été les seuls à porter la responsabilité de ce désastre. L'État étant l'actionnaire majoritaire, les autorités politiques de l'époque ont été régulièrement informées et ont donné leur feu vert.

Toutefois, deux questions essentielles n'ont pas entièrement trouvé leur réponse à l'issue de cette affaire. Premièrement, où est passé l'argent ? Deuxièmement, à quoi a-t-il servi ? Et, comme on va le voir, les réponses débouchent sur des réalités beaucoup plus sérieuses, voire inquiétantes...

C'est bien connu : dès qu'on sent une odeur de pétrole, les services secrets ne sont pas très loin. De plus, il est notoire qu'Elf Aquitaine a toujours été un vivier d'agents français ; beaucoup de membres du SDECE, et aujourd'hui de la DGSE, y ont été recyclés. Politique pétrolière et politique extérieure empruntent souvent les mêmes filières et les autorités françaises, quelles qu'elles soient, se sont régulièrement servies de la compagnie pour effectuer des opérations discrètes ou financer divers gouvernements ou mouvements... J'ajoute qu'Elf Aquitaine, dans ces années-là, a disposé d'un véritable service de renseignement interne, qui était en quelque sorte le rival du SDECE, mais qui collaborait avec lui, à l'occasion.

Pour en revenir aux avions renifleurs, l'histoire commence en 1976. À l'origine se trouvent deux personnages passablement originaux, les inventeurs du fameux procédé.

Le premier est un Italien, Aldo Bonnasoli, individu pour le moins pittoresque, un agriculteur autodidacte, passionné de sciences et avide de publicité. Il a quelques connaissances en physique et en électronique, mais ses dons les plus marquants s'exercent dans la manipulation et la prestidigitation.

L'autre est un authentique aristocrate, le comte Alain de Villegas de Saint-Pierre-Jette, que j'appellerai simplement Villegas, pour plus de commodité. Il est né en France, mais il vit en Belgique, dans un château proche de Bruxelles. L'homme, bien que possédant un diplôme d'ingénieur, est plutôt farfelu. Rêvant d'être un jour l'auteur de l'invention du siècle, il est en outre persuadé que le monde courra de grands périls en l'an 2000, mais qu'il sera sauvé par les extraterrestres.

J'avoue ne pas savoir de quelle manière les deux personnages se sont rencontrés, mais le fait est que, dès la fin des années 60, ces maniaques de l'invention sont associés. Bonnasoli, en particulier, prétend alors avoir mis au point un appareil capable de détecter les nappes d'eau souterraines.

Est-ce que le procédé fonctionnait ou non ? Mystère. En tout cas, les deux compères réussissent à intéresser à leur invention un industriel italien, membre par ailleurs de la loge P2, qui les finance généreusement. Encouragés par ce succès, ils décident de voir plus grand. Bonnasoli, le technicien du couple, se dit que son appareil pourrait bien repérer d'autres liquides et, pourquoi pas ? les nappes de pétrole. D'un seul coup, la mirifique invention prend une autre dimension.

Même sans être technicien, on voit aussitôt l'intérêt pour les sociétés pétrolières. Afin de dénicher le précieux liquide, celles-ci sont contraintes de faire d'abord des études géologiques en surface, puis de pratiquer des forages qui confirmeront ou infirmeront la présence de pétrole. Autant de recherches très coûteuses. La méthode Bonnasoli, elle, est infiniment plus économique puisqu'il s'agit seulement de survoler les zones à prospecter avec un avion équipé de l'appareil qu'il a inventé.

Sur les caractéristiques « techniques » de l'invention, on sait peu de chose. Bonnasoli se contente d'affirmer que sa machine détecte des ondes gravitationnelles et restitue sur un écran la composition du sous-sol survolé par l'avion. C'est évidemment bien peu convaincant, mais l'appât du gain est tel que cela devrait suffire à intéresser une compagnie pétrolière.

Un homme, en tout cas, en est persuadé et s'entremet entre les inventeurs et Elf. Personnage clé de cette histoire, il s'agit d'un avocat français, que je nommerai Me Blanc, pour des raisons évidentes de discrétion. C'est un homme très mystérieux, qui a joué un rôle important au sein de nos services secrets. L'une de ses principales activités a consisté à monter des opérations subversives dans les pays communistes, en se servant en particulier de l'Église.

D'ailleurs, Me Blanc a toujours été considéré comme un homme du Vatican. Il a été, en fait, le principal artisan de l'opération Pax, destinée à soutenir ce que l'on appelait au temps de la guerre froide « l'Église du silence », c'est-à-dire les communautés religieuses des pays de l'Est. Cette activité anticommuniste était financée par le SDECE, avec le soutien de plusieurs personnalités religieuses éminentes. Me Blanc était alors un des agents les plus importants de l'espionnage français. Et l'un des mieux payés ! Renvoyé en 1970, après l'élection de Georges Pompidou, il est resté néanmoins très proche des services...

Toujours est-il qu'il fait la connaissance de Bonnasoli et Villegas, grâce à cet industriel italien membre de la loge P2, ce qui met en évidence une fois de plus les connivences qui existaient entre certaines institutions religieuses et cette pseudo-société maçonnique. Me Blanc est immédiatement conquis ! Il se propose de faire aboutir ce projet d'avions renifleurs... Il faut dire qu'il a beaucoup de relations : parmi ses proches figure en particulier Antoine Pinay, l'ancien président du Conseil, qui vit retraité à Saint-Chamond et fait figure d'autorité morale de la droite française. Un autre de ses amis n'est autre que l'un des patrons de la puissante Union des Banques suisses, l'UBS.

Me Blanc va les trouver tous deux et leur parle de l'invention de Bonnasoli et Villegas avec enthousiasme. Puis il rencontre le patron d'Elf, qui est alors un ancien ministre du général de Gaulle, Pierre Guillaumat, un homme qui a appartenu aux services secrets pendant la guerre et avec lequel il se trouve en terrain de connaissance.

Guillaumat lui prête une oreille attentive, surtout lorsqu'il entend dire que le président Pinay en personne et l'un des patrons de l'UBS encouragent l'entreprise. À partir de cet instant, la grande manipulation peut commencer !

Bien entendu, Pierre Guillaumat n'est pas fou. Si mirifique que soit le projet, si prestigieuses que soient ses cautions, il veut des preuves. Une expérimentation est décidée. Un avion est équipé de l'appareil de Bonnasoli et Villegas. Les ingénieurs d'Elf choisissent des sites qu'ils connaissent déjà, où ils ont repéré la présence de pétrole, et font passer l'avion renifleur au-dessus. C'est un sans-faute parfait ! Les gisements sont tous détectés et, à chaque fois, la composition du sous-sol décrite par Bonnasoli est exactement celle que les experts de la compagnie pétrolière ont eux-mêmes analysée.

En fait – mais les dirigeants de la compagnie pétrolière ne pouvaient le savoir –, l'expérience était truquée. Au sein d'Elf Aquitaine, une taupe a livré à Bonnasoli et à Villegas les plans des sous-sols des sites survolés. À l'intérieur de la compagnie pétrolière, il existe des gens qui veulent absolument que Villegas et Bonnasoli signent avec Elf. Et c'est ce qui se passe. Peu après cette expérience réussie, le P.-D.G. d'Elf Aquitaine passe contrat avec une société créée par les deux inventeurs et domiciliée à Panama. Son fondé de pouvoir n'est autre que le discret et toujours présent Me Blanc.

Les conditions consenties sont proprement fabuleuses. Pour l'exclusivité de leurs recherches, les deux hommes reçoivent deux cents millions de francs suisses, soit quatre cents millions de francs de l'époque. Une somme qui leur est définitivement acquise ! Même s'ils ne trouvent pas une goutte de pétrole, ils gardent l'argent !

La direction d'Elf a naturellement informé les pouvoirs publics : on n'engage pas de telles sommes sans en référer à la tutelle. Et Guillaumat a personnellement informé le président de la République, Valéry Giscard d'Estaing, qui a donné son feu vert. Les deux hommes, d'un commun accord, ont décidé qu'une telle affaire devait rester secrète. Car il y allait des intérêts supérieurs de la France : l'invention pouvait fort bien avoir des implications militaires, la détection aérienne des sous-marins, par exemple...

Quant à nos compères, l'argent en poche, ils s'équipent. Ils achètent une véritable flotte aérienne, les fameux avions renifleurs, parmi lesquels figure même un Boeing 707 ! Et ils travaillent, ou font semblant. En tout cas, leurs premiers résultats semblent si prometteurs qu'en 1977 un deuxième contrat est signé, toujours avec l'aval du président Giscard d'Estaing et l'approbation du premier ministre, Raymond Barre, qui a été mis dans la confidence. Et le fait que la compagnie pétrolière ait un nouveau P.-D.G., Albin Chalandon remplaçant Pierre Guillaumat, ne change rien : Elf Aquitaine continue à suivre, comme on dit au poker.

En 1978, troisième contrat. Il y en a pour plus de six cents millions de francs. Elf Aquitaine a reçu l'autorisation des pouvoirs publics d'emprunter cette somme à l'UBS, l'Union des Banques suisses, dont l'un des présidents a justement joué un rôle important dans la genèse de cette histoire. Bien entendu, l'affaire ne doit rien au hasard.

Comme d'habitude, ces largesses sont justifiées par des résultats, en réalité truqués, mais en apparence mirobolants. Bonnasoli affirme avoir mis au point un appareil encore plus perfectionné. Et, au cours d'une nouvelle expérience au-dessus du golfe du Lion, l'avion renifleur confirme la présence de onze gisements, qui avaient déjà été repérés par les ingénieurs de la compagnie.

Pourtant, le nouveau patron Albin Chalandon se méfie. Il prend une initiative : deux jeunes physiciens sont priés de regarder d'un peu plus près les appareils de Bonnasoli. Ils en reviennent déconcertés : ils n'ont strictement rien compris aux explications de l'inventeur. Sur le coup, il n'y a pas de conséquences. On estime que si les physiciens n'ont rien compris, c'est qu'ils sont trop jeunes et donc insuffisamment expérimentés. Mais pour la première fois, un soupçon s'est installé. Et bientôt, en haut lieu, on va sérieusement s'inquiéter. Il est grand temps !

Au printemps 1979, dans le plus grand secret, une expérience est organisée à l'intention du président de la République en personne. C'est qu'au ministère de l'Industrie, mais aussi à la direction d'Elf Aquitaine, on veut se couvrir.

Valéry Giscard d'Estaing assiste à la démonstration, qui est tout aussi triomphale que les précédentes... Deux versions circulent à propos des réactions du président lors de cette expérience. D'après les inventeurs, il se serait déclaré convaincu de l'efficacité des appareils. Mais plus tard, lorsque le scandale éclatera, Giscard rendra publique une note qu'il a écrite après cette expérience et où il exprime ses doutes et même sa crainte de se trouver devant une escroquerie. La vérité, je ne la connais pas. Mais ce qui est certain, c'est qu'après l'expérimentation présidentielle les événements vont s'accélérer.

La direction d'Elf, sur injonction du ministre de l'Industrie, gèle les versements d'argent. Bonnasoli et Villegas poussent des cris d'orfraie. Si on n'a plus confiance en eux, ils vont vendre leur invention à la concurrence ! Mais Elf Aquitaine ne cède pas. D'autant qu'une recherche pétrolière effectuée en Afrique du Sud grâce au miraculeux avion renifleur se traduit par un véritable désastre, la compagnie perdant dans l'affaire une bonne centaine de millions. En outre, la Cour des comptes commence à s'intéresser aux sommes faramineuses qui ont été versées aux inventeurs.

Cela sent sérieusement le brûlé, et l'homme qui va assener le coup de grâce est un scientifique, un savant incontestable, le professeur Horowitz, directeur du CEA. À la demande du ministre de l'Industrie, il s'apprête à tester lui-même l'appareil magique de Bonnasoli et il va prendre les deux mystificateurs à leur propre jeu...

Pour prouver l'efficacité de son invention, Bonnasoli a l'habitude de procéder ainsi : il dispose un objet derrière un mur, puis il braque son appareil sur la paroi, l'image de l'objet apparaît alors sur un écran. L'expérience se déroule donc devant Horowitz. L'objet choisi est une simple règle. Bientôt, l'image de la règle apparaît sur l'écran de l'appareil. Bonnasoli triomphe. Pour peu de temps. Car le facétieux professeur a pris soin de tordre la règle avant de la disposer derrière le mur. Or l'image qui est révélée sur l'appareil de Bonnasoli est celle d'une règle bien droite. La supercherie est dévoilée : Bonnasoli avait triché, en disposant une simple photographie de la règle dans son appareil !

Une fois l'escroquerie démasquée, le souci des autorités mais aussi de la direction d'Elf Aquitaine est double : d'abord essayer, autant que faire se peut, de recouvrer l'argent disparu ; ensuite, garder un secret absolu sur cette malheureuse affaire, qui peut politiquement coûter très cher. Mais, entre-temps, la Cour des comptes a terminé son enquête, qui révèle les pratiques coupables de la compagnie pétrolière et met en cause la légèreté des pouvoirs publics. Il faut éviter à tout prix qu'elle ne s'ébruite ! Le premier ministre Raymond Barre exige d'être l'unique destinataire du rapport de la Cour. Et lorsque son premier président prendra sa retraite, il aura soin de détruire l'exemplaire qu'il possédait.

Malheureusement, comme vous le savez, un journaliste trop curieux, Pierre Péan, tombera presque par hasard sur l'affaire. *Le Canard enchaîné* la révèle en 1983 : c'est un énorme scandale !

Mis en cause, l'ancien président et son premier ministre se défendent. Valéry Giscard d'Estaing accuse le pouvoir socialiste de répandre « des rumeurs et des calomnies ». Il déclare qu'il ne tolérera ni « qu'on mette en cause son honneur personnel », ni « qu'on prenne le risque honteux de l'abaissement de la France ». Raymond Barre s'élève, de son côté, contre ce qu'il appelle « une opération politique basse et indigne », et fait remettre un exemplaire du rapport de la Cour des comptes à Pierre Mauroy tandis que le P.-D.G. d'Elf, Albin Chalandon, demande au président de la République de « mettre fin à cette misérable querelle ».

Le président Mitterrand s'y emploiera puisqu'il interviendra personnellement pour éviter à Valéry Giscard d'Estaing d'être entendu par la commission d'enquête parlementaire. L'affaire des avions renifleurs n'aura donc pas de conséquences politiques. Elle peut être considérée comme terminée...

Reste le problème de l'argent. Une partie a pu être récupérée, mais d'après les meilleures estimations, ce sont trois cent quatre-vingts millions qui ont été définitivement perdus par Elf dans cette affaire... Enfin, pas perdus pour tout le monde, et nous en arrivons à la clef de cette affaire, telle que je suis en mesure de la livrer.

Il faut en revenir à Me Blanc, le personnage central de l'histoire. Il est tout sauf un plaisantin. Quand ce vétéran des services secrets est mis en contact avec Bonnasoli et Villegas, il comprend très vite qu'il a affaire à deux fumistes. Et cela, le plus facilement du monde. Il fait ce qu'auraient dû faire les dirigeants de Elf, une enquête dans les milieux scientifiques, et il apprend que ces pseudo-inventeurs n'ont jamais rien inventé, jamais rien publié. Il n'est pas dupe, et pourtant il joue leur jeu, puisque c'est grâce à lui qu'ils vont accéder au patron d'Elf Aquitaine. Alors, pourquoi ?...

Eh bien, Me Blanc est au confluent de plusieurs cercles politiques discrets et influents où se rencontrent des gens proches de l'extrême droite. On y croise des agents de renseignement, des hommes politiques, des industriels et beaucoup d'ecclésiastiques. Leur but est officiellement la défense du monde occidental, mais on retrouvera ces cercles dans tous les scandales qui ont secoué récemment l'Italie : la banqueroute de la Banque Ambrosiano, le faux suicide du banquier Roberto Calvi et, bien sûr, l'affaire de la loge P2.

Telle est la réalité qui se cache derrière l'arnaque un peu bouffonne des avions renifleurs... Ces mystérieux cercles ont vu dans la pseudo-invention un moyen de financer leurs activités occultes. Cet argent si plaisamment escroqué a servi à des opérations beaucoup plus ténébreuses...

Il me reste un dernier mot à dire sur les initiateurs de l'histoire : Bonnasoli et Villegas. La suite de l'aventure a montré qu'ils étaient peut-être plus des illuminés que des malfaiteurs. Leurs avions renifleurs, ils y croyaient sans doute et, s'ils ont truqué les expériences, c'était pour poursuivre leurs recherches, avec, malgré tout, l'espoir d'aboutir un jour. Bonnasoli n'a presque rien gagné dans l'affaire et a continué à perfectionner ses « inventions ». Quant au comte de Villegas, aux dernières nouvelles, il se trouve quelque part en Amérique du Sud où il fait construire de coûteuses pistes d'aviation pour accueillir les extraterrestres qui ne manqueront pas de lui rendre prochainement visite !

17.

Téhéran vote à Washington

L'islamisme naît en 1979. Ou plutôt, cet extrémisme religieux, cet absolutisme idéologique fait pour la première fois une percée spectaculaire dans le domaine politique avec l'arrivée au pouvoir de Khomeyni en Iran. Désormais, dans les services, tous les grands services de renseignement, y compris à l'Est, il va falloir compter avec cette nouvelle donne. Même si nous ne percevons pas tout de suite l'importance de ce phénomène qui nourrira et initiera le terrorisme des années 80. Autant dire que la plupart de mes collègues et moi-même sommes encore anesthésiés. Or notre responsabilité à nous Français est particulièrement engagée puisque nous avons longuement accueilli Khomeyni et les siens avant qu'ils ne prennent le pouvoir à Téhéran. Et je pense que nous n'avons vraiment pris en compte la dimension du séisme qu'en novembre 1979, lors de la prise de l'ambassade américaine.

Quatre cent quarante-quatre jours, ils sont restés otages quatre cent quarante-quatre jours ! Cinquante-deux Américains ont été retenus pendant tout ce temps par les « pasdaran », les étudiants révolutionnaires iraniens, fanatisés par leur guide, l'ayatollah Khomeyni.

Cette opération sans précédent, bafouant toutes les lois internationales, révèle au monde la réalité du nouveau régime iranien. À cause de lui, ou grâce à lui, Ronald Reagan battra Jimmy Carter lors des élections présidentielles de 1980. Dans le même temps, l'Armée rouge envahira l'Afghanistan et l'Irak entrera en guerre avec l'Iran.

Mais pourquoi évoquer aujourd'hui cette affaire? Pour au moins deux raisons, toutes les deux étonnantes... D'abord parce que la France et les services de renseignement français y ont été impliqués. Ensuite parce qu'elle dissimule une incroyable machination politique!

Le 4 novembre 1979, neuf mois après le retour de l'ayatollah Khomeyni en Iran, plusieurs centaines d'étudiants envahissent l'ambassade américaine à Téhéran. Le personnel diplomatique, qui comprend une soixantaine de personnes, est pris en otage. Les étudiants demandent en échange de leur libération que les États-Unis leur livrent le shah, qui se trouve alors à New York où il est soigné pour un cancer. Il mourra d'ailleurs quelques mois plus tard, en juillet 1980.

Il ne s'agit évidemment pas d'une initiative spontanée. Et on peut nourrir des doutes sur la qualité d'étudiant des envahisseurs de l'ambassade. Non, les preneurs d'otages, étudiants ou pas, ont obéi à l'ayatollah Khomeyni, qui va profiter de cette affaire pour éliminer les laïques et les modérés qui sont encore au pouvoir en Iran...

On peut d'abord s'étonner du manque de lucidité dont ont fait preuve les Américains. Ils étaient pourtant bien implantés à Téhéran, sous le régime du shah [1]. L'armée, la plus puissante de la région, était pourvue de matériel américain, ses services secrets entretenaient des rapports étroits avec la CIA. Mais il faut bien constater que les États-Unis n'ont pas vu venir la montée en puissance de Khomeyni!

La CIA surveillait en priorité les mouvements marxistes et le grand voisin de l'Iran : l'URSS! Et les Américains avaient une confiance absolue dans les forces de sécurité iraniennes. Il ne faut pas oublier que tout au long de l'année précédente, en 1978, des troubles avaient éclaté un peu partout dans le pays.

1. Le shah qui leur devait d'être toujours sur le trône. C'est en effet la CIA qui a joué un rôle majeur dans le renversement de Mossadegh (voir *Mémoires secrets* de Monsieur X, t. 2).

L'armée, sur l'ordre du shah, avait réprimé dans le sang ces manifestations. Washington pensait donc que le régime contrôlait la situation.

Mais il y avait un élément que les Américains sous-estimaient ou qu'ils ignoraient peut-être purement et simplement, c'était la maladie du souverain iranien. Le shah avait un cancer et le traitement qu'il subissait amoindrissait ses capacités à décider... Enfin, les politiques et les analystes de la CIA n'avaient jamais envisagé qu'une opposition religieuse puisse constituer une force politique.

L'erreur était d'autant plus grave que le mouvement de Khomeyni et des siens était d'abord dirigé contre l'Amérique. Pour les ayatollahs, le shah n'était rien d'autre qu'une créature de la CIA. Dans ces conditions, il était clair que dès qu'ils arriveraient au pouvoir, ils s'en prendraient aux intérêts américains ! C'est ce qui se produit très rapidement... Dès la mi-février 1979, des centaines de manifestants envahissent l'ambassade américaine. Cette occupation ne dure que quelques heures. À l'époque, les partisans de Khomeyni ne sont pas encore tout-puissants et ils doivent compter avec les laïques.

Mais à Washington on ne semble toujours pas prendre la mesure de ce qui se passe en Iran... Le président Jimmy Carter n'est d'ailleurs pas totalement mécontent du renversement du shah. Les massacres qui ont accompagné la féroce répression de 1978 l'ont choqué. Carter essaie de composer avec le nouveau pouvoir, sans vraiment comprendre sa nature et sa farouche hostilité aux États-Unis. C'est ainsi que l'administration américaine engage même des négociations avec les Iraniens pour leur fournir plusieurs milliards de dollars d'armement.

On a souvent accusé Jimmy Carter de naïveté. C'était quelquefois un peu injuste – et personnellement, je ne peux pas oublier qu'il est le principal artisan des accords de paix de Camp David entre Israéliens et Égyptiens – mais il faut reconnaître que, dans l'affaire iranienne, il s'est trompé de bout en bout ! Et lorsque, fin octobre, il accepte, pour des raisons humanitaires, que le shah vienne se faire soigner aux États-Unis, Khomeyni saute sur l'occasion. Quinze jours plus tard, l'ambassade américaine, qui, malgré le précédent incident, n'était pas sévèrement gardée, est à nouveau occupée. Mais, cette fois, on assiste à la prise en otage du personnel diplomatique !

La première conséquence de cette spectaculaire agression est de permettre à Khomeyni de se débarrasser du chef du gouvernement. Ce dernier, Mehdi Bazargan, imité par beaucoup d'autres hommes politiques issus de la révolution, a en effet désapprouvé une opération qui bafoue tous les usages diplomatiques. Ignore-t-il que l'ayatollah Khomeyni en personne a téléguidé la prise d'otages ? Bazargan est aussitôt contraint à la démission. Le guide de la révolution renforce encore un peu plus son pouvoir.

Washington est pris de court. La situation est inédite, incroyable ! Les États-Unis sont bafoués, humiliés. La prise d'otages provoque un choc considérable dans l'opinion américaine. Les images diffusées par les télévisions sont intolérables : les otages ont les yeux bandés, des ordures sont transportées dans le drapeau américain...

La première réaction de Carter – c'est d'ailleurs son inclination naturelle – est de tenter de négocier, au risque d'une nouvelle humiliation. Ce qui, malheureusement, va se produire.

Le président américain envoie deux hommes en Turquie, un ancien ministre de la Justice et un haut fonctionnaire, non sans s'être d'abord assuré de l'accord du Conseil de la révolution iranienne. Les deux émissaires attendent en vain : Khomeyni est intervenu en personne pour interdire tout contact avec des Américains.

L'épreuve de force est inéluctable ! Washington expulse les Iraniens en situation irrégulière et gèle les avoirs iraniens aux États-Unis, tandis que Téhéran, par mesure de rétorsion, suspend ses exportations de pétrole à destination de l'Amérique... Khomeyni a tout lieu d'être satisfait : c'est lui qui est gagnant dans l'affaire ! L'extraordinaire prise d'otages de Téhéran est une formidable caisse de résonance pour la révolution iranienne et l'islamisme, une magistrale opération de propagande. Car, si l'opinion occidentale se déchaîne contre les ayatollahs, dans les pays du tiers-monde, et surtout dans les pays musulmans, on observe avec sympathie ou amusement le défi que les Iraniens ont lancé à la superpuissance américaine.

Alors, inévitablement, les États-Unis commencent à penser à une opération militaire. Et c'est là que nous, Français, nous allons jouer un rôle...

Tout naturellement, Jimmy Carter charge la CIA de mettre au point un plan de libération des otages. À la suite de la révolution, l'agence américaine a perdu la plupart de ses contacts en Iran. Par contre, nous sommes restés bien implantés dans le pays (la France ne deviendra « le petit Satan » qu'après le déclenchement de la guerre irako-iranienne !). Alors, à l'initiative du patron du SDECE de l'époque, Alexandre de Marenches, les Américains prennent langue avec nos services...

Nous sommes effectivement capables de leur livrer des informations très intéressantes. Nos agents là-bas surveillent les faits et gestes de Khomeyni. Ils ont même pu filmer l'ayatollah lorsqu'il séjourne régulièrement dans la ville sainte de Qom. Nantis de ces précieux renseignements, les services secrets américains mettent au point une opération pour le moins audacieuse : l'enlèvement de Khomeyni !

Le plan prévoit qu'un commando héliporté s'emparera de la personne de l'ayatollah lorsqu'il se trouvera à Qom. Puis il sera transporté sur un bateau américain, qui croisera au large des côtes iraniennes. Ensuite, il sera échangé contre les otages de l'ambassade...

Le coup était tout à fait réalisable et très bien préparé. Mais au dernier moment, Jimmy Carter refuse de donner son feu vert. Il dit – cela ne s'invente pas – qu'on ne peut pas se conduire ainsi avec un ecclésiastique de l'âge de Khomeyni !

Pourtant, les Américains vont quand même tenter une opération militaire et, encore une fois, grâce à nos informations... Nos agents en poste à Téhéran ont en effet noté que, la nuit, l'ambassade américaine est assez mal gardée. Par conséquent, un assaut est possible. Il est donc prévu que des hélicoptères, basés sur un porte-avions américain présent dans le Golfe, iront se poser à proximité de l'ambassade et débarqueront des commandos des troupes spéciales.

Grâce à nos renseignements, grâce aussi aux observations de leurs satellites, les Américains peuvent repérer très exactement les lieux. Mais une difficulté surgit : les hélicoptères ne disposent pas d'une autonomie de vol suffisante pour faire l'aller et retour entre le porte-avions et l'ambassade. Il leur faut se poser afin de faire le plein de kérosène. Les spécialistes de la CIA, toujours grâce aux satellites, repèrent un endroit plat et désert, à Tabas, à 350 kilomètres de Téhéran.

Le site paraît suffisamment vaste pour que des C130 bourrés de carburant puissent y atterrir. Seulement, auparavant, il faut s'assurer au sol que le terrain est fiable et peut recevoir des avions aussi gros et aussi lourds... Une équipe de la CIA réalise ce repérage, au cours d'un raid particulièrement risqué. Un petit avion se pose de nuit à Tabas. Les agents de la centrale américaine inspectent les lieux et prennent même la précaution d'enterrer des balises pour guider l'atterrissage des C130 et des hélicoptères. Puis ils repartent comme ils étaient arrivés, sans donner l'éveil.

L'opération d'assaut contre l'ambassade occupée peut alors être exécutée. Carter donne son accord. Comme prévu, huit gros hélicoptères décollent à la nuit tombée du ponton du porte-avions. Mais une cascade d'incidents va compromettre l'entreprise.

D'abord, certains des hélicoptères tombent en panne et ne peuvent arriver à Tabas. Sur place, le responsable du commando prend la décision d'annuler l'opération. Alors qu'il redécolle, un des hélicoptères soulève un vent de sable. Le pilote est aveuglé. Son engin percute un C130 et déclenche une gigantesque explosion : trois appareils brûlent et plusieurs hommes y laissent la vie...

Techniquement, c'est une catastrophe. Politiquement, c'est un désastre ! L'administration américaine, assez injustement, est une fois de plus ridiculisée. Sans compter qu'il n'est plus imaginable pour Washington de tenter une autre opération militaire. Les Iraniens, après cette affaire, ont dispersé leurs otages. Il ne reste plus qu'à essayer une nouvelle fois de négocier, mais dans quelles conditions ! D'autant qu'à Téhéran le régime ne fait que se durcir... Aux élections, les intégristes triomphent et Khomeyni se sent plus fort que jamais. On épure dans l'armée, l'administration, et on traque « la cinquième colonne américaine », comme ne cesse de l'écrire la presse iranienne.

La mort du shah intervient à ce moment. Théoriquement, la revendication principale des preneurs d'otages tombe du même coup. Mais les Iraniens vont rapidement mettre en avant d'autres exigences : le dégel de leurs avoirs aux États-Unis et la restitution de la fortune du shah déposée dans des banques américaines... Évalué à presque dix milliards de dollars, le patrimoine royal a été volé au peuple iranien, affirment les islamistes...

Les exigences iraniennes semblent déraisonnables. Aux États-Unis, certains politiciens, comme Reagan, parlent même de demande de rançon. Et d'ailleurs comment le gouvernement des États-Unis pourrait-il confisquer légalement les biens de la famille royale afin de les remettre à Khomeyni ?

On en est là, lorsqu'un événement change complètement la donne : en septembre 1980, l'Irak attaque l'Iran.

Désormais, l'affaire des otages prend un aspect nouveau et permet toutes les manipulations. Il faut maintenant prendre en considération deux éléments capitaux. D'abord, pour se défendre, l'Iran a besoin d'armes, de munitions et de pièces détachées pour son matériel, essentiellement américain. Quant au second élément, c'est la proximité de l'élection présidentielle américaine, qui doit avoir lieu en novembre et qui va opposer Jimmy Carter au candidat républicain Ronald Reagan.

À la suite de ces échecs à répétition, la cote de popularité du président en exercice est en chute libre dans les sondages. Mais il apparaît que si Carter arrivait à faire libérer les otages avant le début novembre, il aurait toutes les chances de l'emporter sur son adversaire. Les circonstances placent donc Khomeyni dans une position extraordinairement favorable : il est devenu le maître de la politique intérieure américaine. Si invraisemblable que cela paraisse, c'est lui qui peut désigner le prochain président des États-Unis, en décidant ou non de libérer les otages avant l'élection !

L'entourage de Ronald Reagan l'a compris... Avant même que le gouverneur de Californie ne soit désigné comme le candidat du parti républicain, c'est-à-dire peu de temps après la prise de l'ambassade de Téhéran (et à une époque où Khomeyni interdit en principe tout contact avec des Américains), deux émissaires ont été envoyés secrètement à Téhéran. L'un d'eux est un ancien médecin, devenu un riche homme d'affaires, qui a noué de nombreuses relations en Iran. Il obtient une information capitale : des officiers fidèles au shah ont saboté un certain nombre de systèmes informatiques. Seuls, les Iraniens ne sont pas capables de les remettre en état. Ils ont besoin d'aide.

L'état-major de Reagan – notamment William Casey, qui deviendra le patron de la CIA après l'élection de son champion à la présidence – voit là un atout majeur à jouer... Casey réussit à convaincre un petit génie de l'informatique de faire très discrètement le voyage de Téhéran pour réparer les systèmes sabotés. L'informaticien y parvient et, tandis qu'en public le candidat Reagan répète sur tous les tons qu'il ne faut surtout pas négocier avec les preneurs d'otages, il vient secrètement de s'attirer la reconnaissance des Iraniens !

Par la suite, les hommes de Reagan poursuivent plus que jamais leurs contacts clandestins avec les ayatollahs. Pour préserver le secret, ils utilisent des intermédiaires inattendus, en particulier les Israéliens. Mais l'élection approche. Or, à Téhéran comme à Washington, on évoque de plus en plus une libération des otages qui pourrait intervenir avant la fin octobre...

Le parlement iranien paraît, en effet, décidé à faire libérer les diplomates américains, qui ne sont d'ailleurs plus dans les mains des étudiants, mais qui ont été remis au gouvernement. Quant à Carter, il semble avoir l'intention d'accepter les revendications de Khomeyni : lever les sanctions qui frappent les intérêts iraniens aux États-Unis et même restituer la fortune du shah ! Pour Reagan, c'est la catastrophe, la défaite assurée ! Soudain, tout se bloque... C'est ce qu'on a appelé après coup la « surprise d'octobre ». À Téhéran, on décide brusquement de surseoir à la libération des otages américains. Reagan est maintenant certain de l'emporter sur Carter !

Alors que s'est-il passé ? Ce n'est pas difficile à comprendre : les hommes de Reagan ont fait de la surenchère auprès des Iraniens. Ils leur ont promis plus que ce que proposait déjà Carter, c'est-à-dire des livraisons d'armes, en échange de la libération des otages. Si, bien sûr, celle-ci se produit après l'élection présidentielle !

Cette information, que nous connaissions depuis longtemps, sera indirectement révélée quelques années plus tard, lorsque éclatera l'« Irangate », le scandale des ventes clandestines d'armes aux Iraniens, via Israël, malgré l'embargo américain... Le président Reagan avait tenu la promesse du candidat Reagan !

Quant aux Iraniens, ils ont également tenu la leur : les otages ont été libérés une demi-heure après l'entrée en fonction de Ronald Reagan... Reagan, le président américain que l'ayatollah Khomeyni a fait élire !

18.

Vrais ou faux terroristes

François Mitterrand, on le sait, n'avait qu'une confiance limitée dans les services secrets. Il est vrai qu'il avait de bonnes raisons de s'en défier. Sous la IVe République, il avait eu lui-même à pâtir de l'action des services. Et plus tard, sous la Ve, quelques affaires retentissantes (Ben Barka, Markovic, ou encore les « plombiers » du Canard enchaîné*) n'avaient fait qu'aviver son aversion.*

Bref, quand il est arrivé au pouvoir, nous savions que nous serions les mal-aimés. Et la DST n'a sans doute dû sa survie qu'à son succès dans la manipulation de l'agent double Farewell[1]*. Quant au SDECE, dès 1981, il a été transformé en DGSE. Et son nouveau patron, Pierre Marion, n'a jamais vraiment été en cour.*

Mais cette méfiance s'est parfois retournée contre François Mitterrand. Il en a été ainsi bien sûr lors de la désastreuse affaire du Rainbow Warrior. *Une opération sabotée conçue comme un piège pour le pouvoir. Mais, auparavant, le locataire de l'Élysée avait déjà été échaudé. Et je connais pas mal de collègues qui, à cette occasion, ont ri dans leur barbe.*

C'est l'histoire d'un formidable cafouillage qui a terni le premier septennat de François Mitterrand. L'affaire a commencé par un tonitruant communiqué émis – procédure tout à fait

1. Voir *Mémoires secrets* de Monsieur X, t. 1.

inhabituelle – directement par l'Élysée... Le 28 août 1982, à 22 h 42, l'Agence France-Presse diffuse la dépêche suivante : « Deux arrestations jugées importantes ont été opérées aujourd'hui, en France, dans les milieux du terrorisme international, apprend-on à la présidence de la République. Ont été également saisis des documents et des explosifs. Afin de poursuivre l'enquête dans les meilleures conditions, les informations complémentaires ne seront diffusées qu'ultérieurement. »

Cette année 1982, la France a été frappée à plusieurs reprises par le terrorisme. Et le dernier attentat, le 9 août, est encore dans toutes les mémoires : ce jour-là, des tueurs ont provoqué un massacre au restaurant Goldenberg, rue des Rosiers, à Paris. Naturellement, cette série d'attentats a traumatisé l'opinion publique. Et l'opposition n'a pas tardé à dénoncer l'impuissance du gouvernement, incapable de lutter efficacement contre le terrorisme. Un gouvernement accusé aussi d'avoir remis en liberté les membres d'Action directe !

Toujours au cours de ce mois d'août, l'Élysée réagit : un secrétariat d'État à la Sécurité publique est créé. Le 18 août, François Mitterrand annonce personnellement la mise en place d'une « mission de coordination, d'information et d'action contre le terrorisme », directement placée sous l'autorité de la présidence de la République... C'est ce qu'on appellera bientôt la « Cellule antiterroriste de l'Élysée », commandée par le chef du GIGN, l'unité d'élite de la gendarmerie, le commandant Prouteau. Cette décision est bien accueillie, même dans l'opposition.

Les gendarmes de l'Élysée sont donc en place. Dix jours seulement après la nomination de Prouteau, la nouvelle annonçant que de dangereux terroristes sont appréhendés est rendue publique. On applaudit. Mais on va bientôt déchanter !

Pour bien comprendre cette affaire, il faut d'abord se rappeler que sa médiatisation a été considérable... Pendant quarante-huit heures, c'est le suspense ! Le GIGN a arrêté trois dangereux terroristes. Mais on ne sait pas qui ils sont ni ce qu'ils ont fait. Et les rumeurs les plus folles commencent à courir : ce sont les tueurs de la rue des Rosiers qui ont été appréhendés ; certains parlent de Carlos, d'autres d'Abou Nidal !

C'est donc seulement au bout de deux jours que les premières informations commencent à filtrer : les terroristes qui ont été remis à la PJ sont trois Irlandais, deux hommes et une femme. Dans l'appartement qu'ils occupaient à Vincennes, on a trouvé cinq cents grammes de plastic, deux détonateurs, quelques armes de poing et divers documents, dont des cartes d'identité vierges...

D'emblée, le butin semble maigre ! D'autant que les Anglais font savoir que ces trois terroristes ne figurent pas sur la liste des terroristes irlandais recherchés par Scotland Yard. Bref, le soufflé retombe aussi vite qu'il était monté. Ou qu'on l'avait monté !

« On », c'est bien évidemment le GIGN et notamment le capitaine Paul Barril.

Voyons la version donnée par celui qui est alors le commandant par intérim du GIGN (puisque Prouteau a été nommé à l'Élysée) : Barril reçoit un important renseignement concernant l'attentat de la rue des Rosiers. Il téléphone aussitôt au commandant Prouteau, qui se trouve en vacances. Il veut obtenir le feu vert de son ancien supérieur et ami avant d'entreprendre quoi que ce soit.

Barril explique à Prouteau qu'un certain Franck lui affirme qu'un commando irlandais a servi de base arrière dans l'organisation de l'attentat de la rue des Rosiers. Le capitaine sait se montrer persuasif. Le commandant Prouteau ne demande qu'à être convaincu : pour lui, cette affaire est une aubaine puisqu'il vient à peine d'être nommé à la tête de la Cellule antiterroriste et que la Police nationale n'a guère apprécié la création de cette nouvelle unité. Il donne carte blanche à Paul Barril, en lui recommandant toutefois la prudence et en lui demandant de le tenir informé en permanence.

Le capitaine se rend à Vincennes. C'est dans cette ville de banlieue que demeurerait un homme, un Irlandais, qui serait mêlé à l'attentat de la rue des Rosiers. Son informateur le lui a décrit : c'est un grand costaud de rouquin barbu qui se fait appeler James McCabe. Il doit bientôt recevoir la visite de terroristes venant d'Allemagne et des Pays-Bas et réceptionner une importante quantité d'explosifs !

Barril enquête discrètement à Vincennes, se renseigne sur le marché et, avec le seul signalement du rouquin barbu, finit par atterrir au 82, rue Diderot. Une sorte d'exploit !

Là, se présentant comme placier en assurances, il interroge les locataires. Une vieille dame complaisante le renseigne : au troisième vit un étranger barbu qui reçoit souvent et fait beaucoup de bruit. Un autre homme et une femme partagent son logement. Alors Barril se dévoile et demande à la brave dame de lui téléphoner si elle aperçoit quelque chose de louche...

Le capitaine – il s'agit toujours de sa version – met alors en place une surveillance avec des hommes du GIGN habillés en civil. Le lendemain matin, le 28 août, la vieille dame téléphone : dans la nuit, plusieurs hommes sont venus chez McCabe. Ils ont hissé une lourde malle dans l'escalier ! Aussitôt, Barril téléphone à Prouteau : vite, il faut agir !

Le commandant Prouteau, devant tant d'informations précises et extraordinaires, ne peut hésiter un seul instant. Il donne son feu vert, mais il ordonne à Barril de respecter scrupuleusement la procédure quand le moment sera venu de passer à l'action, tandis que lui-même prend la précaution de se couvrir en informant personnellement le ministre de la Défense, Charles Hernu.

Respecter la procédure ! Il faut en effet savoir que Paul Barril n'est pas habilité en tant qu'officier de police judiciaire. Qu'à cela ne tienne, le capitaine fait appel à un autre commandant de gendarmerie, Beau, qui rêve de travailler au côté de Prouteau. Malheureusement, cet officier vient d'être nommé à la tête d'une section parisienne de recherches et il n'a pas encore reçu du procureur son habilitation... Alors Beau, qui veut absolument participer à l'opération, demande la coopération d'un de ses adjoints, un major qui les accompagnera et qui, lui, est officier de police judiciaire... Cela paraît bien compliqué ! Mais Prouteau a été formel : la loi et le code doivent être respectés !

Donc, Barril, accompagné d'une dizaine d'hommes du GIGN en civil, investit l'immeuble de la rue Diderot. Au moment où l'un des locataires de l'appartement du troisième sort, il est immédiatement maîtrisé par Barril en personne. L'arrestation de cet Irlandais est toutefois un peu mouvementée. Une occupante de l'immeuble s'affole, appelle Police-Secours. Les super-gendarmes doivent se précipiter au-devant des agents pour leur demander de se retirer.

Non seulement Barril désire que l'initiative reste à la gendarmerie, mais surtout il veut mettre en place une souricière afin d'arrêter d'éventuels complices.

Après avoir éloigné les agents de Police-Secours, les hommes du GIGN investissent l'appartement. Les deux autres Irlandais, le fameux James McCabe, qui se nomme en réalité Michaël Plunkett, et une jeune femme, Mary Reid, sont appréhendés sans difficulté.

Puis Barril appelle le commandant Beau qui vient avec son major et d'autres gendarmes afin de donner à l'opération toutes les apparences de la légalité.

Mais l'arrivée de tout ce beau monde compromet définitivement la confidentialité de l'opération. Deux heures après l'opération, on verra des voitures de presse devant l'immeuble. Barril peut renoncer à sa souricière !

C'est alors qu'est publié le communiqué de victoire, annonçant la capture de dangereux terroristes et précisant qu'il a été découvert dans leur appartement de Vincennes du plastic, des armes et de fausses cartes d'identité.

Barril et les gendarmes de l'Élysée triomphent ! Mais ce succès agace beaucoup de monde : la Police nationale d'abord, mais aussi le tout nouveau secrétaire d'État à la Sécurité qui n'a même pas été prévenu... Et puis les journalistes et l'opinion publique se rendent vite compte que la prise est plutôt modeste. À partir de là, on va aller de découverte en découverte. Et la presse va jouer un rôle décisif.

C'est le journaliste du *Monde* Edwy Plenel qui ouvre le feu. Très peu de temps après l'arrestation des Irlandais, il s'interroge sur la régularité de la procédure. Et, soulignant que les trois prévenus refusent de reconnaître que les armes et les documents trouvés dans l'appartement leur appartiennent, il se demande si les gendarmes du GIGN n'ont pas fait du zèle. Autrement dit, il laisse clairement entendre que ces derniers auraient pu apporter eux-mêmes les objets compromettants dans l'appartement.

Pour lancer de pareilles accusations, il faut disposer de sources sûres. Il y a forcément eu une fuite et on saura plus tard qu'elle est venue de la police. Ulcérés par la création de la cellule antiterroriste de l'Élysée, des policiers n'ont pas hésité à dénoncer les gendarmes. Lesquels se défendent pourtant comme de beaux diables : ils nient sur toute la ligne !

La vérité va quand même éclater... Un des sous-officiers qui ont opéré sur les lieux est arrêté pour une affaire de corruption mineure qui lui vaut toutefois d'aller en prison. Pour se venger, il raconte ce qu'il sait de l'affaire des Irlandais de Vincennes. Immédiatement, le juge chargé de l'affaire réagit et, petit à petit, il dévide la pelote. De toute l'instruction, il ne restera bientôt plus rien : la procédure va être annulée et les trois Irlandais libérés ! Le scandale qui en résultera sera à la hauteur du triomphalisme élyséen : les gendarmes seront inculpés à leur tour et ils ne tarderont pas à se déchirer. Même l'Élysée ne sera pas épargné et François Mitterrand à son tour sera montré du doigt...

L'affaire de terrorisme devient donc une affaire politique et un prétexte à tous les règlements de comptes. Ceux qui voyaient d'un mauvais œil la création de la Cellule antiterroriste de l'Élysée en profitent pour participer à la curée. Toutes ces attaques, largement médiatisées, font presque oublier le fond de l'affaire. Heureusement, un personnage sort de l'ombre. Grâce à lui, on va enfin tout savoir et prendre la vraie mesure de cette affaire.

Cet homme s'appelle, ou plutôt s'appelait, car il est mort en 1995, Bernard Jégat... C'était un intellectuel d'extrême gauche et surtout un idéaliste, totalement imprégné des idées de Mai 68 et prêt à se lancer à corps perdu dans la défense des justes causes, fussent-elles dangereuses ou aventureuses.

Quelques années plus tôt, il a essayé de prendre contact avec des militants tiers-mondistes. Il a même fait un stage d'entraînement militaire à Beyrouth avec des Palestiniens. Mais c'est chez les Irlandais qu'il trouve sa voie... À la fin des années 70, ce journaliste pigiste est mis en relation avec Plunkett, membre important d'une organisation clandestine, l'INLA, une version marxiste de l'IRA. Plunkett, poursuivi par la police anglaise, se trouve à Paris et cherche une planque. Jégat accepte de l'héberger chez lui. Et, bientôt, il va aider l'Irlandais en dissimulant des armes dans son appartement et en lui servant à l'occasion de coursier. Un jour, il le voit même arriver chez lui avec plusieurs kilos de plastic...

Bernard Jégat agit sans états d'âme, parce que la cause irlandaise lui semble juste et que les terroristes irlandais se sont engagés à ne pas œuvrer sur notre territoire.

L'attentat de la rue des Rosiers va faire basculer ses convictions ! Sa compagne est juive. Jégat est horrifié par cet attentat antisémite. Mais il y a pire ! La presse publie des portraits-robots où il croit reconnaître Plunkett, même si, on l'apprendra par la suite, il s'agit d'une simple ressemblance. Alors, d'un seul coup, il décide de changer de camp !

Jégat prend contact avec le directeur du *Nouvel Observateur,* Jean Daniel. Il pense en effet que le journaliste doit avoir l'oreille du nouveau pouvoir, ce qui est exact. Ce dernier se rappelle opportunément qu'une de ses collaboratrices a récemment écrit un article sur le capitaine Barril et le GIGN. Barril, l'homme de la situation ! Et c'est ainsi que Jégat est mis en relation avec le fougueux capitaine.

À l'évidence, le mystérieux informateur de Barril, c'est donc lui !

Le plus important reste à venir. Pour convaincre le capitaine de l'authenticité de ses révélations sur le réseau terroriste de l'INLA, Jégat lui montre une petite quantité de plastic, des détonateurs, des armes et des documents, en particulier des cartes d'identité vierges, que Plunkett a laissés chez lui en dépôt. D'après Jégat, Barril s'empare du tout ! Ce sont les prétendues preuves qu'on va retrouver dans l'appartement de Vincennes.

Bien entendu, après l'arrestation des Irlandais, Jégat se rend compte qu'il a été manipulé. Mais il a peur et il se tait. Il ne commencera à se manifester que lorsque le scandale éclatera. Il aura bien du mal à se faire entendre. Pire, il sera même l'une des seules victimes de l'affaire puisqu'il sera inculpé et condamné pour complicité !

Tel est le dessous des cartes de l'affaire des Irlandais de Vincennes... Dans les services, DST et DGSE, nous étions nous aussi sur la piste des Irlandais. Des informations très précises nous permettaient de penser qu'ils avaient pris contact avec d'autres mouvements terroristes européens et proche-orientaux. Les armes, les explosifs utilisés par les uns et les autres étaient souvent de même origine, et il leur arrivait de les échanger en fonction des cibles choisies. Nous attendions le bon moment pour obtenir des preuves et organiser une vaste rafle.

L'initiative intempestive de Paul Barril a tout anéanti ! Si Jégat s'était adressé à nous plutôt qu'à lui, nous aurions pu infiltrer les réseaux terroristes et obtenir à terme des résultats. Et l'affaire des Irlandais de Vincennes n'aurait jamais existé !

19.

Les caves du Vatican

Le Vatican m'a toujours fasciné : l'or du Vatican, trésor d'un fantastique empire financier aux contours improbables et mystérieux; les secrets du Vatican, toutes ces archives interdites qui dormiraient au fond de ses caves, documents suffisamment sulfureux pour devoir être dissimulés aux profanes jusqu'à la fin des siècles; sans oublier la diplomatie du Vatican, aussi efficace que discrète, bras armé d'une organisation occulte qu'on imagine peuplée de personnages issus d'un roman d'Umberto Eco...

Pourquoi ces mystères, pourquoi cette fascination? Sans doute parce que l'Église catholique est la seule des grandes confessions religieuses à posséder un État souverain... Et donc, comme j'en ai eu maintes preuves au cours de mon expérience professionnelle, une sorte de service de renseignement [1]*. Une diplomatie secrète qui a été particulièrement efficace pendant la période de la guerre froide et qui a joué un rôle éminent dans l'écroulement de l'empire soviétique.*

Tout n'est pas entièrement faux dans les fantasmes qui circulent à propos du Vatican. Parfois même, la réalité dépasse l'imagination!

Dans le courant des années 70, Michele Sindona exerce la profession de banquier. Ce n'est pas vraiment un banquier

1. Voir le chapitre 16 sur les avions renifleurs.

comme les autres. Ce Sicilien, homme de confiance du pape Paul VI, est chargé par le souverain pontife d'une mission délicate : vendre des participations détenues par le Vatican dans certaines entreprises un peu voyantes. L'Église a en particulier investi dans la Finmeccanica, un des plus importants groupes industriels italiens qui fabrique des trains, des avions, mais aussi des tanks !

La banque de Sindona s'occupe à la perfection de cette tâche. Seulement, ce que Paul VI ignore sans doute, c'est que ce même Sindona est l'un des banquiers de la mafia italo-nord-américaine, spécialisé dans le blanchiment de l'argent sale. Pour ce faire, il procède de façon classique, en faisant circuler les fonds de banque en banque jusqu'à sa destination finale, la Finibank, un établissement suisse qu'il contrôle entièrement.

En fait, Sindona n'a pas de compte à rendre au pape. Pour toutes les questions financières, Paul VI fait entièrement confiance au prélat chargé de ce domaine : Paul Marcinkus. Un personnage étonnant, c'est le moins qu'on puisse dire !

Ce *Monsignore* d'origine lituanienne est né à Chicago et a commencé sa carrière de prêtre dans une banlieue de la ville. Pas n'importe quelle banlieue, celle où Al Capone a vu le jour et grandi ! D'ailleurs, il est établi que Marcinkus a fréquenté le parrain italo-américain dans sa jeunesse ! Ce curieux profil ecclésiastique se reflète dans son physique : c'est un colosse à la carrure de déménageur, aux mains énormes, avec un visage de méchant de cinéma, menton carré, yeux bleus glacés. Une stature si impressionnante que Paul VI en a fait son garde du corps : Marcinkus est donc à la fois archevêque, financier et gorille ! Et cette dernière fonction est loin d'être symbolique : à Manille, il est intervenu à temps pour empêcher Paul VI de recevoir un coup de couteau. On prétend aussi que, sous sa soutane, le *Monsignore* dissimule toujours un 357 magnum.

Mais ce sont évidemment ses fonctions financières qui sont les plus importantes. Il est ni plus ni moins que le président de la banque du Vatican, dont le nom officiel est l'Institut pour les Œuvres de la Religion, l'IOR. Cette appellation vient du fait que l'IOR est chargé en principe de placer l'argent des bonnes œuvres et des ordres religieux. Il est vrai que l'établissement a rempli cette fonction. Au moins jusqu'à l'arrivée de Marcinkus, en 1969.

Sous sa présidence, tout change ! L'Institut devient une véritable banque, qui reçoit des dépôts d'industriels et de financiers. L'IOR se détourne donc de sa vocation première, se met à flamber sur la plupart des places financières et réalise des coups assez extraordinaires. Dans toutes ces activités, Paul Marcinkus est puissamment aidé par Sindona, le banquier de la Mafia, avec lequel il travaille main dans la main ! Il est très vraisemblablement au courant des activités de ce dernier, mais il pense que l'argent n'a pas d'odeur, imité en cela par nombre d'hommes politiques qui confient leurs « économies » à Sindona. Et parmi eux, naturellement, beaucoup d'élus de la Démocratie chrétienne...

Au milieu des années 70, des inspecteurs du Trésor italien commencent à s'intéresser aux activités de l'IOR. L'Institut brasse beaucoup d'argent. Beaucoup trop. Or son statut d'extraterritorialité permet à ses clients italiens de tourner le contrôle des changes et d'échapper au fisc. L'enquête révèle le scandale. Les inspecteurs du Trésor remontent jusqu'à Michele Sindona, découvrent non seulement des fraudes mais l'existence d'entreprises mafieuses. Sindona fait rapidement faillite et il est arrêté aux États-Unis où il réside habituellement... Quant à Marcinkus, il proteste de sa bonne foi et parvient à s'en sortir indemne. Mais pas l'IOR, qui doit combler une partie du trou considérable laissé par Sindona.

Si étonnant que cela paraisse, Paul VI garde sa confiance à Marcinkus et ce dernier continue à présider l'IOR jusqu'à la mort du souverain pontife, en 1978, et l'élection à la papauté de Jean-Paul Ier. Cette élection est catastrophique pour le *Monsignore*. Il n'est pas en bons termes avec le nouveau pape. Et il a tout à craindre d'un souverain pontife simple, bon enfant, qui peut être tenté de nettoyer les écuries d'Augias... Heureusement pour lui, comme chacun le sait, le règne de Jean-Paul Ier est bref, trente-trois jours seulement.

Certains ont prétendu non sans raison que la mort du successeur de Paul VI était suspecte, et les nombreuses déclarations contradictoires de son entourage n'ont fait qu'alimenter la rumeur. Mais rien n'a pu être prouvé. Tout ce que je puis dire, c'est que cette disparition brutale arrangeait beaucoup de monde, à Rome et ailleurs, et que Marcinkus a dû pousser un « ouf » de soulagement en voyant la Providence venir ainsi à son secours avec une telle diligence !

Avec le nouveau pape, tout se passe beaucoup mieux pour le président de l'IOR. Jean-Paul II doit apprécier cet archevêque atypique, au tempérament de fonceur. En tout cas, il lui accorde sa confiance. Tout continue donc comme auparavant pendant trois longues années. Mais, début 1981, nouvelle catastrophe pour Marcinkus : une autre banque, l'Ambrosiano, très proche du Vatican elle aussi, est acculée à la faillite. Le Banco Ambrosiano, qu'on appelle familièrement la « banque des prêtres », a été fondé par un prélat à la fin du XIXe siècle et c'est un neveu du pape Pie XI qui en a été le premier président. L'IOR couvrait habituellement les prêts considérables consentis par l'Ambrosiano, essentiellement en Amérique du Sud et en Amérique centrale, des pays qui sentent très fort la cocaïne. Cette fois le scandale va atteindre Marcinkus de plein fouet...

Le président de l'Ambrosiano, un certain Roberto Calvi, est soupçonné d'être lié à la Mafia. Assez vite, les policiers italiens remontent jusqu'à un de ses proches, Lucio Gelli, vénérable d'une loge maçonnique, *Propaganda Due*, la « loge P2 » en abrégé, dont Calvi est un membre éminent. Perquisitionnant chez Gelli, la police découvre de nombreux documents compromettants. La loge P2 est, semble-t-il, une organisation secrète visant à infiltrer les plus hautes instances du pays et à saper les fondements même de la République. Elle serait à l'origine de la plupart des scandales qui ont émaillé la vie publique italienne des dernières années. Elle serait également responsable du sanglant attentat de la gare de Bologne et de celui perpétré contre le train Italicus, tous deux attribués par la police aux néofascistes.

Dans les documents retrouvés au domicile de Lucio Gelli se trouve, en particulier, une liste comportant près de mille noms. Parmi eux figurent le gratin de l'armée et des services secrets, mais aussi des financiers, des magistrats et beaucoup de membres du personnel politique, dont trois ministres en exercice, ce qui va provoquer rapidement la démission du gouvernement.

Entre-temps, les événements s'accélèrent... Quelques jours plus tard, le 13 mai, c'est l'attentat contre Jean-Paul II ! Un Turc, Ali Agça, tire plusieurs balles sur le souverain pontife qui, gravement blessé, n'en réchappera que par miracle. On a dit qu'Agça avait agi par conviction islamiste ou pour le compte du KGB, mais il ne s'agit, pour moi, que d'un écran de fumée destiné à cacher les vrais coupables.

Les commanditaires de l'attentat sont les narcotrafiquants qui travaillaient la main dans la main avec les politiciens mafieux et qui blanchissaient leurs dollars grâce à l'Ambrosiano ! Jean-Paul II, après l'affaire de la loge P2, avait enfin compris à quel point le Vatican était compromis dans ces affaires d'argent sale et il était décidé à remettre de l'ordre. Il fallait donc le supprimer !

En fait, j'en ai la conviction sinon la preuve, Ali Agça a été manipulé. Il appartenait à une organisation nationaliste extrémiste turque, les « Loups gris », qui ne dédaignaient pas de se livrer au trafic de narcotiques et avaient des relations avec la Mafia internationale. C'est de cette manière qu'il a été contacté. Pour les commanditaires de l'attentat contre le pape, ces Loups gris avaient un autre avantage : ils entretenaient des rapports fréquents avec le KGB. Ainsi, l'illusion était parfaite...

Mais l'attentat échoue et c'est la panique dans les milieux politico-mafieux ! Lucio Gelli, lui, a compris. Il a aussitôt pris ses distances en s'enfuyant en Argentine. Il était temps car l'enquête, qui progresse rapidement, révèle sa véritable personnalité. L'homme est plus qu'inquiétant !

Ce personnage trouble a combattu en Espagne, dans les rangs des fascistes italiens. Pendant la Seconde Guerre mondiale, il a travaillé dans les services secrets du Duce. Il aurait même été mêlé à une curieuse affaire : la disparition du trésor de la Banque de Yougoslavie... Comme beaucoup de ses semblables, en 1944, sentant le vent tourner, il se rapproche des communistes italiens et, après la guerre, il n'est pas inquiété.

C'est alors que ce petit homme d'allure modeste bâtit sa fortune et, surtout, met en place une redoutable organisation secrète qui va peu à peu gangrener l'État italien, la loge P2, dont les objectifs n'ont, évidemment, aucun rapport avec ceux de la vraie franc-maçonnerie... Son but est d'instaurer un régime d'extrême droite. Gelli et ses amis pensent d'abord à un putsch, mais très vite ils choisissent plutôt d'opérer en douceur, achetant les consciences et noyautant tous les milieux qui comptent : l'armée, la presse, la politique et les services secrets...

L'enquête sur la loge P2 sonne la ruine de ce complot. C'est un véritable coup de pied dans la fourmilière... Et l'organisation, classiquement, va se défendre à sa manière, c'est-à-dire en se débarrassant de tous ceux qui seraient tentés de parler !

La première victime est la secrétaire de Roberto Calvi, le patron du Banco Ambrosiano. Elle est jetée par la fenêtre du quatrième étage de la banque. Officiellement, elle s'est suicidée... À ce moment, Calvi, qui se sait menacé, s'est enfui à Londres. Ce n'est pour lui qu'un sursis. Les tueurs ne tardent pas à retrouver sa trace et, à la mi-juin 1982, on découvre son corps pendu sous un pont de la capitale anglaise. Cela ressemble aussi à un suicide, mais cette fois l'enquête permet d'établir qu'il s'agit bien d'un meurtre : Calvi a été étranglé avant d'être pendu. Avec lui a disparu un attaché-case qui ne le quittait jamais et qui devait renfermer les documents les plus compromettants, y compris, évidemment, pour le Vatican.

Le suivant sur la liste est le vice-président de l'Ambrosiano. Manquant d'imagination ou pris de lassitude, les assassins réitèrent exactement la technique utilisée avec la secrétaire : ils le précipitent d'une fenêtre du quatrième étage du siège social de la banque... Enfin, il ne faut pas oublier le plus important des protagonistes, Michele Sindona, qui se trouve emprisonné en Italie. Les tueurs parviennent à lui faire porter un café au cyanure dans sa cellule... Au total, ce sont vingt-quatre personnes liées à la loge P2 qui sont ainsi mortes de façon mystérieuse à la suite de la révélation du scandale.

Reste Gelli lui-même, qui a trouvé refuge en Amérique du Sud. Longtemps, il pense que les précautions qu'il prend pour sa protection sont suffisantes, mais devant cette avalanche de disparitions il finit par craquer : il s'arrange pour se faire arrêter et ainsi se mettre à l'abri ! Mais il choisit la Suisse, non seulement parce que, après la mort de Sindona, il a de bonnes raisons de se méfier des prisons italiennes, mais parce que la législation y est particulièrement restrictive en matière d'extradition. Les autorités helvétiques refusent, en particulier, toute extradition pour motifs politiques. Lorsque, après bien des péripéties, les Italiens finiront par le récupérer, ils seront dans l'impossibilité de le poursuivre pour conspiration contre l'État, financement de groupes subversifs et autres délits politiques ; ils devront se contenter de l'inculper pour sa responsabilité dans le krach de la banque Ambrosiano et deux ou trois autres peccadilles.

Condamné légèrement, Lucio Gelli fait valoir un état de santé déficient, et les magistrats italiens, bons princes, lui permettent de rejoindre sa superbe villa où ils l'ont simplement assigné à résidence, afin qu'il y coule des jours tranquilles. Villa d'où, il faut le noter, il a recommencé aussitôt ses coupables activités. On ne se refait pas ! Et puis, si Gelli avait des ennemis, il avait encore bien plus d'amis, des amis très puissants. Alors, peut-être n'a-t-on pas fini d'entendre parler de lui ou de son organisation, car l'arbre cache trop souvent la forêt.

Je m'explique. Il nous a semblé, dans les services, que derrière cette histoire de loge P2, de Mafia, de banquiers corrompus, il existait autre chose de plus considérable encore... Pour être tout à fait franc, mes amis et moi-même n'étions pas les seuls à penser cela... En Italie aussi, certains parlementaires avaient subodoré quelque chose. Et le mot clef, c'est Gladio !

Gladio était une sorte d'organisation clandestine montée par les Américains en Europe, organisation destinée à activer des noyaux de résistance en cas d'occupation soviétique. Il existait, nous étions bien placés pour le savoir, des réseaux Gladio dans tous les pays européens membres de l'OTAN. En France, ces réseaux dormants n'ont été dissous qu'en 1990, à l'initiative de François Mitterrand. Une décision d'autant plus méritoire qu'un de ses intimes, François de Grossouvre, avait été un membre actif de l'organisation. En faisaient partie chez nous d'ex-agents des services de renseignement, d'anciens militaires, pas mal de types du SAC, aussi... L'esprit qui y régnait n'était pas spécialement progressiste. Mais en Italie, c'était pire : Gladio était devenu avec la complicité des services secrets une nébuleuse subversive d'extrême droite ! Je ne suis pas sûr que certains éléments de cette mystérieuse structure occulte ne soient pas encore en place !

Un dernier mot sur le krach de la banque Ambrosiano. Il a vraiment coûté très cher au Vatican. En 1984, un accord entre les liquidateurs a fixé à deux cent cinquante millions de dollars la part du Saint-Siège. On comprend mieux pourquoi Jean-Paul II s'est décidé à sévir. Paul Marcinkus a été invité à regagner son Chicago natal, pour redevenir simple prêtre et s'occuper de sauver les âmes d'une modeste paroisse de banlieue. Et là-bas aussi, croyez-moi, il y a du travail !

20.

Le prêtre assassiné

Curieuses années 80... Dans les services, nous assistons à la lente désagrégation du bloc soviétique. L'empire s'effrite. Nous ne savons pas encore qu'il s'écroulera si rapidement dans le fracas de la chute du mur de Berlin. Mais nous observons avec des sentiments divers l'affaiblissement de notre ennemi traditionnel. Que devient le « Grand Jeu » lorsqu'un des partenaires fait défection ?

Certains d'entre nous – j'en fais partie – s'éloigneront peu à peu. Comme si ce changement brutal sonnait la fin de leur carrière. La fin d'une époque. Regrettons nos ennemis puisque nos amis se font de plus en plus rares. Alors, oui, inlassablement, je me retourne vers mon passé. Mais sans nostalgie. Avec lucidité. Et, plus encore qu'autrefois, je vois clair dans ces dossiers qui ont émaillé mes jours. Cette affaire, par exemple...

Elle a fait grand bruit et elle a contribué à lézarder l'empire soviétique... En décembre 1984, un prêtre polonais, Jerzy Popieluszko, est enlevé, battu et tué. Ses assassins, très vite retrouvés, se révèlent être des policiers.

En Pologne, où le sentiment catholique est encore très fort, l'émotion est considérable. Un million de personnes assistent à l'enterrement de Popieluszko et sa sépulture va rapidement devenir un lieu de pèlerinage.

Contre toute attente, le gouvernement, dirigé par le général Jaruzelski, choisit de juger très rapidement les coupables, tous des officiers supérieurs. C'est une véritable première dans un pays du bloc de l'Est.

Dans l'opinion occidentale, l'affaire a suscité également une très grande émotion. Mais, la plupart du temps, on en fait une lecture partielle. Car peu de gens sont alors à même de comprendre que derrière ces faits monstrueux se cache une réalité plus monstrueuse encore ! L'assassinat de ce prêtre dissimule une opération d'intoxication parfaitement menée avec un machiavélisme et un cynisme stupéfiants.

Au début de la décennie 80, la Pologne vit une situation agitée... Les accords de Gdansk, signés en août 1980 entre Lech Walesa et le gouvernement polonais, reconnaissent entre autres l'existence d'un syndicat libre, Solidarité. C'est non seulement la légitimation d'une puissante aspiration populaire, mais c'est aussi une victoire pour l'Église. À Moscou, bien évidemment, on ne goûte guère la création de ce modèle socialiste à la polonaise qui enfreint la règle du syndicat unique contrôlé par le parti.

En février 1981, un nouvel homme apparaît à la tête de la présidence du Conseil : un général, Jaruzelski, qui a toute la confiance du Kremlin et qui va bientôt aussi exercer la fonction de secrétaire général du Parti communiste. Est-ce le premier signe de la reprise en main ?

Les accords de Gdansk encouragent Solidarité à demander toujours plus de démocratisation. Moscou gronde encore un peu plus fort. En Pologne, on s'attend à tout moment que les chars soviétiques déferlent sur le pays, comme ils l'ont fait en d'autres temps, à Budapest et à Prague. Mais, coup de théâtre, c'est le général Jaruzelski qui prend l'offensive. En décembre 1981, il décrète l'état de guerre. Des milliers de syndicalistes et d'opposants sont interpellés et internés. L'armée polonaise a pris le pouvoir...

Jaruzelski a-t-il exécuté ce coup de force pour empêcher Moscou d'intervenir militairement et donc épargner à son pays une nouvelle occupation russe? C'est probable. Mais le retentissement international est énorme. Le dictateur aux lunettes fumées est unanimement condamné, tandis que commence alors en Pologne ce qu'on a appelé la « normalisation ». Un mot pudique pour dissimuler la réalité : la reprise en main et le retour à un modèle communiste orthodoxe. Toutefois, surprise, dans les années qui suivent, l'état de guerre est supprimé, les internés sont peu à peu libérés. Le pouvoir communiste lâche incontestablement du lest.

Cette évolution n'est pas sans risque. Elle crée un dangereux antagonisme au sein même du pouvoir. Certains, dans le plus pur style stalinien, voudraient anéantir une fois pour toutes le syndicalisme libre qui continue d'exister dans la clandestinité. Ceux-là sont naturellement soutenus par Moscou. D'autres, au contraire, voudraient composer, pactiser avec l'Église et amorcer un lent processus de démocratisation... C'est alors qu'éclate l'affaire Popieluszko.

Jerzy Popieluszko, la trentaine, est un prêtre dynamique et ardent. Fils de paysans très pauvres, il a été ordonné au début des années 70. Il exerce son sacerdoce dans la banlieue de Varsovie et, très vite, il prend part aux événements qui agitent le pays. À la demande du cardinal Wyszynski, il célèbre des messes pour les ouvriers en grève et devient en 1980 l'un des aumôniers de Solidarité.

Quand vient le coup de force du général Jaruzelski, fin 1981, Popieluszko ne renonce nullement et continue son activité militante. Il invente d'ailleurs une forme de protestation inédite : des messes pour la patrie qu'il célèbre régulièrement et qui rassemblent à chaque fois des milliers de fidèles. Il devient ainsi une sorte de vedette dans son pays, la coqueluche de la jeunesse et l'une des figures de l'opposition.

Cette célébrité grandissante n'est évidemment pas du goût des autorités. Popieluszko est convoqué à maintes reprises à la milice. On l'interroge, on le menace. Mais il est difficile d'aller plus loin. En raison de son extrême popularité, le jeune prêtre est devenu pratiquement intouchable... Telle est la situation en 1984. Toutefois, si on ne peut rien entreprendre contre lui sur le plan légal, reste l'autre solution...

À la base de l'affaire se trouvent trois hommes, trois policiers de la 1re section du IVe département du ministère de l'Intérieur, celle qui est chargée des affaires religieuses. Le meneur de cette équipe est un capitaine, Grzegorz Piotrowski, âgé d'une trentaine d'années, tout comme sa future victime. Ce n'est pas la brute qu'on pourrait imaginer. Piotrowski est un homme cultivé, mathématicien de formation, qui aurait pu enseigner ou faire de la recherche, mais qui a choisi la police en raison des avantages matériels qu'elle procure. Les deux autres sont des lieutenants, Pekala et Chmielewski. Des policiers sans histoire qui se contentent d'obéir aveuglément à leur chef.

Dès le début, l'objectif de Grzegorz Piotrowski et de ses deux complices est de tuer Jerzy Popieluszko. Ce qui va suivre ne sera donc pas le récit d'un enlèvement qui aurait mal tourné, mais celui d'un assassinat soigneusement prémédité, même si son exécution laisse à désirer!... C'est le moins qu'on puisse dire.

Après une première tentative manquée, les trois policiers décident d'agir de nouveau le 19 octobre 1984.

Le prêtre, en raison de sa popularité toujours croissante, ne cesse de parcourir tout le pays. Il doit, ce jour-là, célébrer une messe à Bydgoszcz. Les trois policiers y assistent. Après l'office, Popieluszko dîne chez le curé qui l'a invité. Puis, conduit par son chauffeur, il prend la route de Varsovie...

Il fait nuit. Les trois policiers suivent la Volkswagen du prêtre à bord d'une voiture de service aux plaques maquillées, une Fiat pratiquement hors d'usage. Ils sont obligés de s'arrêter fréquemment pour remettre de l'huile dans le moteur. Et à chaque fois, ils se font remarquer...

Malgré leur moteur poussif, ils arrivent à doubler l'auto de Popieluszko en pleine forêt, après avoir fait plusieurs appels de phares. À la hauteur de la Volkswagen, l'un des policiers braque sur le chauffeur une lampe torche rouge qu'utilise la milice lors des contrôles routiers... Très naturellement, le chauffeur ralentit et se range sur le bas-côté. Et c'est effectivement un homme portant l'uniforme de la milice qui vient à lui et demande papiers et permis de conduire.

Le faux milicien demande au chauffeur de s'installer à l'intérieur de la Fiat afin de subir un contrôle d'alcoolémie. L'homme obtempère sans méfiance. Il se retrouve aussitôt menotté et bâillonné. Ensuite, Piotrowski sort de son auto et, accompagné d'un des lieutenants, il se dirige vers le véhicule du prêtre. Il ordonne à Popieluszko de sortir. Le capitaine est armé d'un gourdin ; les trois hommes font quelques pas ensemble sur le bord de la route. Et, soudain, les coups pleuvent sur la tête du prêtre. Il s'écroule. Les deux policiers le ficellent et le chargent dans le coffre de leur voiture. Ils montent à bord où se trouve toujours le chauffeur, gardé par le deuxième lieutenant. Puis ils démarrent en direction de Varsovie.

Peu après, un village apparaît... Brusquement, le chauffeur de Popieluszko, malgré ses menottes, actionne discrètement la poignée de la portière. Il donne un violent coup de coude et il bascule dans le vide en pleine marche. Chez les trois policiers, c'est l'affolement ! Pas question d'essayer de récupérer le prisonnier : une voiture arrive derrière. Piotrowski donne l'ordre au policier qui conduit de continuer à rouler...

Mais quelques minutes plus tard, le moteur de la voiture fait des caprices. Au même moment, les passagers entendent du bruit dans le coffre. Jerzy Popieluszko a sans doute repris connaissance... Pour ces deux raisons, Piotrowski décide de s'arrêter. Dès que l'auto est immobilisée, les policiers ouvrent le coffre. Popieluszko, bien réveillé et débarrassé de ses liens, en profite pour bondir, s'enfuir et appeler à l'aide !

Grzegorz Piotrowski et ses lieutenants se lancent à sa poursuite. Popieluszko, affaibli, est bien sûr rattrapé. Il est à nouveau assommé, bâillonné, ligoté et réinstallé dans le coffre de la Fiat. Les ravisseurs doivent aussi s'occuper du moteur, qui a une nouvelle fois besoin d'huile. Ils s'arrêtent peu après dans une station-service. Malgré les coups qu'il a reçus, Popieluszko s'agite dans le coffre. Alors, pendant que l'un des policiers est allé acheter de l'huile, les deux autres s'assoient sur le coffre pour empêcher que le prêtre ne le soulève...

Ils repartent. Piotrowski et ses hommes savent qu'à cause de la fuite du chauffeur ils doivent se débarrasser très vite du prêtre. Mais celui-ci, décidément vigoureux, recommence à remuer. Au cours d'un nouvel arrêt, Piotrowski trouve un procédé expéditif : il passe un nœud coulant autour du cou de Popieluszko, lui arque les jambes et attache le bout de la corde à ses chevilles. Si le prêtre veut détendre ses jambes, le nœud coulant se resserrera autour de son cou. Désormais, il ne pourra plus échapper à ses assassins !

Piotrowski atteint un barrage construit sur la Vistule. Quand il ouvre le coffre, il constate que Jerzy Popieluszko s'est étranglé avec la corde passée autour de son cou. Le prêtre a lui-même précipité son destin. Les trois policiers lestent le corps avec des pierres puis le jettent à l'eau. Cette fois, tout est fini !

Je l'ai dit, la nouvelle de la disparition du père Popieluszko provoque dans le pays une émotion considérable et le pouvoir donne l'assurance qu'il fera tout pour retrouver les coupables. Il tient parole puisque, en raison des multiples maladresses qu'ils ont commises, Piotrowski et les siens sont rapidement identifiés. Arrêtés, ils passent presque immédiatement aux aveux... Le corps du prêtre est rapidement découvert.

Bien entendu, en Pologne mais aussi dans le monde entier, chacun s'interroge. Qui sont les commanditaires ? Les communistes conservateurs, et derrière eux les Soviétiques, sont aussitôt montrés du doigt. Pour les durs du Kremlin, la Pologne fait en effet courir un danger mortel à tout le bloc soviétique. L'action de l'Église est particulièrement pernicieuse, d'autant qu'à Rome règne un pape polonais bien décidé à en finir avec le communisme. Pour toutes ces raisons, Jerzy Popieluszko était une cible désignée.

L'enquête progresse très vite. Un général, le supérieur de Piotrowski et de ses complices au ministère de l'Intérieur, est arrêté à son tour. Le gouvernement polonais, embarrassé par cette affaire, est bien décidé à faire en sorte que les assassins soient jugés au plus tôt. Effectivement, le procès s'ouvre en février 1985, quatre mois seulement après les faits. À l'évidence, Jaruzelski veut montrer que la justice passera et que, fussent-ils policiers, les assassins ne bénéficieront d'aucune impunité.

Au cours du procès, les accusés reconnaissent leur culpabilité. À l'exception d'un entre eux, le général. Quant au capitaine Piotrowski, il dit avoir agi sur ordre des autorités supérieures. Il affirme même que le ministre de l'Intérieur, le général Kiszczak, ne pouvait ignorer ce projet d'assassinat.

Ses déclarations ne rencontrent pas d'écho, bien que les avocats de la partie civile mettent en cause les durs du régime et accusent à mots couverts l'URSS. À l'issue des débats, tous les protagonistes de l'affaire sont condamnés à de lourdes peines de prison.

La presse internationale souligne à juste titre qu'il s'agit là d'un procès sans précédent dans un pays socialiste. Jamais encore on n'a vu comparaître sous les regards du public des officiers de la police politique (préalablement dégradés et exclus du parti). Le pouvoir a tenu parole.

Telle est, désormais, la vérité officielle : le père Jerzy Popieluszko a été assassiné par des communistes conservateurs, avec l'appui en sous-main de l'URSS, et peut-être même l'aide du KGB. Mais à la lumière des informations que je possède, je suis en état de dire que c'est faux ! Le coup venait en fait de l'autre côté, c'est-à-dire du côté de ceux qui, au contraire, étaient favorables à un assouplissement du régime...

Cela semble absurde, et pourtant c'est parfaitement logique ! Le général Jaruzelski vit alors une situation particulièrement difficile... Il sait très bien que l'opposition, un instant anesthésiée après le coup de force de 1981, reprend du poil de la bête. D'un autre côté, sa politique est de plus en plus attaquée par les dirigeants communistes purs et durs. Il faut faire quelque chose pour procéder à une purge dans la police et se débarrasser à cette occasion des éléments les plus staliniens du régime. Or, notez-le bien, c'est effectivement le résultat de l'affaire Popieluszko! Le principal rival de Jaruzelski, Milewski, un farouche conservateur, sera éliminé des instances dirigeantes. Et la police sera sévèrement épurée!

Bien sûr, cette purge a été réalisée au prix d'un assassinat. Un assassinat perpétré par des hommes qui ont été purement et simplement manipulés par le pouvoir. C'est bien connu, la fin justifie les moyens!

Il faut ajouter que la célérité avec laquelle le régime a réagi ne pouvait qu'être bien accueillie par les opinions publiques polonaise et étrangère... C'était tout bénéfice pour Jaruzelski. Ainsi, le Département d'État américain a considéré que le gouvernement polonais avait, à cette occasion, fait un pas dans la bonne direction. Et, dans la foulée, le président Reagan a levé son veto à la réadmission de la Pologne au Fonds monétaire international.

Alors, le général Jaruzelski serait-il le véritable instigateur de l'assassinat de Popieluszko? Sans doute pas, mais ses amis, eux, ont très bien pu ourdir cette machination sans qu'il ait été lui-même informé. Ils auraient agi ainsi à sa place, pour son plus grand bien, mais sans le compromettre personnellement! Une machination particulièrement cynique. Et efficace!

Une confirmation? De sa cellule, le capitaine Piotrowski a entamé une correspondance avec un journaliste polonais, Tadeusz Fredo-Boniecki. Ces lettres ont été publiées en 1990. Elles ont fait scandale en Pologne et provoqué la démission ou la mise à la retraite de nombreux officiers encore en place au ministère de l'Intérieur. Ceux-là mêmes, bien sûr, qui avaient été les artisans de cette manipulation extraordinaire.

21.

Action directe

Je me suis souvent posé la question. Et c'est l'une des plus intéressantes de l'après-Mai 68... Aux États-Unis et en Europe, les étudiants, les jeunes, se sont révoltés et ont engendré le gauchisme, critique radicale de notre société. Alors qu'en Italie et en Allemagne, par exemple, ces mouvements ont donné naissance à des organisations terroristes, Brigades rouges, Fraction armée rouge, en France, la contestation a rarement basculé dans une violence aussi extrême. Pourtant, il y a eu chez nous des groupes comparables, comme Action directe. Alors, pourquoi cette organisation n'a-t-elle jamais réussi à installer un réel climat de terreur?

Je connais bien l'histoire d'Action directe et, pour moi, la réponse ne fait pas de doute : ces gens-là étaient des amateurs, des rigolos! Il n'y avait pas, chez eux, de vraies têtes, de théoriciens. Les quelques textes qu'ils ont publiés sont d'une pauvreté intellectuelle affligeante. Bien sûr, ils ont tué. Mais donnez une arme ou des explosifs à n'importe quel exalté, il est capable d'en faire autant! Il n'y a rien de plus facile.

L'histoire d'Action directe n'est qu'une longue suite de manipulations par le pouvoir. Il m'arrive même de penser qu'au fond, c'était la vraie raison d'exister de ses membres. Mais jugez plutôt... La première de ces manipulations n'est pas la moins étonnante, loin de là!

Nous sommes en 1980. Action directe n'est alors qu'un groupuscule qu'on soupçonne d'avoir commis des hold-up. La bande n'est pas encore vraiment dangereuse, mais il ne serait pas impossible qu'elle le devienne. Il apparaît souhaitable de la neutraliser avant. C'est ainsi que quelques cerveaux tortueux des Renseignements généraux élaborent un plan destiné à piéger ces apprentis terroristes...

À l'époque, le numéro un du terrorisme, la figure légendaire, le modèle, c'est Carlos. Non sans raison, les policiers se disent que les militants d'Action directe doivent éprouver une sorte de fascination pour lui. D'où l'idée de leur proposer un rendez-vous imaginaire avec Carlos !... Les RG disposent d'une taupe infiltrée dans le mouvement, Gabriel Chahine, un sculpteur. C'est lui qui contacte et appâte Jean-Marc Rouillan et Nathalie Ménigon, les deux chefs du mouvement. Il leur affirme que Carlos en personne leur propose une mission. Il s'agit de faire sauter le barrage d'Assouan contre un million de dollars, ni plus ni moins !

Ce qui est extravagant, c'est que Rouillan et Ménigon avalent cette fable ! Ils ne marchent pas, ils courent. Une rencontre secrète avec le terroriste leur est proposée. Les deux terroristes en herbe s'y précipitent. Et, naturellement, ils se font cueillir par les policiers. J'ajoute quand même que Nathalie Ménigon leur donne du fil à retordre et qu'elle tire deux chargeurs de 11,43 avant de se laisser prendre. Il faut aussi noter que cette abracadabrante affaire du faux rendez-vous avec Carlos a eu une conséquence dramatique : l'indicateur des RG, Chahine, a été abattu plus tard par des membres du mouvement terroriste. Les militants d'Action directe étaient peut-être naïfs, mais sûrement dangereux !

Deuxième acte... Moins d'un an a passé et les deux terroristes sont libres. Ils ont profité tout simplement de l'amnistie qui a suivi l'élection de 1981, ce qui donnera lieu plus tard à une vive polémique entre Chirac et Mitterrand. À ce sujet, force est de reconnaître que cette grâce présidentielle a été la première erreur grossière de la nouvelle majorité.

Une fois dehors, Rouillan et Ménigon vont reprendre leurs activités avec beaucoup plus de détermination et de violence. Pourquoi ? Parce que leur précédente arrestation, en les mettant sur le devant de l'actualité, les a grisés. Maintenant, ce sont des vedettes du terrorisme et ils vont se jeter à corps perdu dans ce qui est nommément le but de leur groupe : l'action directe.

J'ai étudié un peu leur biographie. Jean-Marc Rouillan a la trentaine au début des années 80. Né non loin de la frontière espagnole, il a été très marqué par le combat antifranquiste et il a navigué dans divers groupuscules gauchistes, jusqu'à ce qu'il soit condamné à trois ans de prison pour avoir fracturé un parcmètre. La sévérité exceptionnelle de ce jugement vient de ce que les policiers ont découvert chez lui des armes et des documents sur des attentats en préparation. C'est l'entrée officieuse de Rouillan dans la nébuleuse du terrorisme.

Nathalie Ménigon est un peu plus jeune. Issue d'une famille modeste, elle commence par être employée de banque. Elle a tout de la jeune fille tranquille, sensible. Il n'y a rien de spécial à dire à son sujet, avant sa rencontre avec Rouillan, à part peut-être une anecdote : elle a fait beaucoup de sport et elle s'entraînait dans une association sportive de la Préfecture de Police, ce qui ne s'invente pas !

La jeune fille sage change du tout au tout au contact de Jean-Marc Rouillan. Elle devient militante communiste révolutionnaire. Est-ce l'effet de l'amour ou bien sa vraie nature ? Je ne pense pas que la question ait un grand intérêt. Ce qui compte, ce sont les faits, c'est-à-dire l'entrée du couple dans la spirale de la violence.

On en a la preuve formelle au printemps 1982, lors de la découverte d'une cache d'armes dans un box du XXe arrondissement. À cette occasion, la police arrête une jeune fille de bonne famille, Joëlle Aubron, soupçonnée d'avoir participé à un hold-up qui a mal tourné, place des Ternes, à Paris : un policier a été tué dans une fusillade avec les agresseurs.

En août 1982, plusieurs attentats sont attribués à Action directe. Le gouvernement prononce la dissolution du mouvement et, cette fois, se décide à agir par tous les moyens. Il paye, en effet, très cher l'erreur qu'a été la libération du couple. Au début de l'automne, la police effectue un coup de filet dans les milieux révolutionnaires. Plusieurs militants gauchistes sont arrêtés, dont un certain Oriach. Dans une consigne de la gare du Nord, les policiers saisissent un grand nombre de documents dont il est l'auteur. Il s'agit d'une prose violemment antisioniste, qui laisse supposer qu'Action directe est liée à des organisations palestiniennes.

Il est d'autant plus difficile de prendre ces faits à la légère qu'en 1982 la situation est préoccupante sur le plan du terrorisme. La France est secouée par toute une série d'attentats, dont certains très meurtriers. C'est l'année de la bombe dans le Capitole, de la tuerie de la rue des Rosiers, du colis piégé de l'avenue de la Bourdonnais où deux artificiers trouvent la mort en essayant de désamorcer la bombe, de l'attentat de la rue Marbeuf, etc. Mais ce qui va exacerber la fureur du pouvoir, c'est une interview que donne Jean-Marc Rouillan.

En octobre de cette année, le terroriste, qui est recherché par la police, se confie longuement à un journaliste du *Matin de Paris*, Jacques Bacelon. Il réfute l'implication d'Action directe dans les attentats qui ont secoué la France cette année-là. Et il ironise : « Et pourquoi pas nous attribuer l'assassinat d'Henri IV ? » Ensuite, il s'élève contre la dissolution de son mouvement. « Dissoudre Action directe, c'est l'empêcher de diffuser ses analyses, de s'exprimer, c'est obliger ses militants à entrer dans la clandestinité. »

Un personnage bien connu, le capitaine Paul Barril, répond à cette provocation. Il appartient toujours au GIGN et semble être l'une des chevilles ouvrières de la fameuse cellule élyséenne, même s'il n'en fait pas officiellement partie. On n'a pas oublié que celle-ci, d'abord chargée d'assurer la protection du président de la République, a peu à peu dérapé en se mêlant de la lutte antiterroriste, en accomplissant des missions de renseignement et surtout en pratiquant des écoutes téléphoniques destinées essentiellement à protéger la vie privée de François Mitterrand. J'ajoute que, dans les services, nous nous méfions de cette cellule et des initiatives qu'elle peut être amenée à prendre. Même si, théoriquement, des contacts sont organisés par l'intermédiaire d'un célèbre commissaire.

Au sein de la cellule élyséenne commence à germer l'idée d'un « coup », une opération spectaculaire destinée tout autant à montrer que le pouvoir ne reste pas inerte et que les supergendarmes de l'Élysée sont des champions ! Et puis il n'est pas inutile de faire oublier la désastreuse affaire des Irlandais de Vincennes, que j'évoque par ailleurs dans cet ouvrage [1]. Le coup en question est pour le moins audacieux, puisque Paul Barril va essayer d'approcher Rouillan et de le persuader de se livrer à la justice !

Barril, qui affirme avoir reçu carte blanche de l'Élysée, contacte Jacques Bacelon, le journaliste du *Matin* qui a interviewé Rouillan. Mais Bacelon, prudemment, lui refuse son concours et lui conseille de passer par l'avocat de Rouillan, Me Fagart. C'est ainsi que commence une longue série de négociations entre le capitaine et le chef d'Action directe...

Barril dit en substance à ce dernier qu'à l'Élysée on veut régler tous ces problèmes de terrorisme en douceur, c'est-à-dire en tenant la police et la justice à l'écart. Il assure que si Rouillan se rend, il se fait fort d'obtenir la clémence de la justice, engagement pour le moins téméraire car le juge Bruguière, chargé de l'instruction, n'a pas une réputation spéciale de mansuétude.

Rouillan est intéressé : il est las de vivre perpétuellement dans la clandestinité, mais il se méfie. Le temps où il était prêt à partir à l'assaut du barrage d'Assouan pour un million de dollars est loin. Et il refuse la proposition du super-gendarme. Alors, Barril va encore plus loin : il s'engage à assurer per-

1. Voir chapitre 18.

sonnellement la protection du terroriste jusqu'à sa présentation devant un juge. Le plus extraordinaire, c'est qu'il formule ses propositions par écrit et sur papier à en-tête de la présidence, s'il vous plaît ! Ce n'est pas tout... Jean-Marc Rouillan faisant toujours la sourde oreille, dans une deuxième lettre le capitaine lui promet de témoigner en sa faveur devant la justice, puis, dans une troisième, il pousse l'amabilité jusqu'à lui donner son numéro de téléphone personnel. Peine perdue, Rouillan refuse obstinément le contact. Il ne téléphonera jamais et les négociations capotent définitivement.

L'affaire s'arrête là, mais pas son exploitation politique. Car il y a immédiatement des fuites. Peut-être viennent-elles de l'entourage même du super-gendarme ; Barril, je le sais pertinemment et je ne suis pas le seul à le savoir, n'a pas que des amis, y compris à l'Élysée. À moins qu'il ne s'agisse de Rouillan lui-même, qui a voulu jouer un bon tour au pouvoir en distribuant des copies des lettres qu'il a reçues. Quoi qu'il en soit, le coup a raté lamentablement et le pouvoir, dans cette affaire, a réussi à se ridiculiser et à mécontenter à la fois la justice et la police ! Joli résultat, mais à mon point de vue parfaitement mérité.

Après la malencontreuse intervention du capitaine Paul Barril, les militants d'Action directe plongent définitivement dans la clandestinité. De 1984 à 1986, ils multiplient les coups en tous genres. Une branche dissidente du mouvement, la branche lyonnaise, va même frapper au cœur de l'institution policière, au siège de la Brigade de répression du banditisme. D'après mes estimations, on peut fixer à cent attentats et dix assassinats le sinistre bilan de l'organisation durant cette période.

Il faut ajouter que, dans ces années-là, les militants d'Action directe, qui ne sont que quelques dizaines, multiplient les contacts avec les groupes terroristes étrangers, allemands, italiens et sans doute aussi palestiniens. L'organisation se comporte comme une sorte de centrale terroriste au service d'autres mouvements [1]. D'une certaine façon, les militants d'Action directe sont devenus, consciemment ou pas, des mercenaires.

La police ne reste pas inactive : plusieurs membres de l'organisation sont arrêtés, mais les chefs, Nathalie Ménigon et Jean-Marc Rouillan, restent introuvables... C'est alors que se joue le troisième et dernier acte, qui va se doubler d'une troisième et dernière manipulation.

Nous sommes en février 1987. L'époque est tout aussi dramatique que la précédente sur le plan du terrorisme. En 1986, de terribles attentats ont ensanglanté le pays, dont celui de la rue de Rennes est resté le plus tristement célèbre. Sur le plan politique, le pouvoir a alors changé de mains. C'est la première cohabitation. Jacques Chirac est premier ministre, Charles Pasqua ministre de l'Intérieur, et on se souvient de la célèbre déclaration de ce dernier : « Il faut terroriser les terroristes ! »

Reconnaissons-le, les résultats sont à la hauteur de cette virile proclamation, notamment grâce à l'utilisation systématique d'informateurs, l'infiltration des mouvements clandestins et la pose d'affiches promettant des récompenses aux témoins éventuels. Pourtant, durant toute l'année 1986, les membres d'Action directe passent à travers les mailles du filet. Et puis soudain, le 21 février 1987, c'est le coup de tonnerre : Nathalie Ménigon et Jean-Marc Rouillan sont arrêtés à Vitry-aux-Loges, dans le Loiret, en compagnie d'un autre couple : Joëlle Aubron et Georges Cipriani. Action directe est décapitée ! L'arrestation, qui a été réalisée par les hommes du RAID, fait la une de tous les médias.

Le coup de filet est remarquable, mais comme toujours avec Action directe, le pouvoir en place en a rajouté par souci de propagande ! Alors, il ne me semble pas inutile de rétablir la vérité... On a dit que c'était grâce aux affiches promettant récompense que Rouillan et Ménigon ont été identifiés, puis

1. Voir chapitre 22.

on a parlé d'un mystérieux informateur infiltré dans le mouvement et dont il fallait protéger l'identité par tous les moyens. On a même prétendu que son nom était à l'abri dans un coffre du ministère et que seuls quelques initiés étaient au courant. Tout cela, c'était du cinéma ! Pour le pouvoir en place, il fallait médiatiser, médiatiser à outrance !

La vérité est beaucoup plus simple. Tout a été le fait du hasard et aussi d'une bonne dose de méfiance paysanne...

Rouillan et Ménigon ont trouvé refuge dans une ferme d'un village du Loiret, à la limite de la Sologne. Ils mènent la vie d'un couple paisible. Lui dit s'appeler Robert et être citoyen belge. Avec sa compagne Nadine, il élève des hamsters et des poules. Robert et Nadine vivent en bonne intelligence avec leurs voisins et boivent même de temps en temps le coup avec eux...

Seulement, à la campagne, on ne donne pas sa confiance si facilement. Les gens se posent des questions : pourquoi Robert et Nadine travaillent-ils si tard la nuit ? Pourquoi Robert surveille-t-il souvent les environs à la jumelle ? Qui est ce couple, toujours le même, qui vient parfois les voir ? Et pourquoi encore, quand ils vous invitent chez eux, ne vous laissent-ils pénétrer que dans la cuisine ? Cela en fait des questions !

Ces voisins soupçonneux ne vont pas chercher midi à quatorze heures. De quoi a-t-on peur à la campagne ? Des voleurs ! Bientôt, ils imaginent que ce couple tranquille, trop tranquille, appartient à un gang, une bande qui dévalise les maisons isolées et les résidences secondaires, ce qui expliquerait leurs déplacements brefs et fréquents... Alors l'un d'eux se souvient opportunément que l'un de ses amis travaille dans la police. C'est un inspecteur, un inspecteur de la DST ! Lui saura sûrement y voir clair !

L'homme est effectivement très intéressé et intrigué, mais il a un comportement tout à fait étonnant : au lieu d'en parler à ses supérieurs, ce qui aurait fait avancer les choses beaucoup plus vite, car son chef n'est autre que le commissaire qui avait arrêté autrefois Ménigon et Rouillan en 1980, lors du faux rendez-vous avec Carlos, il donne le tuyau à l'un de ses collègues des RG.

J'avoue qu'aujourd'hui encore je reste perplexe. Peut-être faut-il tenir compte du contexte, toujours actuel, de la guerre des polices. Ce policier a-t-il voulu exacerber la rivalité entre DST et RG ? A-t-il refusé de livrer à son patron un dossier qui lui aurait valu à coup sûr une promotion ? Mystère. En tout cas, cela fera du bruit à la DST quand on apprendra la vérité, beaucoup plus tard...

C'est donc maintenant un inspecteur des RG qui est en possession de l'information. Il fait le déplacement et s'installe discrètement dans le voisinage. Il prend des photos, il observe les présumés cambrioleurs. Un jour, enfin, il peut approcher Nadine dans un supermarché où elle fait ses courses. Et, surprise, il reconnaît sans aucun doute possible Nathalie Ménigon ! Elle a beau avoir grossi, changé de coiffure, c'est bien elle. Les suspects ne sont pas des gangsters mais les chefs d'Action directe ! Aussitôt, il avertit sa hiérarchie et le piège se met en place ! Un soir, l'assaut est donné à la ferme et les terroristes sont appréhendés sans opposer beaucoup de résistance. Résultat, c'est la direction centrale des RG qui empoche la mise ! Ainsi, l'arrestation de Vitry-aux-Loges ne doit rien au patient travail d'infiltration des milieux terroristes, comme il a été dit alors à la presse, mais beaucoup au hasard et à la guerre des polices. Une vérité que l'on prendra bien soin de taire, au nom du prestige de la police et de son chef, le premier flic de France, Charles Pasqua !

Un dernier mot : les quatre de Vitry-aux-Loges, Rouillan, Ménigon, Aubron et Cipriani, ont été condamnés par la cour d'assises antiterroriste à la réclusion perpétuelle, assortie d'une peine de sûreté de dix-huit ans et cela, au moins, c'est une information à laquelle on peut croire sans le moindre doute !

22.

Mort d'un général

Action directe encore. Pourquoi dois-je y revenir ? Parce que ce mouvement terroriste à la française n'a pas livré tous ses secrets. Malgré l'arrestation de la plupart de ses militants.

Je ne suis pas un adepte de ce mouvement d'opinion à la mode (surtout aux États-Unis) qui voit des complots partout. Je suis pourtant bien placé pour savoir que la vérité officielle dissimule nombre d'aspects obscurs. Mais, de grâce, ne généralisons pas, ne fantasmons pas ! Et contentons-nous de faire appel à notre raison.

Dans les années 80, le terrorisme a empoisonné les nations occidentales. Il était tentant d'imaginer que ces différents mouvements clandestins faisaient partie d'une sorte de consortium international. Une pieuvre dont la tête, bien sûr, se trouvait à Moscou. Certains responsables des services secrets n'ont pas hésité à franchir le pas : pour eux, à l'évidence, c'était le KGB qui manipulait et armait cette nébuleuse terroriste.

Je ne nie pas qu'un certain nombre d'organisations violentes ont été à l'occasion les marionnettes de Moscou qui s'en servait ponctuellement, en fonction d'objectifs bien particuliers. Ainsi, on sait que c'est la Stasi est-allemande qui a plus ou moins commandité l'attentat contre un cercle culturel français en Allemagne.

Mais, pour autant, tous ces mouvements terroristes n'étaient pas dirigés depuis Moscou. Et leur coopération éventuelle ne devait rien au machiavélisme des chefs du KGB.

D'autres nations pouvaient aussi piloter ces opérations sanglantes. Des nations tentées de se servir des petits soldats perdus du terrorisme. Telle est la principale leçon de l'affaire qui suit.

C'est une petite rue tranquille d'une banlieue résidentielle. Les maisons sont cossues, la chaussée déserte. Il tombe une fine pluie glaciale. En cette fin janvier, le jour s'efface vite. Il fait déjà nuit lorsque le téléphone sonne au numéro 35. Une très jeune fille décroche. « À quelle heure rentre votre père ? » demande une voix de femme à l'accent germanique. La jeune fille répond d'une façon évasive. Elle croit savoir que son père est parti en voyage pour la journée. Il rentrera sans doute dans la soirée... En tout cas, elle ne prête guère attention à ce coup de fil. Son père est un homme très occupé qui voyage dans le monde entier et brasse des affaires considérables.

Le temps passe... Il pleut toujours. Soudain, deux phares déchirent la nuit. Une Renault 20 s'arrête devant la maison. C'est lui. Au volant, l'homme fait une marche arrière pour s'engager dans l'allée de son garage. Alors une silhouette surgit. Huit éclairs, huit coups de feu qui claquent dans la nuit. Le conducteur de la Renault 20 s'est écroulé sur le volant. Quatre balles de 11,43 l'ont atteint. Le 11,43, le calibre des tueurs professionnels...

Une voiture démarre en trombe, tandis que, dans la rue, des voisins, alertés par les coups de feu, ouvrent leurs volets. Il n'y a plus rien à faire pour l'ingénieur général Audran. Il est mort sur le coup.

Quelques minutes plus tard, avant même que la police n'arrive sur les lieux, un correspondant anonyme téléphone au journal *Libération* et revendique l'assassinat de René Audran au nom d'Action directe...

Vous vous souvenez certainement que cette affaire a soulevé à l'époque – c'était en 1985 – une intense émotion. En tant que directeur des affaires internationales de la Délégation générale à l'armement, le général Audran était le véritable patron des ventes d'armes françaises à l'étranger. C'était, en outre, la première fois qu'une exécution de cette sorte, à la manière des Brigades rouges italiennes ou de la bande à Baader allemande, était perpétrée dans notre pays. Une première inquiétante, d'autant que dix jours plus tôt Action directe, qui va bientôt revendiquer l'assassinat, avait annoncé dans un communiqué son union avec les Fractions armées rouges allemandes. Ce crime était-il la première manifestation de cette nouvelle alliance terroriste, de cet euroterrorisme, comme on l'appellera plus tard de façon abusive?

Pour bien comprendre toute l'affaire, il faut revenir sur les fonctions de René Audran. Ce polytechnicien de formation était ingénieur général de l'armement et, à ce titre, il avait le grade de général. La Délégation générale à l'armement, où il travaillait, est un organisme tout à fait à part, une sorte d'État dans l'État, qui semble n'avoir d'équivalent dans aucun autre pays. La DGA a la haute main sur la fabrication et la vente des armes. Même le pouvoir politique, dont elle dépend théoriquement, s'est vu plusieurs fois imposer ses choix par cette administration.

En 1985, René Audran en est donc le directeur des affaires internationales, ce qui fait de lui la véritable éminence grise de l'exportation des armes françaises. Et il a, en outre, la confiance totale de son ministre, Charles Hernu.

S'attaquer à un homme de cette envergure revient à mettre en cause toute la politique de ventes d'armes de la France. Des ventes qui, en ces années 80, sont particulièrement lucratives. L'année précédente, en 1984, le commerce français des armes s'est traduit par un excédent de plus de trente milliards de francs, somme plus que coquette qui suscite beaucoup de jalousies chez nos concurrents...

En effet, le marché est particulièrement disputé. Il engendre des rivalités féroces; tous les coups y sont permis, même entre alliés. Mais c'est évidemment entre concurrents des camps opposés que l'affrontement est le plus dur! Or, justement, sous l'impulsion de François Mitterrand, la DGA a commencé à s'attaquer à des marchés considérés traditionnellement comme chasse gardée des Soviétiques...

En Algérie, par exemple, René Audran en personne a négocié la vente d'un système de radars. Un marché énorme. Ce n'est pas tout : il est aussi question de vendre aux Algériens des avions et des blindés, pour la plus grande fureur des Soviétiques !

Dans une autre région de la planète, en Inde, la France a également concurrencé l'URSS. Les Soviétiques ont été dépossédés d'un marché d'armes de plus d'un milliard de dollars. Et il est aussi question de placer là-bas une quarantaine de Mirage. Cette fois, les Russes se fâchent tout rouge et, en guise de rétorsion, ils expulsent notre attaché militaire à Moscou, sous prétexte d'espionnage. L'accusation est naturellement fausse, mais ce colonel était l'un des collaborateurs les plus efficaces de René Audran. Il convenait de l'éliminer !

Après l'assassinat du général Audran, dès le début de l'enquête, les policiers, qui sont bien sûr épaulés par des hommes des services secrets, évoquent la piste du KGB. Si on se demande à qui profite le crime, il saute aux yeux que ceux qui avaient le plus intérêt à se débarrasser du général étaient les Soviétiques. Bien sûr, ce ne sont pas eux qui ont directement frappé, puisque c'est Action directe qui a revendiqué l'assassinat. Mais quand on regarde de près le texte de cette revendication, un texte, entre parenthèses, qui a été diffusé simultanément en France et en Allemagne, on note des choses très curieuses...

Les membres d'Action directe semblent, en effet, s'être purement et simplement alignés sur les thèses soviétiques et le jargon habituellement utilisé à Moscou. D'abord Audran y est présenté comme un élément clef du dispositif impérialiste. Ensuite, Action directe accuse la France de menacer en priorité les pays socialistes. Enfin, le mouvement terroriste prétend que la France, en voulant accroître la coopération militaire en

Europe, rejoint de fait la structure de l'OTAN. C'est ce que ne cessent de dire les dirigeants de l'URSS. En conclusion, Action directe semble bel et bien sous influence soviétique : à première vue, l'assassinat de l'ingénieur général Audran aurait donc bien été commandité par le KGB, qui aurait en quelque sorte sous-traité le « contrat » !

Cette hypothèse, en réalité, ne fait que recouper des informations recueillies au niveau européen. En 1984, quelques mois avant l'assassinat d'Audran, les policiers allemands ont découvert une cache de la Fraction armée rouge, contenant une masse de documents. Il s'agissait essentiellement de plans d'actions de commandos, visant les installations militaires américaines en Allemagne et des dispositifs de l'OTAN en France et en Belgique, tels les pipe-lines. Ces plans étaient tellement précis, tellement détaillés, qu'à l'évidence les organisations gauchistes allemandes, belges ou françaises n'avaient pu les établir seules. Elles avaient été forcément aidées par un service de renseignement de premier plan, autrement dit le KGB ou l'un de ses satellites comme la Stasi.

Finalement, Action directe, en échange d'autres services, livraison d'armes, argent, renseignements, aurait bien exécuté le contrat Audran pour le compte des Soviétiques. C'est la piste la plus logique, et c'est celle à laquelle nous avons rapidement abouti dans les services. Pourtant, la suite de l'enquête va démontrer que ce n'est pas la seule.

D'abord, on découvre que l'ingénieur général est une cible depuis longtemps. Un an plus tôt, il a eu l'impression d'être suivi. Ayant aussitôt prévenu le ministère de la Défense, il a dès lors bénéficié d'une protection armée.

Qui pouvait le menacer ? Une organisation terroriste ? Un service étranger ? De nouvelles recherches ont été entreprises.

À l'époque où Audran s'est aperçu qu'on le filait, il venait de s'opposer à une vente d'armes destinée à la Syrie, une vente de missiles pour être tout à fait précis. La France avait de bonnes raisons de penser que la Syrie soutenait les terroristes qui frappaient nos intérêts ou qui plaçaient des bombes chez nous. Nous savions en particulier que c'était elle qui avait armé les assassins de notre ambassadeur à Beyrouth, Louis Delamare. À mon avis, pourtant, la Syrie n'était pas directement impliquée dans l'affaire Audran. Mais en était-il de même pour l'un de ses voisins ?

Remontons un peu dans le temps : en novembre 1983, c'est la terrible hécatombe de l'immeuble Drakkar à Beyrouth. Cinquante-huit militaires français périssent au cours de cet attentat au camion piégé. Quelques minutes plus tôt, un autre véhicule kamikaze chargé d'explosifs a tué deux cent quarante et un marines américains. Qui a frappé ? On pense naturellement aux Syriens. Mais, assez vite, Américains et Français identifient les vrais auteurs de ces deux attentats. Ce sont des miliciens chiites du Hezbollah. Derrière, il y a l'Iran, qui a de bonnes raisons de nous en vouloir car la France soutient l'Irak dans la guerre qui fait rage entre les deux pays. Elle est même son principal pourvoyeur d'armes.

J'en arrive maintenant à un aspect beaucoup plus secret des choses... Certes, nous aidions alors l'Irak en lui vendant des armes, en lui fournissant des avions, parfois prélevés sur les stocks de notre armée de l'air. Mais avions-nous vraiment intérêt à ce que l'Irak écrasât l'Iran ? Et surtout pouvions-nous totalement négliger le formidable marché iranien ?

Cette guerre horrible qui se prolongeait était pain bénit pour les marchands de canons ! Il était tentant de vendre des armes aux deux parties. Seulement, pour cela, il fallait agir avec la plus grande discrétion. D'abord pour ne pas donner l'éveil aux Irakiens qui n'auraient guère apprécié ce double jeu. Ensuite pour ne pas donner l'impression d'enfreindre la politique officielle de la France, qui était le blocus et l'interdiction de toute livraison d'armes à l'Iran.

Donc, c'est vrai – l'opinion publique l'apprendra un peu plus tard lorsque l'affaire Luchaire éclatera –, nous avons livré clandestinement des armes à Khomeyni ! À la fin de l'année

1984, les Égyptiens interceptent un cargo chypriote dans le canal de Suez. Ils le contrôlent et découvrent à son bord trente mille obus destinés à l'Iran. Les services égyptiens alertent leurs homologues français qui informent à leur tour le pouvoir. À Paris, on choisit de faire le dos rond et on étouffe l'affaire...

Seulement, il y a des fuites, sans doute du côté égyptien. Et, au début janvier 1985, un journal grec pose crûment la question : « La France livre-t-elle des armes à l'Iran ? » À Paris, c'est la panique. Si l'information est reprise par la presse française, le scandale menace ! Très vite, l'ingénieur général Audran prend les devants. Puisque c'est lui qui contrôle toutes les ventes d'armes à l'étranger, il ne peut pas laisser se poursuivre de telles pratiques. Il interdit toute nouvelle livraison d'obus ou d'explosifs à l'Iran. Quinze jours plus tard, il est assassiné : on ne peut s'empêcher de trouver le rapprochement troublant !

Tout un faisceau d'indices et de renseignements obtenus de bonne source vont peu à peu nous indiquer clairement que les regards doivent se tourner vers Téhéran. Bien sûr, les assassins du général ne sont pas les membres d'un commando iranien, mais les hommes d'Action directe. C'est chez eux qu'on retrouvera d'ailleurs plus tard l'arme du crime. Mais ce n'est nullement contradictoire. Tout comme dans la première hypothèse soviétique, ils ont exécuté un contrat pour le compte des services secrets iraniens.

Sans doute, l'organisation terroriste n'avait-elle pas trop d'affinités avec le régime des ayatollahs... Les tueurs ont-ils même su qu'en assassinant Audran ils travaillaient pour Téhéran ? Peut-être pas. Il ne devait pas être trop difficile de persuader ces exaltés d'abattre un homme qui était le symbole vivant des ventes d'armes à l'étranger, le chef des marchands de canons français en somme !

23.

Le cheval de Troie

Telle est l'histoire de l'espionnage, parsemée de défections et de trahisons. Un jour, un homme quitte son camp, passe à l'ennemi et vend ce qu'il possède de plus précieux : son lot de secrets! Si la moisson est suffisamment bonne, le transfuge peut espérer disposer d'une rente à vie et jouir d'une existence paisible, quelquefois sous un visage nouveau transformé par la chirurgie esthétique. Pour ma part, j'ai connu pas mal de ces traîtres. Héros ambigus d'un jour, d'une semaine ou d'une année, mais malheureux pour la vie, condamnés à traîner une existence d'oubliés. Une vie d'exilés. Certains n'ont pas tenu et se sont suicidés. D'autres ont sombré.

Plus étonnante est l'histoire, assez rare, des agents qui ont fait l'aller et retour, des hommes qui ont doublement trahi leur camp, puis celui de leurs protecteurs. À moins qu'il ne s'agisse d'un coup monté de toutes pièces : passer à l'adversaire pour lui livrer des informations prétendument importantes, mais en fait pour le manipuler. C'est ce que, dans le jargon du contre-espionnage, on appelle un « cheval de Troie ». Mais inutile de dire que, si le montage d'une telle opération est théoriquement possible, sa réalisation est extrêmement difficile et risquée. Car, en présence d'un transfuge, les services secrets envisagent en priorité cette hypothèse. Et leurs spécialistes qui n'ont pas la réputation d'être des enfants de chœur utiliseront tous les moyens pour percer la vérité... C'est pourquoi l'affaire Yourtchenko, si rocambolesque et, à certains égards, si romanesque, reste un chef-d'œuvre du genre !

En 1985, Vitali Yourtchenko est un personnage important du KGB. Il est considéré à l'Ouest comme le numéro 5 de la centrale soviétique. Pendant cinq ans, de 1975 à 1980, il a été officier de sécurité à l'ambassade d'URSS à Washington, c'est-à-dire qu'il a dirigé une partie du réseau d'espionnage soviétique infiltré en Amérique du Nord. À son retour à Moscou, c'est lui qui est chargé de « traiter » le cas Farewell, la fameuse taupe soviétique qui travaillait pour notre DST [1] et qui finira devant un poteau d'exécution. Yourtchenko est donc à tous égards un maître espion.

Je ne l'ai pas personnellement connu, car son secteur d'activité concernait essentiellement le domaine anglo-saxon. En revanche, les hommes de la CIA, eux, savaient parfaitement qui il était et ils le soupçonnaient depuis longtemps d'avoir été l'exécuteur d'un certain Shadrin, un homme du KGB qui travaillait aussi pour la CIA. En 1975, cet agent double a mystérieusement disparu alors qu'il se trouvait à Vienne. Personne ne l'a jamais revu. En fait, il a été kidnappé puis exécuté par une équipe dirigée par Yourtchenko...

Dix ans plus tard, à la fin juillet 1985, Yourtchenko se trouve à Rome. Il vient superviser le déplacement d'une poignée de savants soviétiques qui doivent participer, en Sicile, à un congrès international sur les armes nucléaires. Son rôle est d'assurer leur sécurité et, naturellement, d'éviter qu'ils passent à l'Ouest, ce qui ne manque pas de sel quand on connaît la suite de l'histoire !

Début août, Vitali Yourtchenko décide d'aller visiter les musées du Vatican. Il quitte l'ambassade soviétique, monte dans un taxi et disparaît dans la nature. Vingt-quatre heures plus tard, il n'a toujours pas reparu et l'affolement commence à gagner l'ambassade.

1. Voir le tome 1 des *Mémoires secrets* de Monsieur X.

Les Soviétiques finissent par prévenir la police. Les Italiens, très embarrassés, procèdent à de premières recherches tandis que l'affaire prend une dimension internationale. À Moscou, le ministère des Affaires étrangères exige des résultats. Déjà, on accuse la CIA d'avoir enlevé Yourtchenko...

Mais ce dernier n'a pas le moins du monde été enlevé. En réalité, il n'est jamais allé au Vatican. Deux heures à peine après son départ, il a trouvé refuge à l'ambassade américaine, où il a demandé l'asile politique. Chez nos « cousins » américains, cette demande provoque aussitôt un beau remue-ménage ! Yourtchenko est un gros, un très gros poisson. Le chef de poste de la CIA, après avoir contacté Washington, entreprend de le transférer discrètement aux États-Unis. C'est seulement deux mois plus tard que les services américains rendront officielle la défection de ce haut responsable du KGB.

Yourtchenko se trouve alors dans une villa dissimulée en pleine nature, pas très loin de Langley où se situe le siège de la CIA... Depuis deux mois, les agents américains ne sont pas restés inactifs. Bien sûr, ils ont d'abord pensé que Yourtchenko pouvait être un faux transfuge, un « cheval de Troie ». Avant de l'interroger, de le « débriefer », les spécialistes de l'Agence lui ont fait passer l'épreuve du détecteur de mensonges, un appareil très sophistiqué mis au point par des scientifiques et jugé infaillible.

Ici, il me faut ouvrir une parenthèse sur le détecteur de mensonges, car cet appareil va jouer un rôle important dans l'affaire Yourtchenko. Chez nous, en France, sa validité n'a jamais été reconnue et il est même interdit de l'utiliser en matière judiciaire. Bien au contraire, les Américains croient dur comme fer à son efficacité et en usent et abusent en toutes circonstances.

Mais ce que les hommes de la CIA ne savent pas encore en 1985, c'est que les Soviétiques ont mis au point des techniques psychologiques et physiques très pointues pour tromper le détecteur de mensonges. Yourtchenko, avant sa défection, a subi cet entraînement. Et il passe brillamment ce test prétendument infaillible. Les hommes de la CIA sont définitivement persuadés de sa sincérité. Ils écoutent sans la moindre réticence ce qu'il est venu leur dire.

Et Yourtchenko parle d'abondance... Confortant les soupçons de la CIA, il reconnaît sans difficulté sa responsabilité dans la disparition de Shadrin, l'agent double enlevé à Vienne. Puis il élucide une autre histoire qui tracasse depuis longtemps les services américains...

En 1984, le chef de la CIA à Moscou donne l'alerte : ses hommes tombent les uns après les autres ; identifiés et arrêtés par le KGB, ils sont ensuite expulsés. Mais il y a plus grave : un important informateur de la CIA, un expert soviétique en aviation, Tolkachev, vient d'être confondu, jugé et fusillé. Il existe donc un traître que, jusque-là, les Américains ont été dans l'impossibilité d'identifier.

Questionné à ce sujet, Yourtchenko affirme qu'il connaît son nom de code : Robert. Le transfuge précise qu'il s'agit d'un ancien officier de la CIA et ajoute quelques détails. Des renseignements suffisamment précis. Le traître est démasqué : il s'agit d'un certain Edward Lee Howard.

Son histoire n'est pas banale... Ce petit jeune homme très malin et bourré de diplômes est recruté au début des années 80 par la CIA, qui décide de l'affecter à la division soviétique. L'objectif est de l'envoyer à Moscou où il fera la liaison avec les divers agents...

Howard subit un entraînement rigoureux avant de partir remplir la mission qui lui a été affectée. On lui ouvre les dossiers de tous les agents infiltrés en URSS, ce qui est normal puisqu'il sera désormais en contact avec eux. Avant de partir, Howard subit, lui aussi, un test au détecteur de mensonges.

Le résultat est catastrophique : le futur espion s'avère malhonnête et menteur. En outre, il boit et consomme à l'occasion de la drogue ! Non seulement il n'est plus question de l'envoyer à Moscou, mais il est renvoyé des services secrets !

Il s'agit là d'une erreur impardonnable... Le test aurait dû être effectué avant que ce jeune homme ne soit intégré dans les services. Car Edward Lee Howard se voit mis à la porte alors qu'il se trouve en possession d'informations ultra-confidentielles. Et ce qui était à craindre se produit : soit par désir de vengeance, soit, tout simplement, pour se procurer de l'argent, l'ex-espion prend contact avec les Russes et leur révèle tout ce qu'il sait, en particulier le nom de quelques agents américains en poste à Moscou !

Voilà ce que la CIA apprend sur ce sujet, grâce à Yourtchenko. C'est évidemment une information de taille, mais qui ne sert plus à grand-chose puisque le mal a été fait. Quant à Howard, il ne peut plus être jugé : prudemment, il a préféré passer à l'Est.

Mais la plus importante révélation du transfuge russe concerne l'opération « Ivy Bells ». Une remarquable prouesse technique des Américains. Ceux-ci ont en effet mis en place un système très sophistiqué d'écoutes dans la mer d'Okhotsk, à l'est de l'URSS. À la fin des années 70, les techniciens de la NSA (National Security Agency), la plus importante agence de renseignement aux États-Unis, plus importante même en budget et effectifs que la CIA, ont imaginé de poser sur les câbles sous-marins utilisés par les Russes des sortes de boîtes bourrées d'enregistreurs. Toutes les communications passant dans le « tuyau » sont électroniquement captées. Deux fois par an, un plongeur vient relever la boîte et la remplacer par une autre. Ce système fonctionne jusqu'en 1981...

Cette année-là, un satellite américain, qui prend régulièrement des photos de la mer d'Okhotsk, repère un groupement de navires russes juste au-dessus d'une zone où une boîte a été fixée sur un câble sous-marin. Pour les hommes de la NSA, il ne peut y avoir de doute : quelqu'un au sein de l'Agence a trahi ; en quelque sorte, l'espionnage humain a fait échouer l'espionnage électronique... Ils en ont d'ailleurs confirmation peu après : l'équipage d'un sous-marin envoyé sur le site constate que la boîte a disparu.

Reste à trouver le traître, mais malgré tous leurs efforts, les agents américains échouent... Dans ses confidences, Yourtchenko annonce justement qu'il existe une taupe à la NSA ! Il ne connaît pas son nom, mais il précise que celle-ci l'a contacté au téléphone, six ans auparavant, alors qu'il se trouvait lui-même en poste à l'ambassade soviétique à Washington.

Comme toutes les communications téléphoniques de l'ambassade sont enregistrées par les services secrets américains, il suffit à la CIA de faire des recherches parmi les bandes de cette époque. C'est ainsi qu'ils identifient sans peine l'individu, un certain Ronald Pelton, qui a démissionné depuis de la NSA.

Arrêté, celui-ci passe aux aveux. Malgré un poste plutôt subalterne à la NSA, il avait accès à des informations très confidentielles. Il savait, en particulier, quels systèmes de communication soviétiques étaient espionnés, et parmi ceux-ci figurait le câble sous-marin de la mer d'Okhotsk...

Cette nouvelle information de Yourtchenko est d'importance. Toutefois, il faut remarquer que Pelton n'est plus en activité. Encore une fois, cette révélation n'a donc aucune conséquence pratique. Elle accrédite simplement la bonne foi de Yourtchenko, mais sans vraiment gêner l'espionnage soviétique...

Telle est la situation lorsque la présence du transfuge aux États-Unis est portée à la connaissance du monde entier. À ce moment précis, Yourtchenko déclare brusquement qu'il s'ennuie. Il en assez, dit-il, de vivre isolé dans une grande maison au milieu des bois. Il veut voir du monde, parler le russe.

Devant cette situation, le patron de la CIA en personne, Bill Casey, se déplace. Il vient dîner avec Yourtchenko ! C'est dire quel prix les Américains attachent au personnage... En sa présence, Casey multiplie les promesses. Il aura un salaire de ministre, une villa à lui, bref une vie de rêve ! Mais cela ne suffit pas. Yourtchenko exige de quitter sa cage dorée, de faire une sortie en ville...

Venant de tout autre que lui, le patron de la CIA aurait certainement refusé. Mais après avoir bien réfléchi, Bill Casey décide de céder à ce caprice. Dans sa besace, Yourtchenko a sûrement beaucoup d'autres renseignements à donner. Cela mérite de prendre un risque.

Ce risque est pourtant considérable. Pour les Américains, ce qui est à craindre n'est pas qu'il s'échappe, car ils ne remettent pas en cause les résultats du détecteur de mensonges, mais qu'il soit abattu. Le KGB doit être sur ses traces, peut-être même l'a-t-il localisé, et il fera tout pour qu'il ne parle pas davantage.

La sortie en ville a lieu le 2 novembre 1985. Vitali Yourtchenko est passé à l'Ouest depuis exactement trois mois... Le transfuge choisit de dîner dans un restaurant réputé de Washington, *Le Pied de cochon*, en français dans le texte. Bien entendu, un agent de la CIA l'accompagne et ils sont déjà attablés lorsque se produit le coup de théâtre.

Soudain, le Russe se lève de table. Souriant, il regarde l'homme de la CIA. « Si je me lève et que je sors, lui demande-t-il, que faites-vous ? Vous me tirez dessus ? » L'autre, éberlué, fait signe que non. Yourtchenko éclate de rire. Il dit qu'il en a pour une vingtaine de minutes et il sort tranquillement du restaurant.

À partir de là, tout va très vite. Quelques minutes plus tard, le transfuge pénètre dans l'ambassade soviétique. S'il a choisi *Le Pied de cochon*, c'est en raison de sa proximité avec cette dernière. Son plan a été soigneusement mis au point !

Pour les hommes de la CIA, aussi grossièrement abusés, le cauchemar commence... Dès le lendemain, Yourtchenko donne une conférence de presse dans les locaux de l'ambassade et il explique à sa façon sa prétendue défection. Il accuse ni plus ni moins la CIA de l'avoir enlevé à Rome. Ensuite, drogué, il aurait été transporté aux États-Unis. Là, dans une villa de la CIA, toujours drogué, on l'aurait interrogé et même torturé !

Les Américains, qui avaient affirmé que le Russe était venu à eux de son plein gré et qui avaient présenté sa défection comme un succès de premier plan, sont pris totalement à contre-pied. C'est d'autant plus grave que le président Reagan doit rencontrer quinze jours plus tard Mikhaïl Gorbatchev. Une réunion capitale. Après cette affaire, Reagan va se trouver déstabilisé, en position d'infériorité. Bien entendu, ce n'est pas une coïncidence et Yourtchenko a certainement choisi la date de sa fuite pour cette raison...

Quoi qu'il en soit, les Américains doivent réagir et ils font connaître leur version des faits. Tout, selon eux, serait une affaire de femmes... Vitali Yourtchenko aurait été follement amoureux. C'est pour cette raison qu'il se serait jeté dans les bras des Américains à Rome. L'élue de son cœur serait l'épouse d'un diplomate soviétique, Valentina. Il l'aurait rencontrée lorsqu'il était en poste à Washington à la fin des années 70 et, depuis son retour à Moscou, il se languissait d'elle.

En 1985, son diplomate de mari était en fonctions au Canada. En passant aux États-Unis, Yourtchenko se rapprochait d'elle. D'ailleurs, il aurait demandé à la CIA de l'aider à rejoindre sa bien-aimée. L'Agence aurait accédé à sa demande : à deux reprises, escorté par des hommes de la CIA, Yourtchenko se serait rendu à Montréal. Mais la belle ne voulait plus de lui. Alors, le Soviétique éconduit aurait plongé dans une profonde dépression. Et il aurait finalement choisi de retrouver la mère patrie...

Cette version n'est pas totalement invraisemblable, car Yourtchenko a toujours été un homme à femmes, et peut-être même y a-t-il eu quelque chose entre cette Valentina et lui. Mais de là à croire que ce haut responsable du KGB ait changé de camp pour les beaux yeux de cette Soviétique, il y a un pas que la plupart des commentateurs ne franchissent pas. Les Américains ne réussissent pas à convaincre l'opinion internationale.

Toujours est-il que, le 6 novembre 1985, Vitali Yourtchenko rentre à Moscou, accompagné d'un autre officier du KGB, Valeri Martinov. Peu de temps après, des rumeurs laissent entendre qu'il aurait été exécuté. Selon une ancienne tradition, sa famille aurait même reçu la facture des balles utilisées pour le tuer.

Mais ces rumeurs ne tardent pas à trouver leur démenti. Yourtchenko fait des apparitions en public, en aussi bonne santé que possible, et c'est de cette manière que se termine son histoire. On n'en connaîtra sans doute jamais le fin mot avec certitude, mais il est plus que probable que Yourtchenko était un faux transfuge et qu'il a accompli une mission dont il s'est acquitté brillamment. L'objectif était autant psychologique que politique : il s'agissait d'humilier et de déstabiliser l'adversaire à un moment critique de la confrontation Est-Ouest. S'il en a été réellement ainsi – ce que je crois –, Yourtchenko, le « cheval de Troie », aura sans doute permis à l'espionnage soviétique de remporter l'une de ses dernières grandes victoires.

24.

La raison d'État

« La démocratie s'arrête là où commence l'intérêt de l'État! » Une phrase terrible, un principe qui peut donner naissance à tous les excès, engendrer tous les forfaits, justifier tous les crimes. Mais cette maxime ne devrait-elle pas orner les frontons de tous les immeubles abritant des services secrets? Que faisons-nous, sinon bafouer les lois, les frontières, la morale?... Au nom de la raison d'État! Et, la plupart du temps, sur ordre de politiciens démocratiquement élus!

Cette phrase est de Charles Pasqua. Mais, reconnaissons-le honnêtement, elle aurait pu être prononcée par n'importe quel autre homme politique ayant exercé le pouvoir. Je cite Pasqua parce qu'il était alors ministre de l'Intérieur, mais la raison d'État – puisque c'est d'elle qu'il s'agit – est de toutes les époques et de tous les régimes.

L'histoire qui va suivre est exemplaire. C'est celle d'un homme honnête et courageux qui s'est dressé contre les gouvernants de son pays, au nom, précisément, de la démocratie. Il l'a payé de sa vie, mais le véritable scandale commence après. Alors que ses assassins sont identifiés, arrêtés, confondus, ils vont bénéficier de l'impunité. La justice va s'incliner devant plus fort qu'elle. La justice a ses raisons, que l'équité ne connaît pas toujours, mais que l'État connaît fort bien!

L'avocat algérien Ali-André Mécili était loin d'être un inconnu pour nos services, d'autant qu'il avait, lui aussi, fait partie de la famille... Il y a bien longtemps.

Tout commence pour lui à l'époque de la guerre d'Algérie. Mécili a une vingtaine d'années et ce jeune étudiant en droit va être mobilisé dans l'armée française. Partisan de l'indépendance, il doit choisir : ou il prend le maquis ou il s'exile. Il opte pour la deuxième solution, passe en Italie, puis rejoint l'armée du gouvernement provisoire algérien, le GPRA, regroupée en Tunisie. Il se fait très vite remarquer et il est incorporé dans un organisme qui s'intitule le ministère de l'Armement et des Liaisons générales et qui dissimule, en fait, le service de renseignement du gouvernement provisoire algérien.

Puis l'indépendance arrive et, avec elle, les premières luttes pour le pouvoir. D'un côté, il y a l'état-major général, avec Ben Bella et Khider, de l'autre, le bureau politique du GPRA, avec Boudiaf et Krim Belkacem. Mécili ne supporte pas ces conflits fratricides et refuse d'y participer. Il rejoint Aït Ahmed, qui résiste au pouvoir dans son fief kabyle. En 1964, le jeune homme est arrêté. Toutefois il parvient miraculeusement à s'enfuir en France.

Mécili, n'ayant pas renoncé à la nationalité française, peut sans difficulté rester chez nous. Il y termine ses études de droit et devient avocat. Homme aux idées généreuses, il fonde une association qui vient en aide aux démunis et ne refuse jamais de plaider gratuitement pour un client dans le besoin. Mais il continue à s'occuper de politique. Demeuré très proche d'Aït Ahmed, qui a lui-même trouvé refuge en Suisse, l'avocat se bat pour une Algérie démocratique : son ambition est de parvenir à fédérer les opposants au régime militaire du président Chadli.

En 1986, il réussit une sorte d'exploit : la réconciliation entre deux exilés prestigieux, Ben Bella et Aït Ahmed ! C'est d'autant plus méritoire que les deux hommes se sont longtemps combattus et qu'ils ont des idées parfaitement divergentes : Aït

Ahmed est un laïque, tandis que Ben Bella est déjà tenté par l'islamisme. Mécili a su les convaincre que seule l'union de l'opposition permettrait de venir à bout d'un régime anti-démocratique et corrompu. Pour sceller cette réconciliation, il prend la direction d'un journal, *Libre Algérie*, où pourront s'exprimer tous les opposants.

Inutile de dire qu'à Alger on réagit très mal ! Ali-André Mécili cristallise la haine du régime qui ne peut lui pardonner cette tentative d'unification. En outre, on le soupçonne d'avoir un réseau d'informateurs au sein même de la nomenklatura algérienne, ce qui, on le verra par la suite, est l'exacte vérité... Le gouvernement algérien étant ce qu'il est, la décision est prise de liquider physiquement l'avocat. Mais on va d'abord le menacer, pour lui laisser une dernière chance. S'il refuse de se laisser intimider, tant pis pour lui !

Les coups de téléphone se multiplient à son cabinet. Le correspondant est toujours anonyme mais le message est clair : si l'avocat ne renonce pas à son activité politique, il sera abattu. Mécili, ancien des services secrets, est bien placé pour savoir que ses adversaires sont redoutables. Pourtant, il ne cède pas. Toutefois, il envisage de prendre des précautions et décide de recruter un garde du corps, un militant de son mouvement, un colosse, Khaled Dahbal. Ce dernier, emprisonné à cause de ses activités politiques, devrait bientôt être libéré. Malheureusement, lorsqu'il sera élargi, il sera trop tard...

Le 7 avril 1987 semble un jour comme les autres pour Ali-André Mécili. Le matin, en compagnie de sa femme, il accompagne ses deux jeunes enfants à l'école. Puis il se rend à son cabinet, boulevard Saint-Germain, près du carrefour de l'Odéon. Beaucoup de clients l'attendent, des « sans-papiers », comme on dirait aujourd'hui, mais aussi des politiques, des parents de détenus emprisonnés en Algérie ou en Iran.

À l'heure du déjeuner, il se rend dans une brasserie voisine et en profite pour rencontrer des militants du mouvement d'Aït Ahmed. L'après-midi, il plaide et regagne son cabinet. De nombreux rendez-vous l'attendent encore... Dans la soirée, le téléphone sonne : c'est un nouvel appel anonyme et menaçant. Il n'en tient pas plus compte que des précédents.

Il est déjà tard lorsqu'il se dispose à rentrer chez lui, dans le haut du boulevard Saint-Michel. Mais une visiteuse se présente. C'est une amie et une cliente, Christine. L'avocat a oublié qu'ils avaient rendez-vous, mais il la reçoit quand même et, après avoir bavardé quelques instants, ils vont prendre un verre dans un café du quartier. Il est alors 22 heures. Il fait nuit. Il a prévenu son épouse qu'il serait en retard et d'ailleurs, après ce verre, il décide de rentrer... Christine propose de l'accompagner à pied jusqu'à son immeuble. Il accepte.

En marchant, le trajet devrait durer un quart d'heure, vingt minutes. Ce n'est guère prudent de parcourir ainsi les rues de Paris à la nuit tombée, quand on se sait menacé et sans doute surveillé. Mais on ne peut pas toujours être sur le qui-vive ; il faut bien s'accorder de temps en temps un moment de détente. Christine et l'avocat se mettent en route.

Le couple remonte le boulevard Saint-Michel en bavardant tranquillement. D'autant que Mécili, qui est malgré tout aux aguets, ne remarque rien de suspect jusqu'à l'arrivée devant son domicile. Là, sa cliente et lui se disent au revoir et se séparent. Christine s'apprête à traverser le boulevard pour gagner l'arrêt d'autobus qui se trouve en face, lorsqu'elle se retourne, sans qu'elle sache exactement pourquoi. Peut-être a-t-elle eu l'intuition d'une présence... Elle aperçoit en effet un homme, parapluie à la main, qui s'engouffre dans la porte de l'immeuble, juste derrière l'avocat. Elle se dit que l'homme a oublié sa clef et profite du passage de Mécili pour entrer dans le bâtiment. Elle ne s'inquiète pas davantage et reprend sa marche. Mais, presque aussitôt, elle entend un bruit étrange. Comme du verre brisé.

Intriguée, Christine fait demi-tour. Elle voit l'homme au parapluie sortir calmement de l'immeuble. Il passe devant elle sans se presser, lui sourit et prend la direction de la rue Soufflot... C'est alors qu'elle s'inquiète brusquement. Pourquoi cet homme est-il ressorti aussitôt après être entré ? Elle court vers l'immeuble. Dans le hall, un corps est appuyé contre la porte vitrée de la concierge. Il l'a brisée dans sa chute. C'est Ali-André Mécili. Il a été tué sur le coup. L'autopsie précisera qu'il a reçu trois balles de 7,65 dans la tête...

L'enquête commence et ce ne sont pas les éléments qui manquent. Outre les menaces, le témoignage de Christine est capital : elle a vu de tout près l'assassin ! Elle en donne une description très précise : un homme d'une trentaine d'années, plutôt bien fait, de type européen, aux cheveux courts et châtains, mesurant à peu près un mètre soixante-dix. Cela fait évidemment pas mal d'indices, mais ce n'est pas tout : ce témoignage va être bientôt corroboré par un autre !

Un chauffeur de taxi a lu dans son journal un article sur la mort de l'avocat. Il a aussitôt établi un rapport avec un client qu'il a chargé le soir de l'assassinat, en bas du boulevard Saint-Michel, à peu près une demi-heure après les faits, et qu'il a déposé rue du Faubourg-du-Temple. Sa description concorde exactement avec celle de la jeune femme et il apporte des précisions supplémentaires. L'homme, qui semblait surexcité, n'a pas arrêté de parler pendant tout le trajet. Il parlait des femmes et, plus précisément, des femmes arabes, pour qui il semblait avoir une inclination certaine !

Un individu dont on peut faire facilement le portrait-robot, qui vit peut-être avec une Arabe, qui habite ou qui a des raisons de se rendre rue du Faubourg-du-Temple : l'enquête ne devrait pas traîner. Eh bien non, elle piétine, elle s'enlise ! La police privilégie la piste d'un client mécontent ; elle fait de vagues recherches dans la vie professionnelle de l'avocat, alors que sa famille et ses amis répètent à cor et à cri qu'il s'agit d'un crime politique. Les jours passent sans apporter le moindre résultat...

Les enquêteurs ne sont pas des incapables, ils savent très bien que les services secrets algériens sont en cause, mais ils ont reçu des ordres venant du plus haut niveau. Au gouvernement, on ne souhaite pas envenimer les relations avec l'Algérie, des relations qui, justement, après avoir connu des hauts et des bas, sont redevenues très bonnes. Alors, la consigne a été passée : pas de vagues !

Seulement, c'est compter sans les amis qu'avait Mécili au sein de la nomenklatura algérienne. Des amis dont certains font partie des services de renseignement et qui ont percé les secrets de l'affaire : commanditaires, assassin, noms, adresses, ils savent tout !... Alors, ces amis de l'ombre vont se mettre en devoir de troubler ce jeu de la connivence entre Alger et Paris.

Ils procèdent très habilement. Au lieu de faire une proclamation tonitruante dans un média quelconque, ils vont distiller les informations progressivement, comme si elles arrivaient de manière naturelle...

Un peu plus d'un mois après l'assassinat, un inspecteur de la mondaine recueille un tuyau providentiel : André Mécili aurait été tué sur contrat par un certain Malek. Obligeamment, on fournit au policier le numéro de téléphone de l'individu et on ajoute qu'il aurait un casier judiciaire chargé et vivrait avec une femme d'origine maghrébine.

L'homme est aussitôt identifié : il s'agit d'un repris de justice kabyle âgé d'une trentaine d'années, nommé Malek Amellou. Il vit avec sa concubine, Fatna, dans le Xe arrondissement, près de la gare de l'Est, pas loin de l'endroit où le chauffeur de taxi a déposé son client bavard et surexcité.

Les policiers se rendent à l'adresse du suspect, mais ils trouvent porte close. Le couple s'est enfui et la boîte aux lettres bourrée de courrier atteste que Malek et sa compagne ont disparu depuis plusieurs jours... Inutile de dire que ce contretemps ne contrarie pas trop les enquêteurs et qu'ils ne mettent aucun zèle à rechercher les fuyards ! Mais de l'autre côté, on ne lâche pas prise. Devant cette inertie persistante, les amis de l'ombre vont lâcher un nouveau renseignement.

Un autre inspecteur, qui, lui non plus, n'a rien à voir avec l'affaire Mécili, reçoit un tuyau... Le tuyau dont rêve tout policier ! Tout y est : les noms, les lieux, le montant du contrat ; c'est extraordinaire !

Il y a d'abord une confirmation : l'assassin est bien le dénommé Malek, Malek Amellou, précisément. Il a agi de concert avec un certain Samy. Deux hauts personnages algériens – leurs noms et leurs fonctions sont précisés – leur ont proposé huit cent mille francs pour exécuter le contrat. Le mystérieux informateur de l'inspecteur est même capable d'indiquer dans quel restaurant la négociation a eu lieu.

Et ce n'est pas fini ! Pour éviter que les policiers ne s'égarent, cette « gorge profonde » donne en prime des informations de première importance : le signalement de Malek, de Samy et des deux hauts responsables algériens, dont l'un est un commandant de la Sécurité militaire algérienne. Pour faire bonne mesure, le mystérieux informateur précise que Malek possède deux voitures, une Porsche et une BMW. Et il ajoute à cette moisson de renseignements le numéro d'immatriculation des deux autos et même l'adresse du garage où elles sont remisées...

Cette fois, les enquêteurs ne peuvent pas faire autrement que de progresser dans leurs recherches. Ils découvrent ainsi que Malek Amellou se trouve en Algérie, mais que sa concubine Fatna est revenue en France, dans l'appartement que le couple possède dans le Xe arrondissement. Une écoute est mise en place sur sa ligne téléphonique. Elle ne tarde pas à donner des résultats inespérés ! Malek appelle régulièrement sa compagne depuis l'Algérie. Et, au bout de peu de temps, il lui annonce son retour à Paris... Il est donc arrêté sans difficultés quand il revient chez lui. Lorsqu'on le fouille, on découvre sur lui un ordre de mission de la Sécurité militaire algérienne !

Placé en garde à vue, Malek Amellou n'est guère bavard. À propos de cet ordre de mission, il raconte n'importe quoi et nie obstinément toute participation à l'assassinat de Mécili. Curieusement, on néglige de le confronter avec le chauffeur de taxi, mais il est quand même mis en présence de Christine, l'amie de Mécili. Un tapissage [1] étonnant ! Lorsqu'on lui présente Malek Amellou au milieu de quatre autres hommes, la jeune femme éclate en sanglots. On ne pourra rien tirer de plus de ce tapissage... Alors que s'est-il passé ? Pourquoi cette jeune femme a-t-elle réagi ainsi ? À mon avis, il n'y a aucun doute : Christine a bien reconnu l'homme au parapluie, mais elle a eu peur. Et, pour qu'elle ait eu peur à ce point, il a fallu qu'elle ait été gravement menacée.

Il n'en reste pas moins que le suspect correspond exactement au signalement qu'elle a donné et cela devrait suffire pour inculper Amellou, d'autant que Fatna, interrogée simultanément, est sur le point de craquer... Mais tout cela n'a plus aucune importance ! Car la raison d'État va s'imposer avec brutalité et cynisme. Les autorités françaises auraient certainement préféré sauvegarder les apparences, mais elles n'ont plus le choix. Alors elles jettent le masque !

Un ordre arrive du ministère de l'Intérieur : l'Algérien et sa compagne sont expulsés en urgence absolue. Le soir même, ils s'envolent pour Alger. Le juge d'instruction chargé de l'affaire n'a même pas été informé. L'enquête est terminée et elle en restera là sur le plan policier. Le comparse de Malek, le nommé Samy, qui s'appelait en réalité Nennouche, est parti en Algérie depuis belle lurette. Quant aux autres personnes qui avaient plus ou moins été mêlées à l'affaire, elles ne seront jamais réellement inquiétées.

L'homme qui devait être le garde du corps de Mécili, Khaled Dahbal, le colosse, a pourtant essayé d'agir. Il estimait avoir une dette vis-à-vis de l'avocat et il s'est mis en tête de faire la lumière sur son assassinat. Mal lui en a pris ! Deux ans après Mécili, il tombe à son tour sous les balles d'un tueur. Et naturellement, on a conclu qu'il s'agissait d'un banal règlement de comptes...

1. Tapissage : en argot policier, présentation d'un suspect en compagnie d'autres hommes placés derrière une glace sans tain, en vue d'une éventuelle identification par un témoin.

Mécili, opposant politique, gênait. Mais il y avait encore plus grave. Je l'ai dit plus haut, l'avocat disposait d'amis très sûrs dans la nomenklatura algérienne. Grâce à eux, il avait découvert le secret de quelques juteux contrats commerciaux signés par des proches du président Chadli. D'autre part, il avait appris qu'à cette occasion des milliards d'anciens francs devaient être distribués à des partis politiques européens et français. Autant d'informations qu'il s'apprêtait à publier dans son journal et qui ont précipité son assassinat!

Mme Mécili et les amis de son mari n'ont jamais obtenu que le dossier soit rouvert. Mieux, en 1991, la veuve de l'avocat a déposé une plainte pour forfaiture et attentat aux libertés, une plainte visant naturellement ceux qui avaient permis que Malek Amellou et ses complices échappent à la justice. Mais, le 27 octobre 1992, la cour d'appel de Lyon a jugé la plainte irrecevable, au motif que Mme Mécili ne pouvait prétendre avoir personnellement souffert d'un préjudice causé par les infractions alléguées. On ne saurait mieux faire pour protéger la sacro-sainte raison d'État, devant laquelle justice et démocratie sont priées de s'effacer.

25.

La grotte des Guerriers

Quelle semaine ! Le 4 mai 1988, les trois derniers otages français au Liban sont libérés. Le lendemain, l'assaut est donné à la grotte d'Ouvéa, en Nouvelle-Calédonie. Les vingt-trois otages sont libérés mais le bilan est catastrophique : deux militaires et dix-neuf Canaques ont été tués. Encore vingt-quatre heures et on apprend que Dominique Prieur, l'ex-Mme Turenge de l'affaire du Rainbow Warrior, *placée en résidence surveillée sur l'atoll d'Hao, a regagné la métropole, malgré les accords passés avec la Nouvelle-Zélande. Elle serait enceinte.*

Deux jours plus tard, les électeurs sont appelés à voter pour le deuxième tour de l'élection présidentielle. Ils doivent choisir entre l'hôte de Matignon et celui de l'Élysée... Cette cascade d'événements, juste avant une élection aussi importante, ne doit bien sûr rien au hasard. Mais, nous le savons, cela n'empêchera pas François Mitterrand d'être réélu et de triompher largement de Jacques Chirac...

Ouvéa, la grotte des Guerriers ! La grotte sacree, la grotte sanglante... Quels mystères cache-t-elle encore ? Je vous propose d'ouvrir ce dossier très sensible, dont j'ai connu plusieurs acteurs, qui ont joué un rôle important et... secret !

La Nouvelle-Calédonie est française depuis 1853. À de nombreuses reprises, les Canaques vont se révolter contre la colonisation et la confiscation des terres. La répression sera sans pitié. À la fin des années 60, de jeunes Canaques commencent à dénoncer la marginalisation économique et le racisme dont ils sont victimes. Le pouvoir riposte fermement. Et, pour contrer ce mouvement, Paris appelle à une immigration massive de citoyens européens ou originaires des départements d'outre-mer vers la Nouvelle-Calédonie. Désormais, les Canaques seront minoritaires chez eux.

L'élection de François Mitterrand redonne espoir aux indépendantistes. Mais, paradoxalement, cela se traduit par une exaspération des tensions entre les autochtones et les colons, les Caldoches, comme on les appelle. En 1983, le secrétaire d'État socialiste aux DOM-TOM, Georges Lemoine, fait un geste spectaculaire en organisant une table ronde à l'issue de laquelle, pour la première fois, est reconnue la légitimité du peuple canaque et son droit à l'indépendance. Son successeur, Edgard Pisani, met en place un découpage régional favorable aux Canaques et prévoit un référendum sur l'accession du territoire à l'indépendance, en association avec la France.

Mais, en 1986, les socialistes perdent le pouvoir. Bernard Pons, le nouveau ministre des DOM-TOM, prend systématiquement le contre-pied des initiatives de ses prédécesseurs. Il veut briser le mouvement indépendantiste qui, selon lui, se réduit à une poignée d'agitateurs. À nouveau, c'est la tension entre les deux communautés. D'autant qu'en octobre 1987 des métis appartenant au parti caldoche, le RCPR, sont acquittés par la cour d'assises bien qu'il ait été établi qu'ils avaient abattu dix militants canaques, dont deux frères du leader indépendantiste, Jean-Marie Tjibaou. En apprenant ce surprenant verdict, ce dernier déclare alors : « Cela veut dire qu'on peut abattre les Canaques comme des chiens. Il n'y aura pas de justice pour les Canaques tant qu'il n'y aura pas l'indépendance. Cela veut aussi dire que la justice ne peut se faire qu'avec des coups de fusil ! » Un discours prémonitoire : huit mois plus tard, ce sera la prise d'otages et la tragédie d'Ouvéa...

Les lieux du drame n'ont pourtant rien de tragique. Ouvéa est une île paradisiaque, un atoll longiligne de 24 kilomètres, qui fait partie de l'archipel des îles Loyauté, au large de la Nouvelle-Calédonie. Ce sont des plages de sable, des cocotiers et, plus loin, la forêt subtropicale, bref, un endroit idyllique. Quant à la population, elle est essentiellement mélanésienne et regroupée en plusieurs tribus...

C'est dans cet Éden que tout commence, au matin du 22 avril, par l'attaque d'une gendarmerie, à Faya-Oué. Depuis quelque temps, la situation était très tendue et l'événement était, dans le fond, prévisible. D'habitude, ce poste n'abrite que trois gendarmes, mais à cause des élections qui doivent avoir lieu deux jours plus tard, vingt-huit gendarmes mobiles sont venus renforcer l'effectif. C'est évidemment beaucoup pour une aussi petite île et, dans les tribus d'Ouvéa, l'arrivée de ces militaires a été ressentie comme une provocation.

L'intention des assaillants est de prendre les gendarmes en otages, mais leur attaque surprise échoue, les militaires ripostent et c'est un massacre : quatre gendarmes sont tués. Ils n'ont pas été abattus à l'arme blanche, comme il a été prétendu pour accréditer l'idée que les Canaques ne sont que des sauvages, mais par balles. Il n'est d'ailleurs pas inutile de rappeler ici que « canaque » veut simplement dire « homme » en mélanésien, même si le mot a longtemps été utilisé comme insulte.

Quoi qu'il en soit, l'événement est très grave : il y a quatre morts dans les forces de l'ordre et les autres militaires sont emmenés en otages. Les attaquants ont, en outre, fait main basse sur toutes les armes et tous les véhicules que contenait la gendarmerie. Aussitôt après l'assaut, deux groupes se forment, un convoi partant vers le sud, l'autre vers le nord. Le premier va libérer assez rapidement ses prisonniers, mais le second poursuit sa route. Il s'enfonce dans la forêt et, très vite, on perd sa trace. Maintenant, tous les éléments du drame sont en place...

Rapidement, des renforts considérables arrivent sur l'aérodrome d'Ouvéa, tandis qu'à Paris on décide d'envoyer sur place les super-gendarmes du GIGN. Dans le même temps, décision très importante, le gouvernement dessaisit la gendarmerie et donne tous les pouvoirs au général Vidal, qui commande les forces armées en Nouvelle-Calédonie. Et cela, alors même qu'un général de gendarmerie venait d'arriver tout exprès de Paris.

Ces décisions gouvernementales sont graves : elles font de la Nouvelle-Calédonie *ipso facto* un territoire d'exception ! Car de quoi s'agit-il à Ouvéa ? D'abord d'une opération de police. Il n'est donc pas possible légalement de la confier à l'armée. À moins de proclamer l'état d'urgence ou l'état de siège, seuls cas où l'armée est investie des pouvoirs de l'autorité civile. En faisant ce choix, les autorités créent donc une situation où tous les dérapages et toutes les bavures deviennent possibles.

Les opérations de recherches commencent... Gendarmes et militaires, à bord d'hélicoptères, tentent de localiser les otages et leurs ravisseurs. Cela ne donne rien : la forêt est trop dense pour qu'on puisse les repérer de manière aérienne. Il faut changer de tactique... Les forces de l'ordre savent que la région où sont partis les preneurs d'otages est habitée par trois tribus notoirement indépendantistes, surtout l'une d'elles, celle de Gossanah. On peut penser que les ravisseurs y ont trouvé refuge ou, du moins, que les gens de Gossanah savent quelque chose... La tribu est donc investie sans ménagement !

La manière musclée dont les militaires procèdent à l'interrogatoire de la population n'est pas faite pour calmer la situation, mais ils obtiennent les renseignements voulus : ravisseurs et otages se trouvent dans la « grotte des Guerriers ». Cette caverne tient son nom du fait que les Mélanésiens y déposaient les dépouilles des guerriers morts au combat. Pour les Canaques, c'est donc un endroit symbolique et un lieu de culte, en principe inviolable. Toutes ces considérations joueront dans la férocité des combats qui vont suivre... J'ajoute que, outre son caractère sacré, le choix de la grotte des Guerriers est assez judicieux. Son entrée se trouve au fond d'un cratère aux hautes murailles environné d'une végétation foisonnante. Le lieu se prête idéalement à la défense.

Arrivés à proximité de la grotte, les militaires procèdent d'abord à l'exploration des lieux. Un jeune lieutenant se porte volontaire, accompagné d'un pisteur canaque appartenant à une tribu anti-indépendantiste... L'opération est un échec : le lieutenant est fait prisonnier et le pisteur est malmené. Mais la scène a eu d'invisibles témoins, des hommes du GIGN qui, ayant tout observé à la jumelle, ont pu découvrir le système de défense des occupants de la grotte. Ils ont noté en particulier les postes de combat établis à l'extérieur et ils ont identifié le chef des ravisseurs, un certain Alphonse Dianou...

Tout comme Jean-Marie Tjibaou, ce militant est un ancien séminariste qui a rompu avec l'Église. Il s'occupe à présent des jeunes du parti indépendantiste, le FLNKS. L'Église catholique a en effet joué un rôle certain dans la prise de conscience des jeunes Canaques. La plupart se sont séparés de l'institution, tout en gardant la foi. Cela semble être le cas de Dianou, même s'il a la réputation d'être violent. Avant de quitter les siens pour aller attaquer la gendarmerie de Faya-Oué, il a arboré un foulard rouge, ce qui veut dire, selon les usages coutumiers, qu'il était prêt à verser son sang !

J'en reviens à la situation politique, car elle va profondément influer sur cette affaire... Plusieurs jours se sont écoulés depuis l'attaque de la gendarmerie. Nous sommes, à présent, au lendemain du premier tour de l'élection présidentielle. Le score de Jacques Chirac a été médiocre et le candidat premier ministre peut être tenté d'user de fermeté pour séduire l'électorat de la droite dure. C'est dans ce contexte qu'il faut replacer la suite des événements.

Deux hommes vont jouer un rôle très important : un magistrat, le substitut Bianconi, et le commandant du GIGN, le capitaine Legorjus. Tous deux essayent de prendre langue avec les ravisseurs. Avec un grand courage, payant de leur personne, ils se rendent seuls et sans armes dans la grotte, pour parler avec Dianou et les siens. Encore une fois, cette tentative d'approche se passe très mal. Dianou, très excité, menace d'exécuter des otages si Legorjus n'ordonne pas aux hommes qui l'ont accompagné sur les lieux de rejoindre la grotte... Bilan de l'opération : huit otages de plus !

Pourtant, tout n'est pas aussi catastrophique qu'il n'y paraît. Le magistrat et le capitaine peuvent désormais au moins parler avec Dianou. Et ils comprennent très vite que le chef des ravisseurs est embarrassé et dépassé par une situation qu'il n'avait pas prévue. Peut-être même est-il, dans le fond, favorable à une solution négociée... Bianconi et Legorjus discutent longuement et ce dernier obtient l'autorisation de sortir de la grotte. Son idée est de demander aux chefs du FLNKS, Tjibaou et les autres, de convaincre Dianou de se rendre.

Legorjus rejoint donc l'autre camp et il explique son plan au général Vidal. Celui-ci n'émet pas de point de vue personnel. C'est un militaire. Si le gouvernement lui en donne l'ordre, il est prêt à retirer provisoirement ses hommes et à favoriser une négociation... Or le gouvernement est représenté par Bernard Pons. Le ministre s'est déplacé à Nouméa et il coordonne les opérations.

Dans un premier temps, Pons semble plutôt favorable aux propositions du capitaine Legorjus. Il laisse se poursuivre les discussions... Il en résulte une certaine détente. Legorjus fait des allers et retours entre la grotte et l'extérieur, tandis que le substitut Bianconi recouvre une relative liberté de circulation et que les ravisseurs peuvent être ravitaillés par les habitants des tribus voisines... On peut donc penser qu'on s'achemine vers une solution pacifique, mais les différentes susceptibilités vont tout faire échouer.

Le dirigeant du FLNKS contacté, Franck Wahuzue, ne veut pas s'entremettre tout seul. Il exige d'avoir l'accord du bureau politique du parti. Aussitôt, Bernard Pons se hérisse. Il ne veut pas cautionner ce qui pourrait apparaître comme un mandat politique. Pour lui, il est exclu de discuter avec des terroristes. D'ailleurs, c'est tout dire, il envisage sérieusement de dissoudre le FLNKS !

L'attitude de Bernard Pons équivaut à une rupture : en conséquence, le ministre interdit au capitaine Legorjus de retourner dans la grotte. Désormais, il n'y aura presque plus de contact avec les ravisseurs. Et le pire est probable, car le gouvernement vient d'envoyer à Ouvéa des forces d'intervention particulièrement efficaces : le commando Hubert, formé de nageurs de combat, mais aussi des hommes du 11e choc, les membres du service action de la DGSE...

En désespoir de cause, Legorjus, encore lui, prend deux initiatives... D'abord, il téléphone à l'Élysée, non pas au président Mitterrand, mais à son prédécesseur à la tête du GIGN, Christian Prouteau. Il veut que le président sache exactement ce qui se passe à Ouvéa... À cause de la cohabitation et du fait qu'on se trouve entre les deux tours de la présidentielle, Matignon n'est guère pressé d'informer assidûment l'Élysée ! Or François Mitterrand a son mot à dire et même plus que cela : constitutionnellement, il est le chef des armées... C'est bien pourquoi Legorjus place en lui ses derniers espoirs !

Comme Christian Prouteau l'a raconté plus tard dans ses mémoires, si ahurissant que cela puisse paraître, c'est uniquement grâce au coup de fil du capitaine Legorjus que François Mitterrand a enfin pu savoir ce qui se passait à Ouvéa. Lorsqu'il apprend que les commandos de l'armée sont sur le point d'attaquer, il réagit violemment. « Il n'en est pas question ! Je veux absolument qu'on donne une chance aux otages et aux preneurs d'otages de sortir vivants de cette affreuse histoire. Si le gouvernement met son projet à exécution sans mon accord, je me chargerai personnellement d'informer les Français de la façon dont ça s'est passé ! »

Pourtant, on le sait, Mitterrand ne prendra pas la décision d'interdire l'assaut... On a dit que, pressé par le ministre de la Défense André Giraud, il aurait fini par consentir à l'action non sans donner l'ordre de ne pas exécuter les Canaques, ordre qui ne sera pas suivi... Christian Prouteau est encore plus précis. Il rapporte en ces termes la conversation qu'il aurait eue avec le président. François Mitterrand lui demande : « Combien cela va-t-il coûter en vies humaines? – Nous espérons aucune, monsieur le Président. Mais c'est une opération difficile et risquée. Il peut y avoir deux ou trois morts. » Alors, après un long silence, Mitterrand répond : « Donnez l'accord, et tenez-moi au courant. » Là encore, les circonstances politiques ont sans doute lourdement pesé. François Mitterrand pouvait-il réellement s'opposer à cette opération militaire sans être accusé de laxisme? La compétition électorale a ses raisons que la morale ignore parfois...

Sur place, Legorjus comprend assez vite que les dés sont jetés. Alors il prend une deuxième initiative. Il sait que l'attaque peut avoir pour conséquence la mort des otages. Il faut donc que ceux-ci soient protégés. Et, grâce au substitut Bianconi qui continue de circuler relativement librement, il fait parvenir aux gendarmes otages deux petites armes de poing et des clefs de menottes. Les militaires du GIGN étaient en effet attachés à l'intérieur de la grotte. Une fois de plus, Legorjus court un grand risque et son attitude dans cette affaire est en tous points digne d'éloges...

L'assaut est prévu pour le matin du 4 mai. Le choix est idéal. Il pleut violemment, ce qui étouffe les bruits, et en outre un certain nombre de défenseurs ont momentanément quitté le camp. Au dernier moment, un report est décidé, pour une raison qui n'a toujours pas été élucidée.

C'est donc le lendemain matin que l'opération va avoir lieu. Pendant toute la nuit, les trois équipes, le commando Hubert, le 11e choc et le GIGN, progressent silencieusement vers la grotte... C'est une marche pénible à travers la végétation. À 6 heures du matin, tout est prêt. Soudain, trois Puma apparaissent au-dessus de la forêt. Leur rôle est de faire diversion et d'impressionner les ravisseurs... Dès l'apparition des appareils, les hommes des commandos se ruent à l'assaut et commencent par neutraliser les postes de défense installés à l'extérieur de la grotte.

Mais les Canaques se battent avec une redoutable efficacité. Deux soldats sont tués, plusieurs autres sont blessés. Les combats sont très violents, une douzaine d'indépendantistes sont abattus au cours de ce premier engagement. Lorsque celui-ci prend fin, rien n'est réglé, car les assaillants n'ont pas pu entrer dans la grotte où se trouvent le gros des défenseurs et les otages.

Un cessez-le-feu est décidé ; on essaie de parlementer. Dianou et les siens refusent. Alors, en fin de matinée, c'est l'assaut final... Le GIGN utilise toutes les armes sophistiquées en sa possession et les commandos s'emparent de la grotte. Des indépendantistes se rendent, d'autres sont tués. Pendant les combats, les otages se sont libérés de leurs menottes et, grâce à une cheminée, ont réussi à gagner la surface. Commence alors l'aspect le plus sombre de cette opération...

Au nombre des Canaques qui se sont rendus figure leur chef, Alphonse Dianou, blessé au genou. Sa vie n'est pas en danger et Legorjus lui a même personnellement posé une perfusion. Or, quand il arrivera plus tard près de Faya-Oué, on constatera qu'il est mort... Que s'est-il passé ? Il n'y a que deux solutions : ou on l'a laissé sans soins ou on l'a tué ! L'horrible vérité n'est pas très difficile à deviner, car on constatera aussi qu'il n'a plus sa perfusion et qu'il porte des blessures au visage. Et l'on se posera les mêmes questions pour deux autres indépendantistes qui ont trouvé la mort après la fin des hostilités.

L'enquête de commandement qui sera décidée par le nouveau ministre de la Défense, Jean-Pierre Chevènement, établira qu'un officier a violemment frappé les prisonniers au visage et évoquera plusieurs fautes graves.

Ce jour de mai 1988, sur l'île d'Ouvéa, vingt et un combattants, dix-neuf Canaques et deux militaires, ont donc rejoint les ombres de ces guerriers à qui la grotte sacrée servait de tombe. Un massacre totalement inutile et qui aurait pu vraisemblablement être évité. Mais loin, très loin de cet endroit paradisiaque, à l'autre bout de la terre, les calculs politiques et les ambitions des uns et des autres en ont décidé autrement. Peut-être même n'ont-ils pas eu conscience d'avoir été manipulés... Pourtant ils l'ont été !

Lorsqu'on appartient aux services, on n'en sort jamais vraiment. Or, en Nouvelle-Calédonie, se trouvait un officier, un colonel qui avait appartenu au SDECE. À quoi bon dire son nom ? Sachez quand même que cet homme était très influent dans la colonie blanche de Nouméa... Il avait même créé des milices anti-indépendantistes. Et, bien sûr, il avait gardé des relations avec le service, comme tous les anciens. Je suis sûr que c'est lui qui a suggéré qu'on fasse appel au 11e choc, le réservoir du service action du SDECE, qui n'avait pourtant rien à faire dans une opération de police. Les hommes de ce bataillon ne sont pas des enfants de chœur. Quand on les envoie en mission, c'est pour tuer ! C'est ce qu'ils ont appris à faire ! C'est effectivement ce qu'ils ont fait !

26.

Des pirates sur la toile

Ce fut un véritable changement de culture. Et beaucoup de mes collègues encore en service ont traîné des pieds, je le sais. Quant à moi, j'étais sur le point de partir lorsque l'informatique, et avec elle la criminalité informatique, a fait irruption dans nos existences.

Les services de renseignement, tous les services de renseignement, accordent une place de plus en plus importante à l'informatique et aux nouveaux modes de communication. Ne l'oublions pas, ce sont les militaires américains qui ont inventé le réseau Internet. Sans mesurer sans doute quel en serait l'avenir. Quoi qu'il en soit, ces millions d'ordinateurs connectés dans le monde ont transformé définitivement les méthodes du renseignement. D'abord parce que l'information ouverte, comme on l'appelle, et qui constitue quelque 90 % de la manne des services secrets, est désormais accessible instantanément. Mais surtout parce que le réseau Internet permet des intrusions à l'intérieur des systèmes informatiques les plus protégés. Des intrusions dans les bases de données mais aussi des sabotages. Ce que d'aucuns appellent le cyberterrorisme.

Les services de renseignement du monde entier ont mis au point des techniques leur permettant de piéger ces milliards d'informations qui circulent librement sur Internet... Aux États-Unis, par exemple, la NSA, la plus puissante agence de renseignement (que j'ai déjà évoquée dans un chapitre précédent), surveille pratiquement toutes les communications internationales grâce à des systèmes informatiques gigantesques. Et, en avril 1998, un rapport d'un député britannique européen révélait l'existence du réseau Échelon, un système mondial de surveillance électronique regroupant autour des États-Unis la Grande-Bretagne, le Canada, la Nouvelle-Zélande et l'Australie. Ce réseau permet l'interception de toutes les communications par satellites, de la majorité des appels téléphoniques, des fax et du courrier électronique. Un système qui peut intercepter plusieurs millions de communications à la minute. Ces écoutes sont ensuite triées et filtrées au centre de la NSA par un puissant ensemble d'ordinateurs qui réagissent à un certain nombre de mots clefs choisis par les opérateurs.

Échelon, c'est évident, a démodé l'arsenal classique de l'espionnage. La plupart des experts estiment que les États-Unis et leurs alliés anglo-saxons ont ainsi bénéficié en particulier d'informations confidentielles dans la négociation d'importants contrats économiques. Au détriment d'autres pays comme la France.

Pour ma part, bien que ne faisant plus partie des cadres, j'ai voulu me tenir au courant et percer les secrets de ces nouvelles et envahissantes technologies. Un excellent ami, Daniel M., haut responsable de la DST, a aidé et encouragé mon initiation. Et c'est un peu grâce à lui que je peux révéler cette affaire très confidentielle qui a mis en péril les secrets les plus considérables de notre défense nationale, il y a seulement quelques années.

L'intrusion, c'est-à-dire la pénétration dans un système, représente le cauchemar quotidien de tous les informaticiens ! Il faut savoir que les mots de passe qui interdisent en principe l'accès au disque dur d'un ordinateur ne résistent pas au savoir-faire d'un pirate, d'un cracker, comme on dit dans ce petit monde... « Cracker » parce qu'il est capable de craquer, de casser ce mot de passe.

Ces petits malins se confectionnent de véritables dictionnaires de mots de passe. Ils y mettent tous les mots imaginables, noms propres, noms communs, verbes conjugués, surnoms, etc. Et ils les font défiler à toute vitesse, plus de cinquante mille à la seconde. Il est bien rare qu'ils ne finissent pas par tomber sur le bon.

À partir de là, tout est possible ! Et il existe plusieurs modes d'attaque. Le plus simple consiste à faire son marché en s'appropriant les informations que l'ordinateur contient. Mais il y a plus vicieux. L'un des procédés utilisés a été baptisé la « bombe logique » ! Il s'agit d'introduire dans la machine visitée un programme qui va modifier ou détruire les logiciels existants. C'est d'autant plus malveillant qu'on peut tout à fait concevoir un déclenchement différé. Ainsi, le pirate peut faire exploser sa bombe logique lorsqu'il le veut !

Un autre procédé s'appelle le « cheval de Troie ». Comme son nom l'indique, il désigne une intrusion masquée. Le pirate, le hacker, comme on le nomme, introduit dans l'ordinateur visé un programme apparemment inoffensif et invisible mais qui contient une fonction cachée. Ainsi, il lui est possible de consulter en permanence les informations contenues sur le disque dur attaqué.

L'un de ces logiciels, baptisé Promis, a été conçu par des Américains et des Israéliens. Il permet de vider à distance la mémoire des systèmes informatiques. Et c'est sans doute à cause de ce logiciel que Bob Maxwell a trouvé la mort [1].

Autre méthode : le ver. Une sorte de parasite qu'on introduit dans un disque dur et qui va se développer au détriment de la mémoire vive de l'ordinateur et donc peu à peu la détruire. Des versions plus sophistiquées permettent même de contaminer les machines qui sont connectées à l'ordinateur infecté. Une technique qui rappelle celle des virus.

Le virus informatique est en effet une « infection » qui se développe dans le disque dur et détériore les programmes, les fichiers et ce qu'on appelle les zones-systèmes. D'habitude, ces

1. Voir les *Mémoires secrets* de Monsieur X, t. 1.

virus se déclenchent à une date donnée ou encore lorsque l'utilisateur du système utilise une fonction bien précise.

Même quand l'ordinateur n'est pas relié à Internet, il est vulnérable. Car c'est aussi un émetteur d'ondes et de signaux électriques. Il suffit de les capter pour décrypter ce que l'opérateur est en train de taper. Les signaux émis par le clavier peuvent être également enregistrés et déchiffrés.

Les parades existent mais elles sont très coûteuses. Il faut en quelque sorte blinder les appareils pour qu'ils ne laissent échapper aucun signal. On peut aussi installer les ordinateurs dans des cages de Faraday.

Si j'ai tenu à commencer par ce long préambule technique, c'est que le volume des effractions ne cesse d'augmenter. Et peu de systèmes sont à l'abri... J'ai récemment appris que les autorités américaines ont découvert sur Internet des messages secrets émis par le service de sécurité du président des États-Unis ! Et, selon une récente étude, le FBI a estimé que, chaque année, le département de la Défense était l'objet de quelque deux cent cinquante mille attaques de la part de pirates informatiques, dont deux tiers réussies.

Quant à la NSA, elle a mis en évidence que des pirates étaient capables de rendre inopérant le commandement américain pour le Pacifique. Ou encore de paralyser en quelques jours le réseau électrique des États-Unis. Ce qui signifie qu'un ennemi potentiel, État ou organisation terroriste, peut créer des dommages irréparables aux Américains.

L'utilisation de la cryptographie est une parade efficace, mais il faut bien reconnaître que beaucoup d'entreprises sont négligentes. Et quand les spécialistes des services secrets arrivent, il est souvent trop tard.

Alors, parfois, il faut prendre les pirates de l'informatique à leur propre jeu. Et les retourner !

Ces hackers sont souvent des garçons extrêmement doués. Très talentueux. Lorsqu'ils se font prendre, car même les meilleurs d'entre eux finissent par tomber, il est très tentant de leur proposer de travailler pour les services. Une méthode dans la grande tradition de l'espionnage. Un espion pris la main dans le sac est susceptible de devenir un agent double.

Ces surdoués n'hésitent jamais très longtemps : entre la perspective d'aller en prison et celle d'une collaboration, un garçon intelligent choisit rapidement. La méthode n'est peut-être pas très légale car ces pirates sont soustraits à la justice. Mais, en matière de renseignement, ce genre de scrupule n'est pas de mise.

On peut évidemment leur demander de dénoncer d'autres pirates. Mais il est encore plus intéressant de les obliger à trouver de nouvelles techniques d'espionnage électronique. C'est ainsi que les services ont recruté d'anciens pirates. J'ajoute que beaucoup d'entre eux ont collaboré avec un grand enthousiaste. Au lieu de travailler chez eux avec de petits moyens, on leur a brusquement ouvert grandes les portes : du matériel très performant, des possibilités de recherches extraordinaires. Ce n'était plus du bricolage, c'était le grand jeu ! Pour ces passionnés, c'était quasi inespéré ! Et peu importait à ces voleurs d'être soudain passés du côté des gendarmes ! D'ailleurs, les services vont aller encore plus loin et susciter des vocations de pirates...

Au milieu des années 80, l'attention de mes anciens collègues est attirée par une association très curieuse, le CCC, autrement dit le Chaos Computer Club.

Il s'agit d'un groupe de jeunes Allemands de Hambourg. Trois jeunes gars très forts en informatique qui pensent d'abord à s'amuser. Ils ont commencé assez modestement en attaquant le standard téléphonique d'une Caisse d'épargne. Et, grâce à cette intrusion, ils ont passé des milliers de coups de fil gratuitement. Mais très vite ils se livrent à des jeux autrement plus dangereux.

À la fin de l'année 1986, les services sont alertés par Thomson. Une filiale de cette société française travaille pour la Défense nationale, dans un secteur extrêmement sensible. Or ses informaticiens viennent de s'apercevoir que leurs ordinateurs sont victimes d'intrusions répétées et particulièrement pernicieuses...

Imaginez un système d'armement extrêmement sophistiqué et précis. Un système où l'informatique joue un rôle essentiel. À distance, un agresseur s'immisce dans le processus de fabrication des puces électroniques du système. Il ajoute à ces puces des éléments d'information qui vont modifier leur travail. Et qui, à terme, vont donc complètement dérégler l'arme elle-même.

Si étonnant que cela paraisse, la modification de ces puces ne se voit pas. Elles sont apparemment normales. On peut les vérifier autant de fois qu'on veut : la modification est indétectable et le composant électronique joue apparemment le rôle que le constructeur lui a assigné. Parce qu'on ne lui a rien retiré. Le pirate s'est contenté de lui ajouter quelque chose, de le parasiter en quelque sorte. C'est pourquoi la fiabilité de la puce ne semble pas compromise.

Pour pincer le pirate, nos spécialistes ont d'abord créé ce qu'on appelle une porte informatique. Il s'agit de fabriquer un passage surveillé. Un passage que le hacker est obligé d'emprunter s'il veut entrer dans le système. La machine enregistre alors toutes les connexions et tous les accès. Et donc toutes les intrusions.

Assez rapidement, nos experts observent que les attaques viennent d'Allemagne. Plus précisément, ils découvrent avec étonnement que les connexions illicites sont effectuées à partir du Laboratoire européen de biologie moléculaire de Hambourg... Aussitôt, les collègues du BFV, le contre-espionnage allemand, et du BKA, l'équivalent de notre police judiciaire, sont alertés.

En attendant, chez Thomson, des mesures de sécurité sont prises. D'abord, le système est coupé de tout réseau extérieur. Pendant plusieurs semaines, les informaticiens de la société installent des défenses. Mais dès que les ordinateurs sont rebranchés, ils observent avec horreur qu'en à peine un quart d'heure toutes les nouvelles protections sont cassées : les pirates sont à nouveau entrés dans les machines de la société.

Bientôt, les spécialistes des services découvrent que Thomson n'est pas la seule société attaquée. D'autres entreprises, d'autres laboratoires très secrets qui travaillent en particulier pour le secteur nucléaire, ont aussi été pénétrés. En France mais également aux États-Unis. Jamais encore on n'a assisté à une attaque informatique d'une telle ampleur.

Pour comprendre comment autant de sociétés ou de laboratoires ont pu être atteints, il faut savoir que la plupart des entreprises répugnent à reconnaître que leur système informatique a été piraté. Question de crédibilité, bien sûr. On estime que moins de 10 % des sociétés piratées portent plainte. Cela constitue incontestablement un encouragement indirect aux hackers.

Dans l'affaire qui nous occupe, malgré tous les systèmes de brouillage derrière lesquels se cachent les pirates, l'enquête progresse. Et les policiers allemands ne tardent pas à identifier les pirates : ce sont les trois talentueux membres du Chaos Computer Club de Hambourg.

S'ils ont été découverts, c'est que, victimes de leur propre succès, ils ont commis des imprudences. Leur entreprise de piratage a en effet pris une telle dimension qu'ils n'ont plus suffi à la tâche. Ils ont sous-traité quelques travaux. Trop de gens étaient désormais dans le coup, une fuite était inévitable.

Il ne suffit pas d'avoir identifié les pirates, il faut aussi savoir ce qui se cache derrière cette fantastique opération de piratage. L'enquête va le démontrer.

Les trois jeunes gens du Chaos Computer Club, les dénommés Huebner, Koch et Brzezinski, sont d'authentiques petits génies de l'informatique. Assez vite, ils comprennent que leurs talents peuvent leur rapporter beaucoup d'argent. C'est d'autant plus important et urgent pour eux qu'ils sont devenus toxicomanes. Ils vont donc essayer de monnayer les informations recueillies au cours de leurs explorations sur des réseaux informatiques sensibles.

Comment ont-ils procédé? Ce point n'a pas été éclairci. Toujours est-il qu'un jour le trio entre en contact avec un certain Serguei Markov, un Soviétique officiellement membre de la mission commerciale russe à Berlin-Est et, en réalité, agent du KGB.

Les jeunes gens du Chaos Computer Club lui proposent d'abord de lui vendre les codes de procédure d'accès aux systèmes informatiques qu'ils ont piratés. Markov est bien sûr immédiatement intéressé. Parmi les établissements piratés, il y a de gros poissons. Surtout en matière de défense. Avant de donner sa réponse, l'homme du KGB informe sa centrale. À Moscou, on prend aussitôt la mesure de l'affaire. Un budget conséquent (plus d'un million de marks) lui est attribué. Mais les Russes sont des gens prudents. Et ils prennent des précautions.

Markov, sur instruction de sa centrale, dit en substance au trio de pirates : « D'accord, on paye. Mais pas question d'exploiter nous-mêmes vos informations. C'est vous qui allez effectuer le travail ! » Les Soviétiques préfèrent que les hackers continuent eux-mêmes à exploiter la pénétration de ces systèmes informatiques. Pourquoi ? Parce que le KGB ne veut pas courir le danger d'être découvert.

Les pirates peuvent-ils prendre le risque de refuser un marché aussi prometteur? Bien sûr que non. D'autant que ce sont des toxicomanes. Ils n'ont donc guère le choix. Et ils accomplissent exactement ce que le KGB leur demande : fournitures de données puisées dans les ordinateurs piratés mais aussi installation de cette puce parasite dans le système d'armement très sensible que j'ai évoqué plus haut.

L'échange de ces informations se passe très simplement dans le métro berlinois. Les pirates du Chaos Computer Club y remettent discrètement leurs disquettes à Markov, leur officier traitant. C'est ainsi qu'une masse énorme d'informations ultrasecrètes sur la technologie occidentale parvient directement à Moscou, à un moment où les Soviétiques ont fait justement de cette quête un objectif prioritaire. Toutes ces informations scientifiques recueillies à l'Ouest, c'est autant d'économies réalisées dans les laboratoires de recherches à l'Est. Dans cette période où l'on ne parle que de « guerre des étoiles », les Soviétiques peinent à suivre l'énorme effort consenti par les États-Unis à l'initiative de Reagan. Donc, tout est bon à prendre [1].

Les Allemands, après avoir repéré le trio et ses sous-traitants, ne procèdent pas tout de suite à des arrestations. Ils cherchent d'abord à comprendre comment le système fonctionne. Résultat : quelques pirates sont pris la main dans le sac. Et leur officier traitant, Serguei Markov, est identifié.

L'un des hackers, Huebner, parle d'importance et dénonce ses petits camarades. Il peut bénéficier d'un statut de repenti, comme on dit en Italie.

D'autres, et parmi eux les fondateurs du Chaos Computer Club, sont inculpés pour intelligence avec une puissance étrangère. Mais les comparses sont simplement poursuivis dans le cadre d'une enquête de droit commun.

Toutefois l'affaire n'en reste pas là. Malgré l'enquête minutieuse menée par les policiers allemands, cet extraordinaire dossier d'espionnage devait encore cacher bien des secrets. Deux des membres du Chaos Computer Club ont rapidement trouvé la mort. Une mort violente ! Le principal meneur du groupe, en particulier, a été retrouvé brûlé dans une forêt proche de Bonn. Officiellement, il s'est immolé par le feu. En fait, il est probable que ses commanditaires soviétiques l'ont supprimé pour l'empêcher de parler.

Cette affaire inquiétante et spectaculaire a donné des idées dans les services. Des gens malins se sont dit que le meilleur moyen de contrecarrer une nouvelle entreprise de piratage de

1. À Moscou, il existe alors un organisme interministériel, le VPK, qui est chargé de coordonner cet espionnage technologique et scientifique et de passer commande aux agents infiltrés à l'Ouest.

l'ampleur de celle du Chaos Computer Club était de créer notre propre club ! Un club de pirates. C'est ce qui s'est fait à l'initiative de la DST ! Le Chaos Computer Club de France est né ainsi.

Son véritable objectif : attirer le maximum de pirates en herbe !

L'opération a été menée si habilement que ce club n'a jamais été soupçonné d'avoir été en fait un sous-marin du contre-espionnage. Mais il n'existe plus. Disons pudiquement qu'il a été victime de la guerre des polices. Son principal animateur a été arrêté pour une affaire de piratage téléphonique. Et la DST a été obligée de le lâcher... Mais, pendant les années où il a fonctionné, ce club a été particulièrement efficace et a attiré dans les filets des services des centaines de pirates talentueux qui auraient peut-être mal tourné s'ils n'avaient rencontré le Chaos Computer Club de France !

27.

Un complot belge

La tentation a toujours existé. Spécialistes des coups tordus, techniciens en manipulations diverses, les hommes des services ont parfois essayé de jouer leur propre partition sans en référer au pouvoir politique, et même en essayant de subvertir celui-ci. Bref, les marionnettes tentaient d'échapper à leur manipulateur. Quand elles n'essayaient pas tout simplement de se venger de lui.

J'ai déjà eu l'occasion d'évoquer plusieurs de ces manœuvres. Mais jamais, sans doute, une entreprise de subversion aussi spectaculaire n'a été réalisée. C'était il y a un peu moins de vingt ans.

La Belgique n'en finit pas d'être secouée par des scandales. Chacun d'entre nous a en mémoire la sinistre affaire Dutroux, qui a mis en lumière de graves dysfonctionnements dans la justice et la gendarmerie. Sans compter le dossier Agusta : des ministres corrompus à l'occasion de ventes d'hélicoptères. Et puis, il y a le mystère des Tueurs du Brabant, ces tueurs fous auxquels on attribue la responsabilité de vingt-neuf morts au cours des années 80 ; vingt-neuf personnes assassinées sauvagement, la plupart du temps à l'intérieur et à l'extérieur de supermarchés ; vingt-neuf personnes massacrées pour une raison qu'on ignore toujours officiellement.

À moins d'être belge, on a du mal à imaginer le traumatisme ressenti par la population à l'occasion de cette série sanglante. Les gens étaient terrorisés. Ils n'osaient même plus aller faire leurs courses au supermarché voisin !

Or, le moins que l'on puisse dire, c'est que la justice belge ne s'est guère hâtée pour essayer de rechercher les coupables.

C'est qu'en réalité ces massacres dissimulent une redoutable machination politique, dans laquelle de nombreux services ont été impliqués !

Le 30 septembre 1982, des hommes attaquent une armurerie située à Wavre, une petite ville du Brabant wallon. L'armurier est blessé, un policier qui tente de s'interposer est froidement abattu et des armes sont dérobées. Pas n'importe lesquelles : l'armurier a mis au point des silencieux pour mitraillettes ; ce sont ces dispositifs qui intéressaient les voleurs. Comment les bandits savaient-ils que l'armurier fabriquait ces armes très spéciales ? C'est la première question troublante de cette affaire et ce n'est pas la dernière !

Dans les semaines qui suivent, des voleurs font irruption dans une auberge de Berseel. Le butin est ridicule : quelques paquets de café et du champagne. Mais l'homme qui gardait les lieux est abattu de six balles dans la tête. Quelque temps plus tard, un chauffeur de taxi bruxellois est découvert dans le coffre de son véhicule, également abattu de quatre balles dans la tête. Les trois affaires sont certainement liées, puisque ce sont les mêmes types d'armes qui ont été utilisés. Mais pourquoi ? Quels liens peuvent-ils exister entre trois affaires aussi disparates ? C'est le mystère total.

Un mois passe... En février 1983, un commando armé de fusils à pompe et de revolvers de gros calibre surgit dans un supermarché de la chaîne Delhaize. Les agresseurs, affublés de masques de carnaval, s'emparent de la caisse, qui contient une petite somme, puis ils sortent et s'engouffrent dans une Golf GTI et une autre voiture. Un véhicule les gêne. Ils tirent froidement sur le conducteur et s'enfuient. Le plus déconcertant est encore la maigreur du butin. Ces gangsters pas comme les autres agissent exactement comme si ce n'était pas l'argent qui les intéressait. Mais alors quel est leur mobile ?

Les autorités belges ont très vite confirmation qu'elles ne se trouvent pas en face de malfaiteurs ordinaires, mais de tueurs qui obéissent à des motivations incompréhensibles ! Les attaques de supermarchés se succèdent, toujours plus violentes, toujours plus sanglantes. Il y a des blessés, des morts. À Nivelles, par exemple, deux passagers d'une voiture sont tués. Tout cela pour s'emparer de bonbons et de quelques bouteilles d'alcool ! Et ça ne fait que commencer.

Lors de cette même attaque, il se produit un fait plus stupéfiant encore qui prouve qu'on a affaire à des gangsters d'un autre type. Pour une fois, les gendarmes, qui jusque-là ne se sont guère montrés empressés d'intervenir, arrivent avant la fin de l'attaque. Au lieu de prendre la fuite, les assassins les attendent et engagent le combat. Leur puissance de feu est supérieure ; un gendarme est tué, un autre blessé. Puis les bandits se replient en bon ordre, non sans s'être emparés des talkies-walkies de leurs adversaires. Ils n'en ont pourtant pas encore fini avec les gendarmes. Ils s'arrêtent un peu plus loin sur la route et tendent un guet-apens à un véhicule des forces de l'ordre.

Cette fois, il faut se rendre à l'évidence : il ne s'agit pas de délinquance ordinaire, mais d'agressions de type terroriste. D'autant que tous les témoins ont fait une curieuse remarque : les gangsters agissent en commando. Exactement comme des militaires entraînés ! Tout concourt à renforcer cette impression : leur façon de tirer en permanence comme s'ils montaient au front, puis de se replier en bon ordre. Leur sens de l'organisation aussi : dans une des Golf, ils ont par exemple installé un poste de tir à l'arrière. Jusqu'à leur habillement : leurs grands manteaux et leurs bottines sont semblables à ceux de l'armée.

Ces indices conduisent les enquêteurs à faire un rapprochement avec un vol survenu le 31 décembre 1981, dans la caserne de la brigade Diane, l'unité d'élite de la gendarmerie belge. Un commando de plusieurs hommes portant tous un uniforme de gendarme parvient à entrer dans le bâtiment sans éveiller l'attention. Les envahisseurs se dirigent aussitôt vers l'armurerie et s'emparent de mitraillettes d'un nouveau type, qui viennent juste d'arriver d'Allemagne où seule l'unité antiterroriste en est équipée. Ils raflent aussi quelques riot-guns mais dédaignent les armes ordinaires.

À l'évidence, les voleurs étaient parfaitement renseignés et connaissaient même les lieux. Sans doute comptaient-ils des complices à l'intérieur même de la caserne. De là à imaginer qu'il s'agissait d'authentiques gendarmes, il n'y a pas loin...

Autre rapprochement : quelques mois après le vol de la caserne de la brigade Diane, des hommes investissent une usine de tissage. Encore une fois, ils savent exactement ce qu'ils viennent y chercher : dans cette usine, on travaille en secret sur un nouveau modèle de gilet pare-balles ! Les exemplaires déjà fabriqués sont volés. Mais il y a deux morts, un concierge et un employé de la fabrique. Une tuerie qui est bien dans la manière de ceux qu'on va désormais appeler les « Tueurs fous du Brabant » et qui multiplient les attaques de supermarchés. Toujours aussi violentes, toujours aussi sanglantes !

Ces crimes sont d'autant plus inquiétants que la Belgique traverse alors une période très agitée. Les CCC, les Cellules communistes combattantes, qu'on soupçonne d'être en relation avec Action directe et les Brigades rouges italiennes, commettent plusieurs attentats. Même si ces tueries dans des supermarchés ne semblent pas dans la manière du terrorisme d'extrême gauche, il est tentant de faire l'amalgame... Il faut bien donner du grain à moudre à l'opinion publique !

Pourtant, c'est vers une tout autre direction que les enquêteurs finissent par se tourner : celle du banditisme pur et simple. Fin 1983, la gendarmerie et la police annoncent triomphalement que les Tueurs fous du Brabant sont sous les verrous ! Cinq hommes viennent d'être arrêtés. Tous, à des degrés divers, ont déjà eu des ennuis avec la justice et tous habitent le Brabant, non loin des endroits où ont été commis les hold-up sanglants. Il y a parmi eux un ancien policier qui s'appelle

Cocu, ça ne s'invente pas... À noter aussi que, dans la bande, figure un Français, un type qui aurait appartenu au SAC.

Rapidement, on annonce qu'ils ont avoué. Un revolver Ruger a été retrouvé chez l'un d'eux. Selon un expert en balistique, il aurait servi dans l'un au moins des hold-up attribués aux Tueurs fous.

Tout cela ne semble pourtant guère convaincant. Les aveux ne signifient pas grand-chose; on apprendra plus tard qu'ils ont été extorqués à force de mauvais traitements. Quant au revolver, il va faire l'objet d'un grand nombre d'expertises et les plus rigoureuses, réalisées par les Allemands, concluront qu'il n'a pas tiré les projectiles retrouvés sur les lieux du hold-up.

Les doutes les plus sérieux viennent du fait que les cinq hommes manquent d'envergure. Certes, ce ne sont pas des enfants de chœur. Mais les Tueurs du Brabant sont des combattants surentraînés et pas de simples truands.

La justice conclut d'ailleurs dans ce sens... Les cinq inculpés comparaissent en avril 1988 devant la cour d'assises de Mons. À l'issue des débats, après six heures de délibération, les jurés répondent non aux cent trente-deux questions qui leur ont été posées. Les cinq inculpés ne sont pas les Tueurs fous du Brabant!

Mais comment en douter à cette date? Car après une provisoire cessation d'activité, les vrais tueurs ont repris leurs activités et de quelle manière!

En septembre 1985, en début de soirée, une Golf GTI s'arrête brutalement sur le parking d'un supermarché de Braine-l'Alleud. Trois hommes en descendent, dont un véritable géant. Dans les tueries précédentes, on avait remarqué un individu de très grande taille qui boite légèrement... Donc, les trois hommes sortent de la voiture. Comme dans les autres hold-up, ils portent des masques de carnaval, des vêtements qui ressemblent à des capotes militaires, et ils sont lourdement armés. Marchant tous les trois de front, ils ouvrent tout de suite le feu.

À l'avant d'une camionnette, un père et son fils s'écroulent. En passant, les tueurs s'emparent d'un gamin ; ils le tirent par les cheveux pour l'obliger à avancer avec eux, un revolver sur la tempe. Ils arrivent devant le supermarché. Un client en sort. Ils l'abattent. À l'intérieur, c'est la panique. Le géant hurle : « Tous à terre ou je vous crève ! »

D'autres coups de feu claquent. Les tueurs vont jusqu'au bureau du directeur. Ils réclament l'argent du coffre. On leur remet ce qu'il y a, c'est-à-dire pas grand-chose... Ils retournent alors dans le magasin. À nouveau ils crient : « À genoux ! » Un client tarde un peu à obéir. Il est tué ! Puis les tueurs passent de caisse en caisse pour ramasser l'argent. Enfin, ils libèrent l'enfant et disparaissent...

Fin provisoire du cauchemar. Pas pour longtemps ! Quelques minutes plus tard, les mêmes individus surgissent dans un autre supermarché du même groupe à Overijse. Tout recommence ! Cinq personnes sont tuées, sans aucune raison. Jamais encore, les Tueurs fous du Brabant n'ont commis un tel carnage : ce jour-là, on compte huit morts et un nombre impressionnant de blessés graves ! La police et la gendarmerie n'ont pas eu le temps d'intervenir.

Quelques jours plus tard, à Alost, les Tueurs fous provoquent un nouveau massacre, toujours dans un supermarché. À peine arrivés sur le parking, ils tuent un enfant, puis une famille entière, et encore un vieillard et une caissière. Huit morts en tout ! Ils remontent tranquillement dans leur Golf. Le géant est installé à l'arrière dans le coffre au hayon ouvert. Il continue à arroser le parking avec son fusil à pompe tandis que l'auto démarre. Pour une fois, les policiers arrivent assez rapidement. Un commissaire échange quelques coups de feu avec les tueurs. Une voiture de police prend la Golf en chasse. Mais elle est rapidement distancée.

Il est clair, maintenant, que ce ne sont pas des gangsters. Le butin les intéresse à peine. Ce qu'ils cherchent, c'est à semer la terreur... Le choix des supermarchés ne s'explique pas autrement : dans un lieu aussi fréquenté, il est facile de provoquer la panique.

Après cette série meurtrière, ils s'arrêtent. Comme s'ils estimaient qu'ils avaient rempli leur objectif. Le pays est sous le choc. Les supermarchés sont désertés.

L'enquête qui suit est lamentable, il n'y a pas d'autre mot ! C'est une succession de cafouillages et de dysfonctionnements. Des témoignages capitaux ne sont pas pris en compte, des indices matériels disparaissent, la guerre des polices sévit, tandis que personne ne songe à faire sortir de prison les cinq présumés Tueurs fous du Barbant qui sont en attente de jugement et qui, comme on l'a vu plus haut, finiront par être acquittés.

Il serait extrêmement long et fastidieux de relater les diverses pistes suivies et abandonnées par les divers enquêteurs, car il s'agit d'une nébuleuse pratiquement inextricable. Je ne donnerai ici qu'un exemple de ces dysfonctionnements qui concernent autant les enquêteurs que la justice : le soir de la dernière tuerie, celle d'Alost, un homme est intrigué par le manège de types qui descendent d'une Golf GTI et jettent des sacs dans le canal de Charleroi. Ce témoin pense immédiatement aux Tueurs fous du Brabant. En bon citoyen, il avertit les autorités. Et ce n'est pas la seule information précieuse qu'il apporte. Il affirme aussi avoir souvent vu dans les environs les mêmes individus... Ils faisaient des marches, vêtus de tenues militaires. Pourtant les magistrats chargés de l'enquête ne semblent pas plus intéressés que cela.

Un deuxième témoin se présente. Lui aussi, il a vu ces hommes jeter des sacs dans le canal. De guerre lasse, le procureur ordonne qu'on fouille le canal. Un homme-grenouille, un seul, plonge. Il travaille une matinée et ne découvre rien. Les recherches sont aussitôt abandonnées !

Négligence, incompétence ? Non. Il est évident qu'il y a une volonté derrière ! La volonté de ne pas déboucher sur la vérité et surtout de compliquer la tâche des magistrats sincères qui veulent aboutir. Un an plus tard, un autre procureur se souvient de cette histoire de sacs et il ordonne de nouvelles recherches. Et cette fois, on trouve ! Au fond du canal on découvre des armes, des munitions et les fameux gilets pare-balles volés. Sans compter un coffre et un tiroir-caisse volé au supermarché d'Alost qui contient encore des chèques et de la monnaie. Certaines des armes ont servi lors de la série de tueries de 82-83... La preuve est faite qu'il s'agit de la même bande. Mais toutes les armes ne se trouvent pas là, les plus dangereuses en particulier. En jetant ces sacs dans le canal sans nullement se cacher, les tueurs ont voulu faire passer un message à l'opinion et, accessoirement, à la justice : nous pouvons encore agir ! La menace fait partie de leur stratégie. En tout cas, de la stratégie de ceux qui les commandent !

En 1986, un fait capital se produit. À l'occasion d'une affaire de trafic d'armes, un ancien gendarme, Madani Bouhouche, est arrêté. Renvoyé de la gendarmerie, il a néanmoins gardé beaucoup de relations chez ses ex-collègues ; c'est aussi un militant d'extrême droite et un ardent pratiquant du tir aux armes à feu ! Tout comme beaucoup d'autres personnages impliqués dans des affaires diverses qui ont éclaté en Belgique dans les années 80.

Lors d'une perquisition à son domicile, on découvre, cachée dans un pot de confiture, une arme qui a servi lors d'une des opérations des Tueurs fous du Brabant. On trouve aussi des masques de carnaval et des documents pronazis. Puis les policiers, en dévidant la pelote, mettent au jour toute une série de caches : garages, box, appartements. Finalement, dans le coffre d'un véhicule dissimulé par ses soins, les enquêteurs dénichent une partie des armes volées à la caserne de la brigade Diane !

On s'intéresse aussi aux relations de cet ancien militaire. Certains gendarmes en activité semblent fortement suspects. Parmi eux, il y a un colosse, qui boite légèrement. Comme le géant des attaques de supermarchés.

Tout semble clair, mais il faut croire que cela ne l'est pas suffisamment aux yeux de la justice belge : aujourd'hui encore, l'affaire n'est pas officiellement résolue ! On se dispute toujours en Belgique pour savoir de quel parquet dépendra la commission d'enquête sur les Tueurs fous du Brabant. Quant à Madani Bouhouche, il est libéré après quelques années de prison. Tandis que des dizaines de policiers et de gendarmes continuent à travailler sur cette affaire.

Pourtant, je peux affirmer que la vérité est connue avec une quasi-certitude... Les Tueurs fous du Brabant étaient, pour les exécutants, des gendarmes et quelques truands ; et pour les commanditaires, d'autres gendarmes et des politiciens, tous d'extrême droite. Mais les vrais cerveaux étaient des membres des services secrets belges ! Comme leurs collègues italiens, ils se sont trouvés derrière presque toutes les affaires douteuses qui ont secoué la Belgique au cours des dernières décennies.

Les tueurs et leurs chefs poursuivaient deux objectifs. D'abord, déstabiliser le pays, dans le but d'instaurer, par réaction, un régime autoritaire. Et, accessoirement, contraindre les pouvoirs publics, devant la colère suscitée par ces massacres, à accroître les moyens des forces de l'ordre, particulièrement la gendarmerie. Ce qui a d'ailleurs été accompli ! À la suite de cette affaire, la gendarmerie belge a été dotée d'armes et de véhicules performants. Elle est aujourd'hui devenue une force dynamique et efficace ! Un hasard ?

28.

L'espoir assassiné

J'aime l'Algérie... C'est un pays où je suis allé à de nombreuses reprises, tant pendant la guerre que par la suite. Et puis, entre les Algériens et nous, c'est une longue histoire, une histoire d'amour-haine. La Méditerranée n'est pas assez large pour vraiment nous séparer. Nous avons tant d'intérêts, tant de souvenirs communs ! Tant de morts aussi : ces Algériens qui se sont battus courageusement dans les armées de la France libre, les fellagha et les soldats français qui se sont affrontés cruellement pendant huit ans, sans oublier les harkis que nous avons honteusement abandonnés. Il y a enfin tous ces Pieds-Noirs qui aimaient charnellement leur pays et qui ont laissé beaucoup d'eux-mêmes « là-bas », comme ils disent.

Je me suis souvent demandé comment j'aurais réagi si j'étais né en Algérie. Passionnellement sans doute... Mais là n'est pas la question. Si douloureuse que soit l'histoire qui va suivre, c'est comme ancien des services secrets que je veux m'exprimer. D'autant que les Algériens et nous avons souvent collaboré dans ce domaine. Ils nous ont donné de solides coups de main lorsqu'il s'agissait, par exemple, d'obtenir la libération de nos otages au Proche-Orient ou de lier de meilleures relations avec les Palestiniens...

C'est une des pages les plus tragiques de la récente histoire algérienne que je vais évoquer ici. Le bain de sang, qui n'est hélas toujours pas terminé aujourd'hui, en est plus ou moins la consé-

quence. Le président Boudiaf devait empêcher le pays de sombrer dans le chaos, mais moins de six mois après son entrée en fonctions, il tombait sous les balles d'un tueur. Qui l'a assassiné ? Qui a tué l'espérance et pourquoi ? J'ai, bien sûr, mon idée sur ces questions. Et la réalité est pour le moins surprenante.

« Nous mourrons tous un jour. Personne n'est éternel à son poste... »

L'homme qui parle à la tribune est glabre et chauve, son visage est ascétique, sec, bronzé, lisse : une lame de couteau. Assis à ses côtés, des fonctionnaires attentifs. Derrière, un grand rideau ocre ferme la scène. Devant la tribune, on a disposé des fleurs coupées. Au premier plan, des caméras de télévision. Le discours est diffusé en direct. Dans la salle de cette maison de la culture, personne ne bronche. On écoute ce nouveau président, dont on ignore presque tout, sinon qu'il a été l'un des héros de l'indépendance. Mais c'est tellement loin pour la plupart...

À la tribune, l'homme continue à parler. Le ton est ferme, convaincu : « Les pays développés nous devancent grâce à leurs scientifiques. Mais l'Islam... »

Un bruit sourd sur la gauche de la tribune, comme un coup de feu. D'autres parleront d'un bruit de roulement ou même d'une explosion... Le président s'est interrompu sur ce dernier mot : « Islam ». Il tourne la tête en direction de l'endroit où s'est produit le bruit. L'auditoire l'imite. Rien... Le président va recommencer à parler. Son calme, son autorité, impressionnent. Soudain, au fond de la scène, une main écarte le rideau. Un homme de petite taille apparaît. Il est jeune, mince, très pâle ; il porte l'uniforme bleu des services de sécurité. Mais ce qu'on aperçoit immédiatement, c'est le pistolet-mitrailleur qu'il tient contre sa hanche, comme à l'entraînement. L'homme avance, regarde la salle. Trois, quatre longues secondes... Le temps est suspendu. Pas un bruit, pas un mouvement. Et, brusquement, le drame : une longue rafale. Le président est touché au dos et à la tête. Il s'écroule, mortellement blessé.

Dans la salle, c'est la panique. Cris, coups de feu. Le petit homme en bleu, lui, s'est déjà enfui, profitant du tumulte. Il est 11 h 35, ce lundi 29 juin 1992. Sur la scène de la maison de la culture d'Annaba, l'ancienne Bône, Mohammed Boudiaf agonise. Il y avait 166 jours qu'il était à la tête de l'État algérien. Bientôt, le pays entier va basculer dans l'horreur...

Avant d'envisager les conséquences de sa disparition, il faut d'abord parler de la victime elle-même. Assurément, il s'agit d'une personnalité hors du commun. Né en 1919, Boudiaf a toujours été un homme de caractère, un homme fidèle à ses convictions, qui n'a jamais hésité à dire « non » lorsqu'il le fallait... Originaire d'une famille pauvre – des nomades du sud de l'Atlas qui ont été à moitié sédentarisés par la colonisation –, il a été l'un des créateurs du FLN et l'un des chefs historiques de la guerre d'Algérie.

Adolescent dans les années 30, à une époque où un climat nationaliste commence à s'installer parmi les Algériens musulmans, le jeune Boudiaf est sûrement scandalisé d'être traité comme un citoyen de seconde zone, mais il n'est vraisemblablement pas partisan de l'indépendance. Pas encore. Il reste attaché à la France, comme le prouve la très belle guerre qu'il termine dans notre armée, avec le grade d'adjudant... En fait, le grand tournant pour lui est le massacre de Sétif.

Cette page noire, très rarement évoquée, de la présence française en Algérie a profondément marqué les esprits des jeunes Algériens. En mai 1945, des manifestations nationalistes sont suivies par des exactions contre la population européenne. Mais la répression qui suit est féroce, sanglante. Certains ont parlé de quarante-cinq mille morts ! Passé le moment de terreur, cette tuerie a un incontestable effet mobilisateur.

Dès 1947, en tout cas, l'ancien adjudant de l'armée française passe dans la clandestinité. Le FLN n'existe pas encore, mais Boudiaf et ses premiers compagnons, Ben Bella, Aït Ahmed et

Didouche Mourad, créent une branche armée au sein du MTLD, le Mouvement pour le triomphe des libertés démocratiques. Le parti lui-même est dirigé par le vieux nationaliste Messali Hadj, dont Boudiaf et les siens finiront par se séparer, le jugeant trop timoré.

Pour l'instant, ils se préparent, ils recrutent des militants, ils amassent des armes. Ce sont eux, par exemple, qui montent le spectaculaire hold-up de la Grande Poste d'Oran en 1949, pour financer leur mouvement, pour obtenir le nerf de la guerre qui maintenant se profile, inévitable... D'autres militants les ont rejoints : Lardi Ben M'Hidi, Rabah Bitat, Krim Belkacem ou encore Mohammed Khider. Tous sont des durs, très déterminés, décidés à en découdre un jour militairement avec la France. Ce sont eux que le journaliste Yves Courrière a appelés les « fils de la Toussaint » et qui déclenchent l'insurrection du 1er novembre 1954, début historique de la guerre d'Algérie.

Politiquement, il y a de tout parmi eux : des islamistes, comme on ne le dit pas encore, alors que d'autres, comme Aït Ahmed, sont, au contraire, résolument laïques. Mohammed Boudiaf, lui, serait plutôt un nassérien, c'est-à-dire un nationaliste arabe très antireligieux. Inutile de dire que, lorsqu'il viendra au pouvoir en 1992, les islamistes du FIS auront de bonnes raisons de s'opposer à lui et de le considérer comme un adversaire...

La guerre d'Algérie se termine brutalement pour lui en 1956. Il est arraisonné en plein ciel par la chasse française, avec d'autres leaders du FLN, alors qu'ils volaient vers l'Égypte, arraisonnement qui, soit dit en passant, a été un véritable coup de force de l'armée, accompli sans l'aval des autorités politiques françaises.

Boudiaf se retrouve interné en France, en compagnie de Khider, Aït Ahmed et Ben Bella. Il reste prisonnier six ans, jusqu'au 19 mars 1962, date du cessez-le-feu. Malgré cet internement, il continue à jouer un rôle politique important, surtout à partir du moment où le général de Gaulle commence à entamer de discrets pourparlers avec le GPRA. C'est aussi la période où apparaissent les premières dissensions entre les chefs historiques du FLN.

Le problème crucial, hier comme aujourd'hui, est la place de l'armée dans la direction des affaires. Boudiaf se méfie d'elle. Déjà, il considère que c'est le politique qui doit primer sur le militaire. Pour lui, l'armée est une force de dictature, pas une force révolutionnaire. Ben Bella, au contraire, est prêt à pactiser avec les officiers. Et c'est grâce aux concessions qu'il leur fait qu'il devient, après l'indépendance, le premier président de la nouvelle Algérie.

Très vite, Boudiaf a des rapports exécrables avec Ben Bella président. Il lui demande ni plus ni moins la dissolution du parti unique, le FLN, considérant, non sans raison, qu'il a été un mouvement de libération et que, sa tâche remplie, il doit disparaître, pour céder la place à de véritables partis politiques.

Il va plus loin. Pour donner l'exemple, il crée son propre parti, le PRS, le Parti de la révolution socialiste, d'inspiration plutôt trotskiste, ce qui lui vaut d'être inculpé de complot contre la sécurité de l'État. Après quelques mois de prison, il n'insiste pas : il décide de s'exiler au Maroc. Décision prudente, d'autant que trois ans après son accession au pouvoir, Ben Bella est renversé par son ministre de la Défense, Houari Boumediene, et que le régime de parti unique se radicalise encore.

Bien entendu, Boudiaf ne revient pas au pays. Il continue d'animer de loin son parti, le PRS. Il le fait sans excès et bien lui en prend, car d'autres opposants, d'autres chefs historiques, payent de leur vie leur action politique. Mohammed Khider est liquidé à Madrid, en 1967, Krim Belkacem est retrouvé étranglé dans une chambre d'hôtel de Francfort...

Trente années durant, Mohammed Boudiaf reste en exil, à la tête de son petit parti, à peu près totalement isolé. Le PRS suit une ligne assez floue, hésitant entre nationalisme, marxisme et tiers-mondisme. En 1980, les ouvertures du président algérien Chadli Bendjedid diminuent encore un peu plus les maigres effectifs du petit parti. Boudiaf tente bien des rapprochements, avec le mouvement berbère d'abord, les islamistes ensuite et plus tard Ahmed Ben Bella, en résidence surveillée dans son propre pays, mais à chaque fois sans résultat.

En attendant, il vivote au Maroc. Il a monté une briqueterie, qui le fait subsister tant bien que mal et, paradoxalement, plus que son activité politique décevante, c'est ce modeste train de vie qui va être la principale raison de son rappel en 1992. Il fait, en effet, figure d'honnête homme, de personnage intègre, alors que tant de ses frères d'armes ont amassé des fortunes considérables grâce à la corruption. De plus, il reste un héros de l'Indépendance. Alors, il n'est pas étonnant qu'il apparaisse comme l'homme providentiel, presque l'homme de la dernière chance...

Il est évidemment curieux que ce soit l'armée qui vienne le rechercher, cette armée qui n'avait jamais quitté le pouvoir depuis l'Indépendance et dont il avait combattu sans relâche l'action politique. Mais la gravité de la situation ne laissait sans doute pas d'autre choix...

En cette année 1992, la crise dure depuis quatre ans. Les premières émeutes datent de 1988. Des jeunes descendent dans la rue, à Alger d'abord, dans les autres villes ensuite. Ce sont des écoliers, des lycéens qui protestent contre la vie chère et la pénurie des aliments de base... Ces manifestations, très violentes, sont férocement réprimées. Il y a des morts. Mais malgré la répression, le mouvement se poursuit et les islamistes entreprennent de le récupérer.

Comprenant le danger, le pouvoir, incarné par le président Chadli, fait des concessions : promesse d'une libéralisation du régime et limogeage du chef de la redoutable Sécurité militaire, un organisme dont j'aurai à reparler. Apparemment, le calme revient. Apparemment seulement, car un processus s'est mis en route. L'incendie couve toujours et on peut faire confiance aux islamistes pour l'attiser !

Le FIS, Front islamique du salut, poursuit en effet inlassablement sa propagande et ce ne sont pas les arguments qui lui manquent. L'Algérie est affligée de toutes les tares d'un régime socialiste autoritaire : bureaucratie, gaspillage, corruption. L'économie s'est effondrée en même temps que le prix du pétrole, et la démographie galopante aggrave encore la situation : en trente ans, depuis l'Indépendance, la population a presque triplé. La misère et le chômage sévissent tandis qu'une poignée de gens en place continue à vivre dans le luxe. Les Algériens prêtent à ces propos des islamistes une oreille attentive. Ils ne sont pas plus fanatisés que les autres populations du Maghreb, mais, c'est clair, ils en ont assez !

Alors, le pouvoir recule encore. Cette fois, ce ne sont plus de vagues promesses. Chadli, contraint et forcé, met en place le multipartisme et accorde une relative liberté à la presse. Mais il s'agit d'une course en avant complètement folle. Car tous ces efforts ne font que renforcer ses adversaires et d'abord le FIS. Aux élections législatives de décembre 1991, le premier tour est marqué par la victoire écrasante des islamistes.

Il n'y aura jamais de deuxième tour... L'armée a vu le danger et, cette fois, elle agit à visage découvert ! C'est un vrai coup d'État : le processus électoral est suspendu, le président Chadli est forcé à la démission et, pour pallier la vacance apparente du pouvoir, on invente un organisme nouveau, le Haut Comité d'État, dont le président exercera la réalité du pouvoir. C'est là qu'apparaît Mohammed Boudiaf. C'est pour exercer cette présidence, poste délicat et périlleux entre tous, qu'on est allé le chercher dans sa retraite marocaine...

Personne ne sait, évidemment, et moi pas plus qu'un autre, ce qui s'est dit entre les militaires et lui, mais il ne s'est sans doute pas laissé convaincre facilement. D'abord parce qu'il savait très bien que rien n'avait vraiment changé dans son pays et que c'était toujours l'armée qui tirait les ficelles, cette armée qui l'avait obligé, vingt-huit ans plus tôt, à prendre le chemin de l'exil.

S'il a tout de même accepté, c'est vraisemblablement par patriotisme. Il a estimé que son pays était en danger et qu'il n'avait pas le droit de se dérober. Il savait pourtant que sa tâche serait à la limite du possible. Il allait devoir se battre sur deux fronts, contre les islamistes, bien sûr, qui vont à partir de ce moment se déchaîner et plonger l'Algérie dans le chaos, mais aussi contre la corruption, ce qui signifiait engager le fer avec l'armée toute-puissante.

C'est ce qu'il fait, à la grande surprise et au grand désagrément de tous ces généraux qui dirigent le pays depuis toujours, sous la fiction des institutions. Ils pensaient trouver en lui une marionnette ou une caution, mais ils doivent vite déchanter : Mohammed Boudiaf a vraiment l'intention d'exercer cette autorité qu'on lui a offerte.

Dans son esprit, les choses sont claires. Depuis que le FLN s'est approprié le pouvoir, l'Algérie est allée de mal en pis. Année après année, les gouvernants se sont de plus en plus éloignés de la population, abandonnant les gens à leur misère et la jeunesse au mal-être. Gabegie, fraudes, abus, malversations : pour lui, c'est bien le pouvoir qui est coupable de la terrible situation dans laquelle il a retrouvé son pays. Mais à ses yeux, l'intégrisme ne vaut pas mieux. Car l'objectif des fanatiques religieux est d'instaurer une dictature sanglante.

C'est contre eux qu'il se bat dès son arrivée au pouvoir. Il n'a pas le choix : cette lutte frontale dégénère en une quasi-guerre civile. Il le dit et le répète : « Quel qu'en soit le prix, je rétablirai l'ordre. À mon âge, on ne nourrit plus d'ambitions. Si j'ai accepté de devenir président, c'est en vue de restaurer l'État, qui n'existait plus en Algérie. »

Il tente de manier la carotte et le bâton. Il proclame l'état d'urgence et dissout le FIS, mais un peu plus tard il fait libérer des centaines de prisonniers islamistes. Ce qui n'empêche pas la violence de se poursuivre et même de s'intensifier : pas un jour sans attentat, pas un jour sans bombe, pas un jour sans qu'un policier ou un militaire soit tué.

Alors la répression s'accentue. Les arrestations se multiplient, la Casbah est assiégée et l'armée s'attaque aux imams qui, chaque vendredi, appellent les fidèles à contester le pouvoir par la violence. On traque les « Afghans », c'est-à-dire les Algériens qui sont allés se battre en Afghanistan contre les Soviétiques. En mai, plusieurs condamnations à mort sont prononcées. En juin, la tension monte encore, lorsque est annoncé le procès des deux grands leaders du FIS, Madani et Belhadj. Le procès est reporté à la deuxième semaine de juillet. Mais, le 29 juin 1992, Boudiaf est assassiné...

Tels sont les faits qui ont précédé l'attentat qui a coûté la vie au président du Haut Comité d'État. Et tout de suite, bien évidemment, ce sont les islamistes qui sont montrés du doigt. D'autant que la personnalité de l'assassin, un certain Boumaârafi, membre des services de sécurité, semble accréditer cette piste. C'est un individu très religieux, professant ouvertement des convictions intégristes. Le crime était apparemment signé.

Je dis bien « apparemment » car il existe une autre piste qu'il faut se garder de négliger : l'armée et les corrompus... Dès son arrivée au pouvoir, Boudiaf s'est présenté comme le « Monsieur Propre » du régime. Dans sa bouche, ce ne sont pas de simples intentions : il donne très vite le *la* en s'attaquant à un homme très puissant, le général Belloucif.

Cet ancien chef d'état-major de l'armée a été longtemps considéré comme le dauphin du président Chadli. C'est une personnalité importante du régime, mais Boudiaf le fait arrêter : Belloucif est soupçonné d'avoir détourné près de 40 millions de francs sur les fonds publics. Le plus inattendu, c'est que Belloucif ne nie pas ! Lors de son interrogatoire, il déclare qu'une partie de cet argent a servi à acheter un appartement de luxe à Paris, destiné au président Chadli. Il apporte donc la preuve que la corruption existait jusqu'au plus niveau de l'État.

Sur la lancée, Boudiaf fait arrêter peu après un des plus grands responsables du « trabendo ». C'est ainsi qu'on désigne le marché noir en Algérie. Le mot vient de l'espagnol *contra-bendo*, et dans le pays c'est devenu une sorte de sport national. Quand un émigré, de retour de France, par exemple, se livre à un trafic modeste pour faire vivre sa famille, rien de bien grave. Mais quand le trabendo est organisé par un véritable système mafieux, il s'agit de tout autre chose. Chez ce parrain du trabendo que Boudiaf fait arrêter, un certain Bettou, on découvre un véritable trésor : des tonnes de marchandises qui valent plusieurs centaines de millions de francs. La caverne d'Ali Baba, en somme !

Cet individu avait déjà été arrêté à plusieurs reprises. Mais il avait été relaxé à chaque fois. Il bénéficiait de protections, de très hautes protections...

Attaqués de front, les corrompus ne tardent pas à réagir. En avril 1992, on trouve un cadavre dans la banlieue parisienne. C'est celui d'un employé de la Banque extérieure d'Algérie, un homme qui savait beaucoup de choses sur les malversations et les comptes bancaires de quelques dirigeants algériens. Il a été assassiné et sans doute torturé. Personne ne doit s'intéresser aux comptes à l'étranger des puissants du régime !

Toutefois Boudiaf et les rares hommes qui l'aident et le soutiennent vont découvrir une affaire encore plus intéressante. Et il se trouve que nous, Français, en étions parfaitement informés... Il s'agit d'une importante transaction couverte par notre propre gouvernement. Je ne peux pas en dire beaucoup plus, si ce n'est qu'il s'agissait d'équipements militaires et que la facture était astronomique. Dans ce genre d'affaire, il y a toujours des commissions versées ici ou là, des commissions qui ne sont pas moins astronomiques...

L'affaire avait échoué juste avant l'arrivée de Boudiaf. Les équipements avaient été jugés trop chers, pas vraiment indispensables et, vu l'état des finances du pays, le marché avait été annulé. Mais les commissions étaient demeurées acquises à leurs bénéficiaires, des militaires très haut placés.

Je peux révéler qu'ici les services français ont joué un rôle. Ils ont, disons, « aidé » le président Boudiaf à découvrir la vérité lorsqu'il est arrivé à la tête de l'État. Pourquoi ? Parce que nous n'étions pas trop mécontents de faire savoir au nouveau pouvoir qu'il fallait nettoyer au plus vite les écuries d'Augias. Ce faisant, nous condamnions Boudiaf ! Évidemment, nous ne le savions pas ; nous n'avons pas imaginé qu'on oserait s'attaquer aussi vite à lui et ce fut notre erreur, notre tragique erreur...

Toujours est-il qu'à ce moment le président a le sentiment de n'avoir découvert qu'une partie de la vérité, la partie émergée de l'iceberg. Alors il veut en savoir davantage : il envoie une petite équipe d'officiers de la Sécurité militaire à Paris. Ce sont des gens en qui il a toute confiance. Leur mission consiste à découvrir les comptes bancaires des corrompus.

Et ils ont réussi... Je le sais, parce que les services français leur ont prêté main-forte. Seulement, ils n'ont pas pu aller jusqu'au bout. À leur retour à Alger, ils ont été purement et simplement éliminés ! Physiquement éliminés !

Boudiaf ne pouvait pas savoir qu'il s'était jeté dans la gueule du loup. Car la Sécurité militaire était en réalité le bras armé des corrompus, l'organisme chargé des sales besognes. La mission de Paris ne pouvait pas rester ignorée et les hommes forts de la Sécurité ont réagi en supprimant ces officiers trop curieux.

Le plus remarquable est que le fait est passé inaperçu. En ces temps-là, en Algérie, des militaires tombaient tous les jours. Alors quelques-uns de plus... On a attribué leur mort aux terroristes islamistes et on les a enterrés en héros. Seul Boudiaf a eu forcément des soupçons. Alors la suite était inévitable : il fallait éliminer le président lui-même !

Telle est, selon mes informations, la vérité, contrairement à la thèse officielle, qui veut que le président Boudiaf ait été assassiné par un homme seul, le sous-lieutenant des services de sécurité présidentiels, Boumaârafi.

Que ce soit lui qui ait tué Boudiaf n'est pas discutable : il l'a abattu devant des dizaines de témoins. Mais il n'a pas été difficile de le convaincre. Ses supérieurs avaient remarqué sa personnalité faible, perturbée, et son exaltation mystique. Ils ont dû lui tenir un discours du genre : « Il y a des traîtres dans le pays, des gens qui veulent anéantir l'Algérie, la livrer à l'étranger, aux puissances d'argent, et le premier d'entre eux est Boudiaf. » La suite, c'est le drame du 29 juin, à Annaba...

Il existe des preuves de cette conjuration militaire. D'abord, les services de sécurité présidentiels, qui étaient généralement très efficaces, se sont montrés, le jour du drame, particulièrement absents et désorganisés. Ensuite, Boumaârafi ne devait pas être de service ce jour-là. Son chef direct avait des doutes sur son efficacité. Mais le supérieur de cet officier a insisté avec force pour qu'il soit présent. Et si Boumaârafi n'a rien révélé après son arrestation, c'est qu'il y a eu un marchandage entre les autorités et lui : la vie sauve contre son silence...

La manière plus qu'étrange dont s'est déroulé son procès, en 1995, en est la meilleure confirmation. On ne lui a pas permis de choisir lui-même sa défense. Le tribunal a conclu qu'il avait agi seul au nom de sa foi islamique et l'a condamné à mort. Mais la sentence n'a toujours pas été exécutée. Curieuse clémence, on en conviendra, dans un pays où la justice s'est montrée impitoyable pour des affaires bien moins graves que celle-là !

Voilà ce que je pouvais dire sur l'assassinat de cet homme que je respectais et qui portait en lui les espoirs d'un malheureux pays. Il y a peu de chances que la vérité éclate un jour. Officiellement, tout est clair, et la vraie raison du premier meurtre d'un chef d'État au Maghreb restera à jamais un secret.

29.

Le masque de fer israélien

C'est une image difficile à oublier.

Le vieillard à barbe blanche a les larmes aux yeux. Il semble brisé, malade. Il y a seize ans qu'il est en prison. Ce jeudi 3 septembre 1998, Marcus Klingberg comparaît devant le tribunal de Beersheva, dans le désert du Néguev. Son avocat demande sa libération en raison de son état de santé déficient. Si Klingberg n'est pas élargi, il mourra en prison.

Lorsqu'un moment plus tard le tribunal rend sa décision, le visage du prisonnier s'éclaire enfin : c'est la liberté. Mais une liberté étroitement surveillée : Klingberg ne pourra sortir de son appartement de Tel-Aviv que pour aller consulter son médecin. Il sera accompagné par un homme du contre-espionnage. Seuls quelques proches figurant sur une liste agréée par les services de sécurité seront autorisés à lui rendre visite. Ses communications téléphoniques seront écoutées et, enfin, un agent du contre-espionnage vivra à ses côtés.

D'une voix tremblante, Klingberg n'en remercie pas moins ses juges. Car tout vaut mieux que l'isolement dans lequel il a vécu de si longues années. Puis il se tourne vers le procureur qui, au nom de l'État israélien, peut encore faire appel. « J'espère que tu ne vas pas me créer de problèmes... » Le magistrat soupire et lâche : « Tu sais très bien que cela ne dépend pas de moi ! » Une réponse qui en dit long. Car la liberté de Klingberg est une affaire d'État.

Le procureur ne fera pas appel... Le vieil homme peut donc gagner son appartement, pour vivre les derniers jours de sa vie. Une vie dramatique, héroïque et, par-dessus tout, mystérieuse...

Qui est donc Marcus Klingberg, celui qu'on a surnommé le « Masque de fer israélien » ? Un espion ou un humaniste ? Un traître à son pays ou un grand savant qui s'est enfin rendu compte qu'il s'était fourvoyé ? Je ne connais pas personnellement Klingberg mais j'ai eu le privilège de pouvoir avoir connaissance des pièces les plus secrètes de son dossier...

Klingberg est né en 1918 à Varsovie. Il se prénomme alors Marek, prénom qu'il transformera beaucoup plus tard en Marcus, lors de son arrivée en Palestine. Il est issu d'une famille juive traditionaliste et modeste. L'un de ses grands-pères a été rabbin. Le petit Marek est un garçon brillant, curieux, avide de savoir et, à dix-huit ans, il entre à la faculté de médecine... Nous sommes alors en 1936. Très vite, le jeune étudiant prend conscience du danger hitlérien. Plutôt progressiste, il dénonce les théories raciales des nazis, mais aussi l'antisémitisme chronique des Polonais. Lorsque les Allemands envahissent la Pologne, il fuit, parce qu'il sait que les juifs vont être décimés. Il fuit, mais il est seul : sa famille, comme la quasi-totalité de la communauté juive, reste sur place.

Marek Klingberg choisit de se rendre en URSS. Cela peut sembler étonnant, mais peut-être n'a-t-il pas eu d'autre solution... En tout cas, le jeune étudiant en médecine reçoit le meilleur accueil. Il continue ses études et va même obtenir rapidement la citoyenneté soviétique. Naturellement, il se sent redevable à sa patrie d'adoption et il lui exprime sa reconnaissance en s'engageant dans l'Armée rouge lorsque les troupes du IIIe Reich envahissent l'URSS. Il finira la guerre avec le grade de capitaine, dans le service de santé. Il a profité du conflit pour se spécialiser dans l'étude des épidémies.

Après l'armistice, il retourne d'abord chez lui, en Pologne, mais c'est, hélas, pour constater le désastre. Des trois millions de juifs qui vivaient dans le pays il ne reste plus que quelques milliers, et toute sa famille a péri. Il offre quelque temps ses services au ministère de la Santé. C'est là qu'il rencontre une jeune biologiste, Wanda, une survivante du ghetto de Varsovie, qui, elle aussi, a perdu toute sa famille dans les camps. Ils se marient. Très vite, ils décident de partir : il existe trop de souvenirs douloureux autour d'eux.

Les Klingberg s'installent d'abord en Suède et c'est là que, pour la première fois de sa vie, Marek va manifester de l'intérêt pour le sionisme. Il fait même partie de ces juifs européens qui recrutent des volontaires pour la Haganah, l'embryon de la future armée israélienne. Mais il ne supporte plus cette Europe qui a laissé mourir tous les siens. Et il se sent de plus en plus proche des sionistes de cette époque, qui veulent construire un pays démocratique et socialiste. Ce qui attire cet humaniste progressiste, c'est d'abord la Palestine des kibboutzim...

Il choisit de partir en 1948, dès que l'État d'Israël est proclamé. À peine installé, cet ancien capitaine de l'Armée rouge est intégré dans l'armée israélienne, toujours en tant que médecin, naturellement. Il combat pour l'indépendance de son nouveau pays. On ne sait trop pourquoi il décide alors de se faire appeler « Marcus ». Peut-être parce qu'en abandonnant son vieux prénom juif polonais, il veut rompre définitivement avec son passé...

En tout cas, dès que la première guerre entre Arabes et Juifs se termine, le destin de Marcus Klingberg est scellé ! Car l'armée israélienne s'intéresse aussitôt aux travaux du jeune chercheur... En URSS, au Kazakhstan exactement, Klingberg a fait des expérimentations sur les maladies du blé et leurs conséquences sanitaires chez l'homme. Un sujet qui passionne les militaires !

Le jeune État israélien vit alors ses premières années dans un véritable sentiment d'encerclement ; chacun sait qu'un jour ou l'autre il faudra à nouveau affronter les armées arabes. La priorité est de défendre le pays à tout prix, même avec les armes les moins avouables, comme les armes bactériologiques. Voilà pourquoi les travaux de Klingberg intéressent les militaires. Il va lui être demandé de procéder à des recherches sur les armes bactériologiques...

Marcus, cet humaniste convaincu, a certainement dû connaître un terrible débat de conscience avant d'accepter. Mais pouvait-il refuser d'aider ce nouvel État qui était d'abord pour lui le foyer des survivants des camps nazis ? À l'évidence, non, même si ses convictions personnelles devaient en souffrir... Il accepte donc et, à partir de ce moment, il va mener une sorte de double vie.

Pour la communauté scientifique internationale, il devient un savant reconnu. Klingberg exerce en effet de prestigieuses fonctions universitaires et il publie des textes qui font autorité en épidémiologie. Responsable d'une collection scientifique en Suisse, il est l'invité régulier de plusieurs grandes universités, aux États-Unis, en Norvège ou encore en Angleterre. Il s'occupe d'une association internationale sur les malformations congénitales et, après la catastrophe chimique de Seveso, on lui demande de présider le comité chargé d'en étudier les conséquences sanitaires... Tout cela, c'est l'aspect officiel, mais dans le même temps, Marcus Klingberg dirige le centre ultra-secret de Nes Zyona.

On sait très peu de chose sur cet établissement qui est étroitement surveillé, protégé par les hommes du Shin Beth, le contre-espionnage israélien, et placé directement sous l'autorité du Premier ministre. Il y aurait quatre départements : biologie, chimie, physique, médecine vétérinaire. Les meilleurs spécialistes estiment que les chercheurs y ont mis au point une quarantaine d'armes non conventionnelles, comme on dit pudiquement.

L'objectif de ces armes est de neutraliser plus ou moins durablement, parfois définitivement, les soldats ennemis ou d'anéantir les ressources alimentaires d'un pays hostile. Il faut dire que, d'un point de vue strictement militaire, ces armes ont un intérêt énorme : contrairement aux armes classiques, elles ne détruisent ni les matériels ni les infrastructures, seulement les hommes !

On peut aussi les associer avec des armes classiques. Une grenade à main, un obus, un missile, peuvent être chargés de toxines ou de micro-organismes qui se dispersent dans l'atmosphère lorsque l'engin explose. Les produits chimiques sont classés en irritants, vésicants, suffocants, incapacitants et, enfin, toxiques, ceux qui paralysent le système nerveux et provoquent la mort. Quant aux armes bactériologiques, ce sont les germes de maladies comme le charbon ou la peste...

Dans les services secrets, nous avons toujours étroitement surveillé les organismes susceptibles de fabriquer ces produits. Notre crainte est qu'un jour ou l'autre un groupe terroriste utilise ces armes, comme c'est d'ailleurs arrivé assez récemment dans le métro de Tokyo. C'est pour cela que des laboratoires continuent leurs recherches malgré les traités internationaux. J'ajoute que ces mêmes laboratoires travaillent aussi à la prévention et à la fabrication d'antidotes. Et c'est ce que prétendent faire les Israéliens à Nes Zyona, selon les rares informations qu'ils ont données à ce sujet.

Ce n'est d'ailleurs pas tout à fait faux : c'est sans doute dans les laboratoires de ce centre de recherches ultra-secret qu'ont été conçus les matériels de protection utilisés par l'armée israélienne lors de la guerre du Golfe. Mais à Nes Zyona, on fabrique aussi des armes, comme on en a eu fortuitement la preuve en 1992...

Cette année-là, un avion cargo israélien, un Boeing 747 d'El Al, s'écrase dans la banlieue sud d'Amsterdam et il y a quarante-sept victimes dans la population. Mais pas seulement à cause de l'impact. Plusieurs années après les faits, plus d'un millier de personnes ont présenté des symptômes graves : des difficultés respiratoires, des maladies de peau incurables, des problèmes nerveux, des complications de grossesse et même des cancers.

Une enquête révèle que les Hollandais, en collaboration avec les Israéliens, ont monté une véritable conspiration du silence : l'une des deux boîtes noires, celle contenant les conversations des pilotes, a disparu, volée sur les lieux de la catastrophe par des personnages revêtus de combinaisons étanches. D'autre part, vingt des cent dix tonnes du fret ne figurent pas sur les livres de bord.

Et pour cause ! Il s'agissait d'une substance chimique provenant des États-Unis et destiné à Nes Zyona, du gaz sarin, un poison particulièrement toxique, celui-là même qui a été utilisé par la secte Aoun dans le métro de Tokyo. Lors du crash, vingt tonnes de ce produit se sont répandues au sol, avec les conséquences qu'on imagine... Les Israéliens, très embarrassés, ont fini par reconnaître les faits, en prétendant que le produit était destiné à tester des filtres pour masque à gaz.

Lorsque ce dramatique accident s'est produit, Marcus Klingberg ne dirigeait déjà plus le centre de Nes Zyona depuis longtemps. En 1983, au cours d'un procès secret, il a été en effet condamné pour trahison au profit de l'URSS. Puis il a été enfermé sous une fausse identité et rigoureusement coupé du monde extérieur.

Bien entendu, la brusque disparition d'un personnage aussi connu sur la scène internationale ne passe pas inaperçue. Dans les milieux scientifiques, c'est la stupéfaction ! Qu'est-il arrivé à Marcus Klingberg ? Est-il mort ? A-t-il fait une fugue ? Est-il devenu fou et a-t-il été interné quelque part ?... Pas moyen d'obtenir une réponse. Pendant des mois, c'est le silence. Personne ne sait rien et ses proches se taisent. On murmure que le professeur aurait rencontré une jeune femme lors d'un séjour en Europe et qu'il aurait décidé de refaire sa vie avec elle. Selon une autre source, Klingberg, gravement déprimé, serait soigné en secret dans un établissement psychiatrique suisse.

Près d'un an et demi après cette disparition, un journal anglais évoque la possibilité d'une fugue en URSS. Cette hypothèse va être relancée par un journal israélien, qui affirme que le chercheur a été séduit par une belle fonctionnaire du KGB... Cette fois les Israéliens sont obligés de lâcher quelques informations. On apprend ainsi que Marcus Klingberg a été arrêté par le contre-espionnage israélien. Il a été aussitôt mis au secret et tous ses papiers ont été saisis. Ses proches savaient ce qui lui était arrivé, mais on les avait menacés : s'ils parlaient, ils n'auraient plus jamais l'autorisation de le voir ! Sa femme Wanda a été elle-même arrêtée et elle a subi de nombreux interrogatoires avant d'être relâchée et contrainte au silence.

L'affaire était censée rester absolument secrète. À tel point que, lorsque Klingberg a été jugé et condamné, son dossier portait la mention : « État d'Israël contre X » ! Personne ne devait plus prononcer son nom. Lorsqu'il a été incarcéré, il l'a été sous un faux nom ! D'un jour à l'autre, Marcus Klingberg est devenu un mort vivant.

Les charges retenues contre lui n'ont jamais été rendues publiques. Mais deux hypothèses pouvaient être émises. La première, celle qui est retenue par pratiquement tout le monde, fait de lui un espion du KGB. Cet ancien officier de l'Armée rouge aurait été recruté sans difficulté par les services soviétiques, peut-être même avant son arrivée en Israël. Au fil des années, il aurait livré aux Russes les secrets des armes chimiques et bactériologiques israéliennes. C'est un transfuge soviétique qui l'aurait dénoncé à la CIA. Pour étayer cette thèse, on a affirmé, y compris parmi ses proches, qu'en donnant des informations au KGB, Klingberg payait sa dette à l'URSS qui l'avait accueilli et lui avait permis de poursuivre ses études...

Selon l'autre hypothèse, Klingberg n'aurait pas été un espion, mais un idéaliste, ce qui le rendait tout aussi dangereux, peut-être même plus. Cet humaniste n'aurait brusquement plus supporté qu'Israël continue à fabriquer dans le plus grand secret des armes réprouvées par la presque totalité de la communauté internationale et en violation du traité que l'État hébreu avait signé. Un traité qui interdisait la fabrication et le stockage de ces matériels militaires. Pourquoi Klingberg aurait-il eu soudain des états d'âme ? Parce que ces gaz de combat et ces produits bactériologiques devenaient de plus en plus sophistiqués et donc de plus en plus dangereux... Alors, pour faire cesser leur fabrication, il aurait menacé de rendre publics les secrets de Nes Zyona !

Quoi qu'il en soit, à partir de cet instant, Klingberg représentait un danger mortel pour la sécurité israélienne. C'est en tout cas ce qu'ont pensé les dirigeants de l'époque et les responsables du contre-espionnage. Et, pour préserver les secrets de Nes Zyona, ils l'ont enfermé pendant plus de seize ans... Sans une campagne internationale en sa faveur, ils ne l'auraient d'ailleurs peut-être jamais relâché.

C'est en 1993 qu'on apprend de manière certaine que Klingberg est détenu dans une prison israélienne. On apprend en même temps que le vieil homme est très malade et qu'il a fait plusieurs tentatives de suicide. Ses amis scientifiques, ses proches, se mobilisent pour obtenir sa libération, de grands noms signent pétition sur pétition. Rien n'y fait : Klingberg reste en prison. Les Israéliens se disent certainement que le savant connaît beaucoup trop de secrets et qu'il est impossible de le relâcher... Ils finissent quand même par céder en 1998. Aujourd'hui, Israël a perdu son masque de fer. À moins qu'il n'en existe d'autres, dont on ne soupçonne même pas l'existence !

Au vu du dossier que j'ai pu consulter, grâce à quelques amitiés israéliennes, je suis à peu près convaincu que Marcus Klingberg n'était pas un espion. Sans doute a-t-il commis l'imprudence d'avertir des ressortissants de pays étrangers que sa patrie se livrait à des recherches interdites. Mais s'il l'a fait, c'était pour conjurer le danger et faire pression sur les autorités israéliennes. Un acte de révolte qui lui a valu de disparaître du monde pendant seize ans ! Quant à ses accusateurs, il était logique qu'ils justifient cette longue réclusion par une accusation d'espionnage. Surtout dans un pays où l'on ne badine pas avec la sécurité nationale !

Bibliographie pour éclairer le journal secret de Monsieur X.

ANDREW C. et GORDIEVSKY O. *Le KGB dans le monde*, Fayard.
BACELON Jacques, *La République de la fraude,* Grancher.
BARRIL Paul, *Missions très spéciales,* Presses de la Cité.
BAUD Jacques, *L'Encyclopédie du renseignement et des services secrets,* Lavauzelle.
BENMILOUD Yasser (Y.B.), *L'Explication,* J.-C. Lattès.
BENOIST-MÉCHIN, *Deux étés africains.*
BLAKE George, *Une vie d'espion,* Stock.
BOISSONNADE Euloge, *Le Mal zaïrois,* Hermé.
BROMBERGER Merry et Serge, *Les 13 complots du 13 mai,* Fayard.
BROSSAT Alain, *Agents de Moscou,* Gallimard.
CALVI F. et PFISTER T., *L'Œil de Washington*, Albin Michel.
CHAIROF P., *B comme Barbouzes.*
DAN Ben, *Poker d'espions à Tel-Aviv et au Caire.*
DUFLOT Jean, *Feltrinelli, le Condottiere rouge,* Balland.
DUPONT Gilbert et PONSAERS Paul, *Les Tueurs fous du Brabant.*
EISENBERG, DAN et LANDAU, *Le Mossad,* Stanké.
ÉTIENNE G. et MONNIQUET C., *Histoire de l'espionnage mondial*, Éd. du Félin.
EYTAN Steve, *L'Œil de Tel-Aviv*, Édition spéciale.
FALIGOT R. et KROP P., *La Piscine*, Seuil.
FALIGOT Roger et KAUFER Rémi, *Service B*, Fayard.
FALIGOT Roger et KAUFER Rémi, *Histoire mondiale du renseignement*, Robert Laffont.
FALIGOT Roger et KROP Pascal, *DST, police secrète*, Flammarion.
GEHLEN, *Mémoires*, Presses de la Cité-Fayard.
GEISMAR Alain, *L'Engrenage terroriste.*

GUISNEL Jean, *Guerres dans le cyberespace, services secrets et Internet,* La Découverte.
HÉBERT Jean-Paul, *Les Ventes d'armes,* Syros.
INFIELD Glenn, *Skorzeny,* Pygmalion.
KAUFER Rémi, *Histoire de l'OAS,* Fayard.
KROP Pascal, *Les Secrets de l'espionnage français,* Lattès.
LANTIER Jacques, *Le Temps des policiers.*
LAUNAY Jacques de, *Les Morts mystérieuses de l'histoire contemporaine,* G.V. Service.
LEBEL Éric, *Histoire secrète de la diplomatie vaticane,* Albin Michel.
LEGORJUS capitaine, *La Morale et l'Action,* Fixot.
LERT Frédéric, *Les Ailes de la CIA,* Histoire et Collections.
MARION Pierre, *Le Pouvoir sans visage,* Calmann-Lévy.
MARTIN Daniel, *La Criminalité informatique,* Presses universitaires de France.
MÉNAGE Gilles, *L'Œil du pouvoir,* Fayard.
MICHEL et MINK, *Mort d'un prêtre,* Fayard.
NAUDY Michel, *Un crime d'États,* Albin Michel.
NICK Christophe, *Résurrection,* Fayard.
OSTROVSKY V., *Un agent des services secrets israéliens parle*, Presses de la Cité.
OTELLI Jean-Pierre, *Les Catastrophes aériennes,* Altipresse.
PÉAN Pierre, *La Menace,* Fayard.
PERRAULT Gilles, *Notre ami le roi,* Gallimard.
PERRAULT Gilles, *Un homme à part,* Barraut.
PICAPER Jean-Paul, *Sur la trace des trésors nazis,* Taillandier.
PISANI Edgard, *Persiste et signe.*
PLENEL Edwy, *Ma part d'ombre*, Stock.
PLENEL Edwy, *Mourir à Ouvéa, le tournant calédonien,* La Découverte-Le Monde.
PORCH Douglas, *Histoire des services secrets français,* Albin Michel.
PROUTEAU Christian, *Au service du président,* Michel Lafon.
ROBRIEUX Philippe, *Histoire intérieure du Parti communiste,* Fayard.
SKORZENY Otto, *L'aventure est finie pour eux,* Gallimard.
SKORZENY Otto, *La Guerre inconnue,* Albin Michel.
TILLON Charles, *On chantait rouge,* Robert Laffont.
TOURNOUX Raymond, *Secrets d'État,* Plon.
TULLY Andrew, *CIA*, Stock.
WIESENTHAL Simon, *Les assassins sont parmi nous,* Stock.
WOODWARD Bob, *CIA, guerres secrètes.*
ZOLLIG Hermann et HÖHNE Heinz, *Le Réseau Gehlen*, Calmann-Lévy.

Table

Cet ouvrage a été réalisé
par la Société Nouvelle Firmin-Didot
Mesnil-sur-l'Estrée
pour le compte des Éditions Denoël
en avril 2000

Imprimé en France
Dépôt légal : avril 2000
N° d'édition : 9483 – N° d'impression : 50588